at home
abroad

french

Practical Phrases for
Conversational French

Helen and Nigel Harrison

PASSPORT BOOKS
NTC/Contemporary Publishing Group

Acknowledgments
Grateful thanks to Floriane Loiselet, Pascal Peron, Kamilla Hadjuk,
Brigitte Debord, and the Bosco family in Louveciennes
for their assistance with this book.
MONOPOLY®GAME is a trademark of Hasboro, Inc.
@2000 Hasbro, Inc. All rights reserved. Used with permission.

Cover design by Jennifer Locke
Interior design by Point West, Inc.

Originally published by Yarker Publishing, Oxford, U.K.
This edition first published in 2000 by Passport Books
A division of NTC/Contemporary Publishing Group, Inc.
4255 West Touhy Avenue, Lincolnwood (Chicago), Illinois 60712-1975 U.S.A
Copyright © 1997 by Helen and Nigel Harrison
North American adaptation © 2000 by NTC/Contemporary Publishing
Group, Inc.

Printed in the United States of America
International Standard Book Number: 0-658-00237-6
00 01 02 03 04 VP 15 14 13 12 11 10 9 8 7 6 5 4 3 2 1

Contents

Introduction

At Home Abroad French provides its users with language assistance for a wide range of conversational situations. It is primarily intended for those who have some knowledge of French but who may need help with additional vocabulary and expressions for specific circumstances in order to communicate and interact more effectively with French speakers.

At Home Abroad French covers many of the everyday situations encountered while living in a French-speaking environment. From helping around the house to engaging in leisure activities and discussing personal matters, the scope of this guide goes well beyond that of traditional phrase books. In addition, *At Home Abroad French* provides expressions required in more formal contexts, such as renting a car, reporting a theft, or explaining ailments to a doctor.

Students on study abroad programs, whether living in a homestay or in other accommodations, will find the coverage of "School and College" particularly useful. For those spending an extended period of time in the French-speaking world, the topics relating to playing games or talking about family and friends will assist in developing closer personal relationships. Certain subjects, for example baseball, are included to enable explanation of aspects of life back home. And independent travelers will benefit from the sections on "Travel" and "Sightseeing."

Quick reference

At Home Abroad French is thematically arranged to present useful terms and phrases conveniently grouped together. The fastest way to look up a particular subject is via the extensive index. In addition to the main Contents, some chapters have sectional contents that offer guidance to select from larger topics. Cross-references are also provided throughout the book.

Language notes

Pronunciation

It is assumed that users of this book have a basic grasp of French. However, for those unsure of how certain sounds in French are pronounced, a brief "Guide to French Pronunciation" is included.

You

The French expressions in this book are given in both the informal *tu* form (for close friends, one's peers, and children) as well as the formal *vous* form, unless the context indicates that only one form is appropriate.

Gender

Where the article is not included, the gender of nouns is indicated: (*m*) for masculine, (*f*) for feminine. Feminine forms are also given for adjectives.

Suggestions

Of necessity, this book is unable to provide an exhaustive list of expressions and terms for every situation. However, if in using this guide you find an area of conversation that is not covered, the editors would appreciate your suggestions. Please address your comments to:

Foreign Language Editor
Passport Books
NTC/Contemporary Publishing Group, Inc.
4255 W. Touhy Avenue
Lincolnwood, IL 60712-1975, U.S.A.

Guide to French Pronunciation

Consonants

c	before *e* or *i*, like *c* in city; otherwise, like *c* in cold
ç	like *c* sound in city
ch	like *sh* sound in show
g	before *a, o, u,* or a consonant, like *g* sound in go; before *e* or *i*, like *s* sound in leisure
gn	like *ny* sound in canyon
h	always silent
j	like *s* sound in leisure
ll	like *y* sound in yell
ph	like *f* sound in fine
qu	like *k* sound in kind
r	lightly trilled in the back of the throat
s	between two vowels, like *z* in zoo; otherwise, like *s* sound in so
th	like *t* sound in time
w	in English derivatives, like *w* sound in work; otherwise, like *v* sound in vote
x	at the end of words, like *s* sound in so
y	like *y* sound in yet; at the end of a word, like *ee* sound in see

The following letters are pronounced as in English: **b, d, f, k, l, m, n, p, t, v, z**

Vowels

a, à, â	like *a* sound in fat
e, è, ê	like *e* sound in let
e	at the end of a word, not pronounced
é, er, ez	at the end of a word, like *ey* sound in they
i	like *ee* sound in seen
o	like *o* sound in rot
ô	like *oa* sound in coat
u	like *u* sound in rule, spoken with pouting lips

Vowel combinations

ai	like *ay* sound in may
aî	like *e* sound in let
ail	like *y* sound in my
au, eau	like *o* sound in go
eu, œu	like *ea* sound in earn
oi, oy	like *w* sound followed by *a* sound in bat
ou, oû, oue	like *oo* sound in soon
ui	like *wee* sound in sweep

Nasal sounds

There is no direct equivalent in English.

an, en, ean	as in French *Jean*
ain, ein, in, im	as in French *fin*
on, om	as in French *bonbon*
un	as in French *un*

1

Making Yourself at Home
L'échange

Arrival

Meeting the family

Hello!
I'm . . .
Are you Madame/Monsieur . . .?
Thank you for coming to meet me.
I recognized you from the photos
    you sent me.
I'm very pleased to meet you.
This is a present for you from
    my family.
It's really good to see you again.

Meeting your contact

I'm on a study abroad program.
Are you a representative of the
    language school?
Where can I contact you?

At what times can I contact you?
What is your telephone number?
only in an emergency

They may say to you

Did you have a good trip?
What was the flight like?
What was the crossing like?
Would you like to go to the
    bathroom?
Would you like something to eat
    or drink?
Are you hungry/thirsty?
Are you tired?
I'll show you around the house.
I'll show you your room.

Do you want to unpack now or later?

Would you like to call your family
    to say you have arrived safely?

L'arrivée

Rencontrer la famille

Bonjour!
Je m'appelle . . .
Etes-vous Madame/Monsieur . . . ?
Merci d'être venu me chercher.
Je vous ai reconnus grâce aux photos
    que vous m'avez envoyées.
Je suis ravi(e) de vous rencontrer.
Voici un cadeau pour vous de la part
    de ma famille.
Cela me fait très plaisir de vous revoir.

Faire connaissance de votre
    contact

Je fais un voyage d'études à l'étranger.
Etes-vous envoyé par l'institut de
    langue?
A quelle adresse puis-je vous
    contacter?
A quelle heure puis-je vous contacter?
Quel est votre numéro de téléphone?
seulement en cas d'urgence

Ce qu'ils peuvent vous dire

Avez-vous/as-tu fait bon voyage?
Le vol s'est bien passé?
La traversée s'est bien passée?
Avez-vous/as-tu besoin d'aller aux
    toilettes?
Voulez-vous/veux-tu manger ou boire
    quelque chose?
Avez-vous/as-tu faim/soif?
Vous êtes/tu es fatigué (e)?
Je vais vous/te montrer la maison.
Je vais vous/te montrer votre/
    ta chambre.
Voulez-vous/tu veux défaire vos/
    tes valises maintenant ou plus tard?
Voulez-vous/tu veux téléphoner à
    votre/ta famille pour leur dire que
    vous êtes/tu es bien arrivé(e)?

Shall I dial the number for you?	Voulez-vous/tu veux que je fasse le numéro?

You might want to say

Ce que vous pourriez avoir besoin de dire

Yes, the trip was fine, thank you.	Oui, le voyage s'est bien passé, merci.
No, it was a dreadful trip.	Non, le voyage a été pénible.
We got delayed.	On a été retardé.
The flight was very late leaving.	L'avion est parti en retard.
The flight was bumpy.	Il y a eu des turbulences pendant le vol.
The crossing was rough.	La traversée a été mauvaise.
I was seasick.	J'ai eu le mal de mer.
Could I call my parents, please?	Je peux appeler mes parents, s'il vous plaît?
I like your house/your room.	J'aime beaucoup votre maison/ votre chambre.
Where is the restroom/the bathroom?	Où sont les toilettes?
Could I wash up, please?	Est-ce que je peux me laver, s'il vous plaît?
Could I have a drink of water, please?	Est-ce que je peux avoir un verre d'eau, s'il vous plaît?

Types of accommodations

Le logement

on campus	sur le campus
a dormitory	en résidence universitaire
a hostel	un foyer pour étudiants
an apartment	un appartement
a hotel	un hôtel
a private room	une chambre privée
private bathroom	une salle de bain privée
a shared room	une chambre pour deux personnes
full room and board	une pension complète
This is where you'll be staying.	Voici votre chambre.
I need to see the representative to discuss this.	J'ai besoin de parler au délégué pour discuter de cela.

An apartment

Un appartement

Can you help me find an apartment?	Pouvez-vous m'aider à trouver un appartement?
I need an apartment for the duration of my course.	J'ai besoin d'un appartement pour la durée de mes études.
What is the monthly rent?	Quel est le montant du loyer?

I'll like to have the rental agreement translated before I sign it.

J'aimerais faire traduire le contrat de location avant de le signer.

Dormitory—Hostel

La résidence universitaire—Le foyer

the canteen	la cantine
the cafeteria	la cafétéria
the common room	la salle commune
the games room	la salle de jeux
the showers	les douches (*f*)
a fire extinguisher	l'extincteur (*m*)
a fire escape/exit	une issue de secours/sortie
for men	pour hommes
for women	pour femmes

When are meals served?

A quelle heure les repas sont-ils servis?

Can I have a key?

Puis-je avoir une clé?

Is there a time by when I must be in?

A quelle heure faut-il rentrer le soir?

The doors are locked every night at midnight.

Les portes sont fermées à minuit tous les soirs.

Arrangements

Les détails

My fees cover . . .

Mes frais incluent . . .

double-occupancy room	une chambre pour deux personnes
full board	la pension complète
cleaning	l'entretien (*m*)
laundry fees	les frais (*m*) de blanchisserie
study visits	les voyages (*m*) d'études
field trips	les excursions (*f*)
health insurance	l'assurance (*f*) médicale
orientation	la séance d'orientation
enrollment	l'inscription (*f*)
activities fees	les frais d'activités
security deposit	la caution

Tuition is covered by my fees.

Les droits d'inscription sont inclus dans les frais.

You can confirm that with the course representative.

Vous pouvez confirmer cela avec le représentant des cours.

Unpacking

Défaire ses valises

Shall I unpack my suitcase now?

Est-ce que je peux défaire mes valises maintenant?

Where shall I put my clothes?

Où est-ce que je peux poser mes vêtements?

You can use this half of the wardrobe.	Vous pouvez/tu peux utiliser cette moitié de l'armoire.
These drawers are for you.	Ces tiroirs sont pour vous/toi.

Sleeping arrangements

Les dispositions pour la nuit

I hope you don't mind sharing a room with me.	J'espère que cela ne vous/te dérange pas de partager une chambre avec moi.
Do you prefer to have a room on your own or be with me?	Vous préférez/tu préfères une chambre seul ou avec moi?
This is your bed.	Voici votre/ton lit.
Do you prefer a comforter or blankets?	Vous préférez/tu préfères une couette ou des couvertures?
Would you like another pillow?	Voulez-vous/veux-tu un autre oreiller?
Would you like the window open?	Vous voulez/tu veux dormir la fenêtre ouverte?
Do you prefer the window shut?	Vous préférez/tu préfères fermer la fenêtre?

Needing something

Quand vous avez besoin de quelque chose

Do you need anything?	Avez-vous/as-tu besoin de quelque chose?
Do you want something?	Vous voulez/tu veux quelque chose?
Do you have . . . ?	Avez-vous/as-tu . . . ?
any more hangers?	d'autres cintres (*m*)?
a towel?	une serviette de toilette?
I forgot to bring . . .	J'ai oublié d'apporter . . .
an alarm clock	un réveil
a hairdryer	un sèche-cheveux
a comb	un peigne
my toothbrush	ma brosse (*f*) à dents
Could I borrow . . . ?	Je peux emprunter . . . ?

Daily routine

La vie quotidienne

What time do you usually get up?	A quelle heure vous levez-vous/ tu te lèves d'habitude?
Will you wake me when you get up?	Pouvez-vous/tu peux me réveiller quand vous vous lèverez/ tu te lèveras?

What time shall I set my alarm for?	Je dois mettre mon réveil à quelle heure?
Would you like to sleep late tomorrow?	Vous aimeriez/tu aimerais faire la grasse matinée demain?
I'm really tired. Could I sleep until I wake tomorrow?	Je suis très fatigué(e). Est-ce que je peux dormir jusqu'à ce que je me réveille demain?
We have to get up early tomorrow because we are going out.	Il faudra se lever tôt demain car nous sortons.
What time do you have breakfast?	A quelle heure prenez-vous/prends-tu votre/ton petit déjeuner?
What do you like for breakfast?	Qu'est-ce que vous prenez/tu prends pour le petit déjeuner?
I usually have toast and cereal.	D'habitude je prends du pain grillé et des céréales.
What time do you have dinner?	A quelle heure mangez-vous/tu manges?

Nighttime   *Les nuits*

What time do you usually go to bed?	A quelle heure vous couchez-vous/te couches-tu d'habitude?
You look tired.	Vous avez/tu as l'air fatigué.
Would you like to go to bed?	Vous voulez/tu veux vous/te coucher?
I am really tired.	Je suis vraiment fatigué(e).
I would like to go to bed now.	J'aimerais aller me coucher maintenant.
Can I stay up a little longer, please?	Puis-je rester encore un peu, s'il vous plaît?
Can I read in bed for a while, please?	Je peux rester lire au lit un moment, s'il vous plaît?

Lights on or off?   *Lumières éteintes ou allumées?*

Could you leave the light on, please?	Pouvez-vous/tu peux laisser la lumière allumée, s'il vous plaît/te plaît?
Do you like a light on at night?	Vous aimez/tu aimes avoir une lumière allumée la nuit?
I prefer to sleep in the dark.	Je préfère dormir dans le noir.
Would you like this nightlight left on all night?	Vous voulez/tu veux laisser la veilleuse allumée toute la nuit?

Too hot or too cold?   *Trop chaud ou trop froid?*

Are you warm enough?	Vous avez/tu as assez chaud?

Would you like an extra comforter?	Voulez-vous/tu veux une autre couverture?
Yes, please/No thank you.	Oui, s'il vous plaît/Non merci.
Are you too hot?	Vous n'avez pas/tu n'as pas trop chaud?
Would you like a thinner comforter?	Voulez-vous/tu veux une couette plus fine?
Would you like a hot water bottle?	Vous voulez/tu veux une bouilloire?
Could I have a hot water bottle, please?	Je peux avoir une bouilloire, s'il vous plaît?
Would you like me to put the electric blanket on before you go to bed?	Voulez-vous/tu veux que j'installe une couverture chauffante sur votre/ton lit avant que vous alliez vous/que tu ailles te coucher?
Don't forget to turn the electric blanket off before you get into bed.	N'oubliez pas/n'oublie pas de débrancher la couverture chauffante avant d'aller au lit.

Problems at night
Les problèmes pendant la nuit

Call me if you want anything during the night.	Appelez-moi/appelle-moi si vous avez/ si tu as besoin de quelque chose cette nuit.
I had a nightmare.	J'ai fait un cauchemar.
I had a dream.	J'ai fait un rêve.
I can't get to sleep.	Je n'arrive pas à dormir.
I heard a noise.	J'ai entendu un bruit.
I don't want to be on my own.	Je ne veux pas être seul(e).
I miss home.	Ma maison me manque.
Could I have a drink of water, please?	Je peux avoir un verre d'eau, s'il vous plaît?

Making plans
Faire des projets
Deciding where to go for a day out
Décider où passer la journée

What would you like to do today?	Qu'aimeriez-vous/qu'aimerais-tu faire aujourd'hui?
We thought we would go out somewhere.	On a pensé qu'on pourrait sortir quelque part.
Would you like to do some sightseeing?	Aimeriez-vous/aimerais-tu faire du tourisme?
Would you like to go to . . . ?	Vous aimeriez/tu aimerais aller à . . . ?

Have you ever been there before?	Etes-vous/tu es déjà allé là?
Would you like to visit . . . ?	Vous aimeriez/tu aimerais visiter . . . ?
It will be a long day.	Ça sera une longue journée.
How long will it take?	Ça prendra combien de temps?
What time would we have to get up?	A quelle heure faudrait-il se lever?
What time will we need to leave?	A quelle heure devrons-nous partir?
What time would we get back?	A quelle heure serons-nous de retour?
Do you feel up to doing that?	Avez-vous/tu as envie de faire ça?
We thought we would go out for a meal.	On a pensé qu'on pourrait aller au restaurant.
Would you like to go shopping?	Vous aimeriez/tu veux faire du shopping?
Is there anything you need to buy?	Vous avez/tu as besoin d'acheter quelque chose?

What to take with you   *Ce qu'il faut prendre avec vous*

Bring your camera, if you have one.	Apportez votre/apporte ton appareil photo, si vous en avez un/ si tu en as un.
What should I wear?	Qu'est-ce que je dois mettre?
Wear old clothes/dressy clothes.	Mettez/mets des vieux vêtements/ des vêtements élégants.
Wear walking shoes.	Mettez/mets des chaussures de marche.
Wear comfortable shoes.	Mettez/mets des chaussures confortables.
Should I wear boots?	Est-ce que je dois mettre des bottes?
Bring a raincoat or a coat.	Prenez un imper ou un manteau.
Bring money.	Prenez de l'argent.

Communication problems   *Les problèmes de langue*

Can you speak more slowly, please?	Pouvez-vous parler plus lentement, s'il vous plait?
I don't understand what you said.	Je ne comprends pas ce que vous avez dit.
Can you repeat that, please?	Pouvez-vous répéter, s'il vous plaît?
Pardon?	Pardon?
Can you talk really slowly, please?	Pouvez-vous parler vraiment lentement, s'il vous plaît?
How do you spell that?	Comment cela s'épelle?

Can you write that down
for me, please?

Pouvez-vous l'écrire, s'il vous plaît?

How do you pronounce this word?

Comment prononcez-vous ce mot?

Lack of vocabulary

Le manque de vocabulaire

I do not know the word in French.

Je ne connais pas ce mot en français.

I've forgotten the French word.

J'ai oublié le mot français.

What's that called in French?

Comment cela s'appelle en français?

Do you have a dictionary?

Avez-vous/as-tu un dictionnaire?

I need to look a word up in
the dictionary.

J'ai besoin de chercher un mot dans
le dictionnaire.

What does that mean?

Qu'est-ce que cela veut dire?

I can only say a few words.

Je peux seulement dire quelques mots.

You are really fluent.

Vous parlez/tu parles vraiment
couramment.

I am beginning to understand more.

Je commence à mieux comprendre.

I am nervous about speaking.

J'ai peur de parler.

Asking to be corrected

Demander a être corrigé

Will you correct my mistakes, please?

Pouvez-vous/peux-tu corriger mes
fautes, s'il vous plaît?

Was that right?

C'était bon?

What was wrong?

Qu'est-ce qui n'allait pas?

Was my pronunciation wrong?

Est-ce que ma prononciation était
mauvaise?

Not getting enough practice
at speaking French

*Quand on n'a pas une pratique
suffisante de la langue
française*

Can we speak in English for an hour
and then in French for an hour?

On peut parler anglais pendant une
heure et ensuite français pendant
une heure?

Shall we play this game in French?

Et si on jouait à ce jeu en français?

We could play it in English next time.

On pourrait le jouer en anglais la
prochaine fois.

Can you teach me how to play a
French card game in French?

Pouvez-vous/peux-tu m'apprendre un
jeu de carte français, en français?

I know I am rather slow but I would
like to practice my French
some more.

Je sais que je suis plutôt lent(e) mais
j'aimerais pratiquer mon français
un peu plus.

I know it's annoying for you when I try to speak French, but I won't get any better unless I try.	Je sais que c'est ennuyeux pour vous/toi quand j'essaie de parler français, mais je ne ferai jamais de progrès si je n'essaie pas.

General problems
Homesickness

You are very kind but I am feeling homesick.	Vous êtes très gentils mais j'ai le mal du pays.
I miss home.	Ma maison me manque.
I miss my parents—could I possibly phone them?	Mes parents me manquent—est-il possible de leur téléphoner?
If I phone them, they will call me right back.	Si je leur téléphone, ils me rappelleront tout de suite.
I am sorry to cry. I am happy really. It's just a bit of a strain speaking French.	Pardon si je pleure. Ça va très bien. C'est juste épuisant de parler français.
I will be OK in a minute.	Cela ira mieux dans une minute.

Wanting to be alone

Do you mind if I go to my room to write some letters?	Ça ne vous ennuie pas si je vais dans ma chambre pour écrire des lettres?
I would really like to write to my family to tell them what I have been doing.	J'aimerais vraiment écrire à ma famille pour leur dire ce que j'ai fait.
I am in the middle of a good book at the moment and would like to read for a while, if that's OK.	Je suis au beau milieu d'un bon livre et aimerais lire encore un peu si cela ne vous dérange pas.
Could I go to sleep for half an hour? I am feeling tired.	Je peux aller dormir pendant une demi-heure? Je me sens fatigué(e).

Tiredness

I feel tired and would prefer to have a quiet day, if you don't mind.	Je me sens assez fatigué(e) et préfèrerais me reposer aujourd'hui si cela ne vous dérange pas/ne te dérange pas.
Could we just stay at home and watch a video or something?	Pourrait-on simplement rester à la maison et regarder une cassette vidéo ou quelque chose de ce genre?

General problems
Problèmes généraux
Le mal du pays
L'envie d'être seul(e)
La fatigue

Finding the food strange

Could I try just a tiny bit, please?

I am not very hungry at the moment.
I don't usually eat very much.

Could I possibly have my meat
cooked a while longer, please?
Do you have any . . . that I could eat?

(See "Food," pages 106–122.)

Quand la nourriture n'est pas à notre goût

Je peux/puis-je goûter juste un petit
morceau, s'il vous plaît?
Je n'ai pas très faim pour l'instant.
Je n'ai pas l'habitude de manger
beaucoup.
Je pourrais avoir ma viande cuite un
peu plus longtemps, s'il vous plaît?
Avez-vous des . . . que je pourrais
manger?

Leaving
Saying your thanks

Thank you.
Thank you for letting me stay.
I've had a lovely time.
You have been very kind.
Thank you for taking me to
see so much.
I particularly enjoyed going to . . .
You really helped me to improve
my French.

Future plans

I will phone you when I get home.
Write to me.
I hope I'll see you next year.
Would you like to come to stay in
the United States?

Le départ
Les remerciements

Merci.
Merci de m'avoir reçu(e).
J'ai passé un très bon moment.
Vous avez être très gentils.
Merci de m'avoir emmené voir tant
de choses.
J'ai surtout aimé aller à . . .
Vous m'avez vraiment aidé à faire des
progrès en français.

Les projets

Je vous téléphone dès que j'arrive.
Ecrivez-moi.
J'espère vous voir l'année prochaine.
Vous aimeriez venir aux Etats-Unis?

2

The Home
La Maison

Houses and apartments
Types of houses

an apartment	un appartement
a townhouse	une maison mitoyenne
a duplex	une maison jumelle
a detached house	un pavillon
a cottage	un cottage
old	vieux (*m*)/vieille (*f*)
eighteenth/nineteenth century	dix-huitième/dix-neuvième siècle
modern	moderne
ultra-modern	ultramoderne
homey	confortable
smart	élégant(e)
stylish	chic
charming	charmant(e)

The outside of the house

the gate	le portail
the entrance	l'entrée (*f*)
the drive	l'allée (*f*)
the path	la petite allée
the front door	la porte d'entrée
the back door	la porte de derrière
the front yard	le jardin de devant
the backyard	le jardin de derrière
the chimney	la cheminée
the roof	le toit
the windows	les fenêtres (*f*)

Inside the house

the basement	le sous-sol
a cellar	une cave
the rooms	les pièces (*f*)

The first floor

Le rez-de-chaussée

the porch	le porche
the lobby	le vestibule
the hall	l'entrée
the living room	le salon
the dining room	la salle à manger
the study	le bureau

the kitchen	la cuisine
the utility room	la buanderie
the downstairs bathroom	les toilettes (*f*) d'en bas
the cloakroom/coat closet	le vestiaire

The stairs	*Les escaliers*
the staircase	l'escalier (*m*)
downstairs	en bas
upstairs	en haut
to go downstairs/upstairs	descendre/monter les escaliers
the elevator	l'ascenseur (*m*)
to press the button	appuyer sur le bouton
Which floor do you want?	Quel étage voulez-vous?
The first/second/third/ fourth floor, please.	Le rez-de-chaussée/premier/second/ troisième étage, s'il vous plaît.
The fifth/sixth/seventh/ eighth floor, please.	Le quatrième/cinquième/sixième/ septième étage, s'il vous plaît.

The bedrooms	*Les chambres*
the main bedroom	la chambre principale
the spare bedroom	la chambre d'amis
my parents' room	la chambre de mes parents
my room	ma chambre
your room	votre/ta chambre
the toilet	les toilettes (*f*)
the bathroom	la salle de bain
the shower	la douche

The attic	*Le grenier*
the playroom	la salle de jeux
the junk room	le débarras
the game room	la salle de jeux

The living room

Le salon

Furniture	*Le mobilier*
An armchair	*Un fauteuil*
to sit in	s'asseoir
to relax	se reposer
to get up from	se lever de
to plump up the cushion	tapoter le coussin

A sofa	*Un canapé*
to put your feet up	relever ses pieds
A rocking chair	*Un rocking-chair*
to rock	se balancer
A bookcase	*Une bibliothqèue*
a shelf	une étagère
to read	lire

(See "Reading," pages 100–105.)

A table	*Une table*
an occasional table	un guéridon
a flower vase	un vase à fleurs
a card table	une table de jeu
to play cards	jouer aux cartes

(See "Card games," pages 60–64.)

Clocks   *Les horloges*

a grandfather clock	une horloge de parquet
to wind up	remonter
to strike the hour	sonner
a cuckoo clock	un coucou
a digital clock	une horloge digitale
What time is it?	Quelle heure est-il?
Is the clock fast/slow?	La pendule avance/retarde?
It's ten minutes fast/slow.	Elle avance/retarde de dix minutes.

Lighting   *L'éclairage*
Lamps   *Les lampes*

to turn on	allumer
to turn off	éteindre
a standard lamp	un lampadaire (d'appartement)
a lampshade	un abat-jour
a ceiling light	un plafonnier
wall lights	les lumières murales
a dimmer switch	un variateur de lumière
to dim the lights	baisser les lumières

A candlestick	*Un chandelier*
a candle	une bougie

to light	allumer
a match	une allumette
by candlelight	aux chandelles
to blow out	souffler

Equipment

Le matériel

the radio	la radio
to turn on/off	allumer/éteindre
to listen to	écouter
the television	la télévision
to turn on/off	allumer/éteindre
to watch	regarder

The VCR

Le magnétoscope

to record a program	enregistrer une émission
to rent a video	louer une cassette vidéo
to watch a video	regarder une cassette vidéo

(See "Television and Video," pages 89–93.)

The Stereo

La chaîne hi-fi

the record player	le tourne-disque
a record	un disque
the cassette player	le magnétophone
a cassette	une cassette
the CD player/a CD	le lecteur-CD/un CD
to listen to	écouter
to turn up	monter
to turn down	baisser

(See "Music," pages 94–99.)

The telephone

Le téléphone

to ring (someone)/to call	appeler
to ring (the sound)	sonner
to answer	répondre
to pick up	décrocher
to use	utiliser
an extension	un poste
an answering machine	un répondeur
a message	un message
to listen	écouter

to play back	réécouter

(For detailed expressions to do with telephones, see pages 250–252.)

Furnishing and decoration	***Le mobilier et la décoration***
a rug	un petit tapis
a carpet	un tapis
a fitted carpet	une moquette
the wallpaper	le papier peint
the color of the paint	la couleur de la peinture
the curtains	les rideaux (*m*)
the blinds	les stores (*m*)

For comprehensive details on using the equipment see "Television and Video" (pages 89–93), "Music" (pages 94–99), "By telephone" (pages 250–252) and "Reading" (pages 100–105).

The heating
Central heating

Le chauffage
Le chauffage central

to turn the heating on	mettre le chauffage en marche
to turn the heating off	éteindre le chauffage
to turn the thermostat up	monter le thermostat
to turn the thermostat down	baisser le thermostat
Is the heating on?	Le chauffage est-il en marche?
to feel the radiator	toucher le radiateur
Do you mind if we turn the heating on/off/up/down?	Cela ne vous/t'ennuie pas si on met le chauffage en marche, on éteint/monte/baisse le chauffage?

The fireplace
Le cheminée

to light the fire	allumer le feu
a match	une allumette
to strike	craquer
a real fire	un véritable feu
to get it going well	bien l'entretenir
kindling	petit bois
firelighters	des allume-feux (*m*)
old newspapers	des vieux journaux
logs	des bûches (*f*)
coal	du charbon
a pair of tongs	des pincettes (*f*)

a poker	un tisonnier
to sit by the fire	s'asseoir près du feu
to toast marshmallows	faire griller des guimauves
a toasting fork	une fourche à griller
to burn	brûler
an electric fire	un radiateur électrique
a gas fire	un appareil de chauffage à gaz
to turn on/off	allumer/fermer

Air-conditioning

La climatisation

central air-conditioning	la climatisation centrale
an electric fan	un ventilateur électrique
a ceiling fan	un ventilateur de plafond
I'm sweltering. Could you turn the air-conditioning on?	J'étouffe. Pourriez-vous mettre la climatisation?
Please point the fan toward/ away from me.	Pourriez-vous diriger le ventilateur sur moi/loin de moi?

The dining room

La salle à manger

Setting the table

Mettre la table

Would you like me to set the table for you?	Voulez-vous que je mette la table?
How many people shall I set it for?	Je mets la table pour combien de personnes?
the dining table	la table
the chairs	les chaises (*f*)

Where do you keep . . . ?

Où mettez vous . . . ?

the place mats	les sets (*m*) de table
a tablecloth	une nappe
napkins	des serviettes

What flatware do we need?

De quels couverts nous avons besoin?

knives	couteaux (*m*)
forks	fourchettes (*f*)
soup spoons	cuillères (*f*) à soupe
fish knives and forks	couteaux et fourchettes à poisson
dessert spoons and forks	cuillères et fourchettes à dessert
teaspoons	cuillères a café
serving spoons	cuillères pour le service

What plates shall I put out?

	Quelle vaisselle je dois mettre?

dinner plates   les assiettes (*f*) à dîner
side plates   les assiettes à pain
dishes/serving platters   les plats (*m*)

What glasses do we need?   *De quels verres avons-nous besoin?*

water glasses   les verres (*m*) à eau
a water jug   un pot á eau
red wine glasses   les verres à vin rouge
white wine glasses   les verres à vin blanc
champagne glasses   les flûtes (*f*) à champagne

Do you want . . . ?   *Voulez-vous/veux-tu . . . ?*

salt and pepper   du sel et du poivre
mustard   de la moutarde
ketchup   du ketchup
butter   du beurre
preserves   de la confiture
marmalade   de la marmelade
cereals   des céréales
fruit juice   du jus de fruit
sugar   du sucre
milk   du lait
cream   de la crème

Do you want candles?   *Voulez-vous/tu veux des bougies?*

a candelabra   un candélabre
a candle   une bougie
to light   allumer
a match   une allumette
to blow out   souffler

Seating arrangements   *La disposition de la table*

Would you like to sit there?   Voulez-vous vous/tu veux t'asseoir là?
Sit next to me.   Asseyez-vous/assieds-toi à côté de moi.
Sit opposite me.   Asseyez-vous/assieds-toi en face de moi.
Sit anywhere.   Asseyez-vous où vous voulez/ assieds-toi où tu veux.

Clearing the table   *Desservir la table*

Would you like me to clear the table?   Voulez-vous que je débarrasse la table?

Where shall I put . . . ?	Où dois-je mettre . . . ?
Where do you keep . . . ?	Où mettez-vous . . . ?

The study   *Le bureau*

a desk	un bureau
a drawer	un tiroir
the desk top	le dessus de bureau
a desk lamp	une lampe de bureau
an elbow lamp	une lampe d'architecte
a calculator	une calculatrice
a daily planner	un agenda
an address book	un carnet d'adresses
a blotter	un buvard
a pen holder	un plumier
a paperweight	un presse-papiers
a chair	une chaise
to sit down	s'asseoir
to get up	se lever
a bookcase	une bibliothèque
a bookshelf	un étagère
a book	un livre
to read (*See pages 100–105.*)	lire
a typewriter	une machine à écrire
a computer (*See pages 78–88.*)	un ordinateur
a telephone (*See pages 250–252.*)	un téléphone

For comprehensive details on using the equipment, see "Computers" (pages 78–88), "Computer games" (pages 84–88) and "By telephone" (pages 250–252).

The kitchen   *La cuisine*

The range   *La cuisinière*

Gas   *Le gaz*

to turn on/off	allumer/fermer
to turn up/down	augmenter/baisser
to light	allumer
a match	une allumette
automatic	automatique

Electricity   *L'électricité (f)*

halogen	l'halogène (*m*)

The microwave	*Le micro-onde*
to microwave	cuisiner au micro-onde
to heat up	réchauffer
to defrost	décongeler
to set the timer for five minutes	mettre le minuteur sur cinq minutes

The oven	*Le four*
The oven door	*La porte du four*
to open	ouvrir
to shut	fermer

Temperature	*Température (f)*
to adjust	régler
high/medium/low	élevée/moyenne/faible
degrees	degrés (*m*)
Fahrenheit	Fahrenheit
centigrade	centigrade

A shelf	*Une plaque*
top/middle/bottom	en haut/au milieu/en bas
a glass door	une porte vitrée
an oven light	une lumière du four
a grill	un gril

Cooking time	*Le temps de cuisson*
an auto-timer	un programmateur
a minute timer	un minuteur
to set	régler

A hot plate	*Une plaque*
front/back	devant/derrière
left/right	gauche/droite

Oven utensils	*Les ustensiles*
a casserole dish	une cocotte
a roasting dish	un plat à rôtir
an oven pan	un moule
a round pan	un moule rond
an oblong pan	un moule à gratin
a cake pan	un moule à gâteaux
a muffin tray	un plateau
a loaf pan	un moule à cake
a deep pan	un moule profond
an oven mitt	une manique

Cooking verbs

Verbes culinaires

to bake	faire cuire au four
to be nearly ready	être bientôt prêt(e)
to boil	bouillir
to casserole	mijoter
to check	vérifier
to cook	cuire
to cover	couvrir
to heat gently/quickly	chauffer à feu doux/à feu fort
to put on	ajouter
to roast	rôtir
to see if it's done	voir si c'est prêt
to simmer	laisser frémir
to take off	enlever

Kitchen equipment

L'équipement

a saucepan	une casserole
a lid	un couvercle
large/medium/small	grand(e)/moyen(ne)/petit(e)
to cover partially	couvrir en partie
to cover	couvrir
to uncover	enlever le couvercle
a frying pan	une poêle à frire
a spatula	une spatule
a wooden spoon	une cuillère en bois
to stir	mélanger
a wok	un wok
to stir-fry	faire sauter à feu vif

The sink

L'évier

the bowl	la cuvette
the draining board	l'égouttoir (*m*)

The faucets

Les robinets (m)

hot/cold	chaud/froid
a mixer faucet	un mélangeur
to turn on/off	ouvrir/fermer
too hot	trop chaud
not hot enough	pas assez chaud
to fill the sink with water	remplir l'évier d'eau

Dish washing liquid

Le liquide-vaisselle

to squirt	verser

bubbles	les bulles (*f*)
grease/greasy	graisse (*f*)/gras(se)
clean	propre
dirty	sale
to rinse off	rincer

Sink equipment — *L'équipement ménager*

a brush	une brosse
a sponge	une éponge
a steel wool pad	une éponge métallique
a dishcloth	un torchon
to brush	frotter
to rub	gratter
to scour	récurer
to wash	laver

Drying dishes — *Faire sécher la vaisselle*

to drain	égoutter
a rack	un égouttoir
a cutlery basket	un range-couverts
to leave to dry	laisser sécher
to dry	sécher
a dish towel	une serviette
to put away	ranger
to stack	empiler

The refrigerator — *Le réfrigérateur*

to refrigerate	réfrigérer
the refrigerator door	la porte du réfrigérateur
a bottle rack	un casier à bouteille
an egg rack	un compartiment à œufs
a salad drawer	un bac à légumes
an ice compartment	le freezer
an ice cube tray	un bac à glaçons
ice cubes	glaçons (*m*)
a shelf	une clayette

The freezer — *Le congélateur*

to freeze	congeler
to defrost	décongeler
to thaw out	dégeler
to melt	fondre
the fast freeze button	le bouton de congélation accélérée

maximum/minimum   maximum/minimum

The dishwasher

Le lave-vaisselle

to load	remplir
to unload	vider
to stack	remplir
to turn on/off	mettre en marche/arrêter
a drawer	un panier de rangement
a cutlery basket	un porte-couverts
to need	avoir besoin
dishwasher powder	la poudre de lavage
dishwasher salt	le sel de lavage
rinse-aid	la poudre de rinçage

Dishwasher settings

Les programmes du lave-vaisselle

a normal wash	lavage (*m*) normal
a quick wash	lavage rapide
a delicate setting	lavage délicat
a long wash	lavage intensif
rinse and hold	rincer et attendre

Kitchen waste

Les ordures ménagères

the wastebasket	la corbeille à papier
to empty	vider
to be full	être plein(e)
a trash basket	la poubelle
a waste disposal unit	un broyeur d'ordures

Kitchen cupboards

Les placards de cuisine

a wall unit	un élément haut
a base unit	l'élément bas
a carousel	un plateau tournant

The work surfaces

Les surfaces de travail

paper towels	le Sopalin®
a knife rack	le casier à couteaux
an herb rack	une étagère à épices
a hand towel	un essuie-main

The china cabinet

Le placard à vaisselle

a dinner plate	une assiette à dîner
a side plate	une assiette à pain

a cup	une tasse
a saucer	une soucoupe
a soup bowl	un bol
a dish	un récipient
an egg cup	un coquetier
a serving dish	un plat
a milk jug	un pot à lait
a sugar bowl	un sucrier
a butter dish	un beurrier

The glass cupboard — *Le placard à verres*

a glass	un verre
a whiskey glass	un verre à whiskey
a wineglass	un verre à vin
a glass jug	une carafe

The cutlery drawer — *Le tiroir à couverts*

a knife	un couteau
a fork	une fourchette
a spoon	une cuillère
a teaspoon	une cuillère à café
a dessert spoon	une cuillère à dessert
a tablespoon	une cuillère à soupe
a serving spoon	une cuillère à service
a soup ladle	une louche
a measuring spoon	une cuillère à mesurer

The kitchen utensils drawer — *Le tiroir pour outils de cuisine*

a can opener	un ouvre-boîte
a bottle opener	un ouvre-bouteille
a potato peeler	un éplucheur
a sharp knife	un couteau affûté
a bread knife	un couteau à pain
a potato masher	un presse-purée
a lemon peeler	une râpe à citron
kitchen tongs	des pincettes
a whisk	un fouet
a balloon whisk	un batteur
a spatula	une spatule
a garlic press	un pressoir
a skewer	une brochette

Other kitchen equipment
The kettle

an electric kettle
an automatic kettle
to turn on/off
to boil
to pour

The bread box

the bread board
the bread knife
to cut
to butter
to soften
too hard
a butter dish
a butter knife
to melt
a loaf of bread
a slice of bread
crumbs

The toaster

to make toast
to set the toaster

A pastry board

a rolling pin
cutters

A coffee grinder

coffee beans
to grind
a coffeemaker
filter paper
a plunger

Scales

to weigh
to measure
to balance
weights

Autres appareils ménagers
La bouilloire

une bouilloire électrique
une bouilloire automatique
mettre en marche/éteindre
bouillir
verser

La huche à pain

la planche à pain
le couteau à pain
couper
beurrer
ramollir
trop dur
un beurrier
un couteau à beurre
fondre
une miche de pain
une tranche de pain
des miettes

Le grille-pain

griller du pain
régler le grille-pain

Une planche à pâtisserie

un rouleau à pâtisserie
des formes à biscuit

Un moulin à café

des grains de café
moudre
une cafetière
un filtre à café
un poussoir

La balance

peser
mesurer
équilibrer
les poids (*m*)

A food processor	*Un robot électrique*
a goblet	une coupe
a lid	un couvercle
to liquify	passer au mixeur
fast/slow	rapide/lent(e)
to purée	réduire en purée
to chop	hacher
to mix	mixer
to blend	mélanger

Smaller equipment	*Appareils plus petits*
an electric hand mixer	un fouet électrique
a salt shaker	une salière
a pepper mill	un moulin à poivre
a lemon squeezer	un presse-citron
a sieve	un tamis
a colander	une passoire
a steamer	un couscoussier
a salad spinner	un panier à salade
a measuring cup	un pot gradué/un verre doseur
a pestle and mortar	un pilon et mortier

The bedroom   *La chambre*

Types of beds   *Les types de lit*

a single bed	un lit simple
a double bed	un lit double
bunk beds	des lits superposés
to climb the ladder	grimper l'échelle
to get down	descendre
to choose	choisir
the top/bottom bunk	le lit d'en haut/d'en bas
a camping cot	un lit de camp
an inflatable mattress	un matelas gonflable

The bed linen   *Les draps de lit et taies d'oreillers*

to make the beds	faire les lits
to throw over	étendre
to put on	couvrir
to straighten	tirer
to tuck	border
to turn down	retourner

to change the bed	changer le lit
A sheet	***Un drap***
the bottom sheet	le drap du dessous
the top sheet	le drap du dessus
a single sheet	un drap simple
a double sheet	un drap double
a mattress cover	une alèse
A pillow	***Un oreiller***
a pillowcase	une taie d'oreiller
to plump up	tapoter
Bed covers	***Le dessus de lit***
a duvet/comforter	une couette
a duvet cover	une housse de couette
a blanket	une couverture
How many blankets do you like?	Combien de couvertures voulez-vous/veux-tu?

Bedroom furniture · **Le mobilier de la chambre**

The bedside table	***La table de chevet***
a bedside lamp	une lampe de chevet
to turn on/off	allumer/éteindre
to need a new bulb	avoir besoin d'une nouvelle ampoule
An alarm clock	***Un réveil***
to set the alarm	régler le réveil
to go off	se mettre en marche/à sonner
to switch off the alarm	éteindre le réveil
What time shall I set the alarm?	Pour quelle heure dois-je régler le réveil?
What time do you want to get up tomorrow?	A quelle heure voulez-vous vous/veux-tu te lever demain?
Will you wake me, please?	Pouvez-vous/peux-tu me réveiller, s'il vous plaît/te plaît?
to wind the clock	remonter le réveil
to sleep through the alarm	ne pas entendre la sonnerie du réveil
The wardrobe	***L'armoire***
a double wardrobe	une armoire double
a single wardrobe	une armoire simple
a clothes closet	une penderie
a hanger	un cintre
a skirt hanger	un cintre à jupe

a coat hanger	un cintre à manteau
a rod	une tringle
to hang up	pendre

A chest of drawers   *Une commode*

| the top/middle/bottom drawer | le tiroir du haut/du milieu/du bas |
| to open/to shut | ouvrir/fermer |

A dressing table   *Une coiffeuse*

a stool	un tabouret
to sit	s'asseoir
a mirror	un miroir
to look at one's reflection in	regarder son reflet dans
to look good	être beau (belle)
to look terrible	être affreux(-euse)

Doing one's hair   *Se coiffer*

a hairbrush	une brosse à cheveux
to do one's hair	se coiffer
to brush one's hair	se brosser
a comb	un peigne
to comb one's hair	se peigner

The window   *La fenêtre*

to open/shut the window	ouvrir/fermer la fenêtre
to air the room	aérer la chambre
to draw the curtains	fermer/tirer les rideaux
to open the curtains	ouvrir les rideaux
to lower the blind	baisser le store
to raise the blind	lever le store

The bathroom   *La salle de bain*

Bathing   *Prendre un bain*

to get undressed	se déshabiller
to take a bath	prendre un bain
to put the plug in	boucher la baignoire
to run the bath	faire couler un bain
to turn on the faucets	ouvrir les robinets
hot/cold	chaud/froid
a mixer faucet	un mélangeur
to add bubble bath	ajouter du bain moussant
bath oil	huile (*f*) de bain

bath salts	sels (*m*) de bain
essential oil	huile essentielle
to get in the bath	rentrer dans la baignoire
to use a shower cap	utiliser un bonnet de bain
to sit down	s'asseoir
to lie down	s'allonger
to immerse oneself	s'immerger

Washing oneself   *Se laver*

the soap	le savon
a washcloth	un gant de toilette
a loofah	un loofa
a pumice stone	une pierre ponce
a back brush	une brosse
to take a long bath	prendre un bon bain chaud

Staying in the bath too long   *Rester dans le bain trop longtemps*

to hurry up	se dépêcher
How long are you going to be?	Vous allez/tu vas être long(ue)?
I would like to use the bathroom soon.	J'aimerais utiliser la salle de bain bientôt.

Getting out   *Sortir*

to stand up	se lever
to get out	sortir
to pull out the plug	déboucher
to wash out the bath	rincer la baignoire
a bath mat	un tapis de bain

Drying oneself   *Se sécher*

to dry oneself	se sécher
a towel	une serviette
a towel rack	un porte-serviettes
a heated towel rack	un porte-serviettes chauffant
a bath towel	une serviette de bain
a hand towel	un essuie-mains
dry/wet	sec (sèche)/mouillé (e)
clean/dirty	propre/sale

Talcum powder and deodorant   *Le talc et le déodorant*

a powder puff	un poudrier
to put on	mettre
deodorant	déodorant (*m*)
a spray	un vaporisateur

a roll-on	un déodorant à bille
a gel	un gel

Getting dressed | *L'habillement*

to get dressed	s'habiller
a bathrobe	un peignoir
a dressing gown	une robe de chambre

Using the sink/basin | *Utiliser le lavabo*

to wash one's hands	se laver les mains
to wash one's face	se laver la figure
to open one's toiletry bag	ouvrir son sac/sa trousse de toilette
to look in the mirror	se regarder dans la glace

Cleaning one's teeth | *Se laver les dents*

to clean one's teeth	se laver les dents
a tube of toothpaste	un tube de dentifrice
to squeeze	presser
a toothbrush	une brosse à dents
soft/medium/hard	souple/moyenne/dure
natural bristle/nylon	poil naturel/nylon
to brush	brosser
to floss	nettoyer avec un fil dentaire
to rinse out the mouth	se rincer la bouche
to gargle	se gargariser
to use mouthwash	se faire un bain de bouche

Shaving | *Se raser*

to shave	se raser
an electric razor	un rasoir électrique
to plug in	brancher
to turn on/off	mettre en marche/arrêter
a razor	un rasoir
a razor blade	une lame de rasoir
shaving soap/cream/brush	mousse (*f*)/crème (*f*) à raser/ blaireau (*m*)
to lather	mousser
to nick	entailler
to bleed	saigner
to stop bleeding	arrêter de saigner
to rinse off	rincer
to use aftershave	utiliser un after-shave/un après-rasage
to splash on	éclabousser/étaler

to trim one's beard	tailler sa barbe

Taking a shower

Prendre une douche

to take a shower	prendre une douche
to shut the curtain	fermer les rideaux
to shut the shower door	fermer la porte de la douche
to turn on the shower	ouvrir la douche
to adjust the temperature	régler la température
to wash oneself	se laver

Washing one's hair

Se laver les cheveux

to wash one's hair	se laver les cheveux
shampoo	shampooing (*m*)
for dry/normal/oily hair	pour cheveux secs/normaux/gras
dandruff shampoo	shampooing antipelliculaire
to apply	appliquer
to rub in	frotter
to lather	mousser
to rinse	rincer
conditioner	après-shampooing (*m*)

Drying one's hair

Le séchage des cheveux

to dry one's hair	se sécher les cheveux
to rub with a towel	frotter avec une serviette
to put one's hair in a turban	mettre ses cheveux en turban
to use a hairdryer	utiliser un sèche-cheveux
to borrow a hairdryer	emprunter un sèche-cheveux
to put on mousse	appliquer une mousse/mettre de la mousse
a spray	un spray
firm/medium/light control	fixation (*f*) forte/moyenne/souple
to blow-dry	faire un brushing
to straighten	lisser
to curl	boucler

Using the toilet

L'utilisation des toilettes

the bathroom	les toilettes (*f*)
to need the bathroom	avoir besoin d'aller aux toilettes
to go to the toilet	aller aux toilettes
to put the seat up/down	relever/abaisser le siège
toilet paper/bathroom tissue	un rouleau de papier toilette
We have run out of toilet paper.	Il n'y a plus de papier toilette.

Is there any more toilet paper, please?	Il reste du papier toilette, s'il vous plaît?
to flush the toilet	tirer la chasse-d'eau
the bidet	le bidet

For women
Perfume

Pour les femmes
Le parfum

to put on	mettre
cologne	eau (*f*) de toilette
a spray	un vaporisateur
an atomizer	un atomiseur
a bottle	une bouteille

Personal hygiene

L'hygiène intime

sanitary napkins	des serviettes (*f*) périodiques
tampons	des tampons (*m*)
depilatory cream	une crème dépilatoire

Makeup/cosmetics

Maquillage/cosmétiques

a makeup bag	un nécessaire à maquillage
to put on makeup	se maquiller

Makeup for the face

Le maquillage pour le visage

foundation	fond (*m*) de teint
blusher	blush (*m*)/fard à joue
concealer	un anti-cerne
powder	poudre (*f*)
to dot	parsemer
to spread evenly	passer uniformément
to smooth	faire pénétrer

For the lips

Pour les lèvres

a tube of lipstick	un tube de rouge à lèvre
a lip brush	un pinceau à lèvre
lip outliner	un crayon à lèvre
lip gloss	un brillant à lèvre
a lip salve	un baume à lèvre
a pencil	un crayon
to outline	faire le contour (des lèvres)
to fill in	compléter

For the eyes	*Pour les yeux (m)*
eyeliner	eye-liner (*m*)
eyeshadow	fard (*m*) à paupière
mascara	mascara (*m*)
For the eyebrows	*Pour les sourcils (m)*
a pair of tweezers	une pince à épiler
to pluck	épiler
to shape	tracer
to brush	brosser
Taking makeup off	*Enlever le maquillage*
to apply	appliquer
makeup remover	un démaquillant
cotton wool	du coton
to wipe	essuyer
to remove	enlever
eye makeup remover pads	du Démake-up®
to cleanse	nettoyer
cleansing lotion	lotion (*f*) nettoyante
to tone	adoucir
to nourish	nourrir
cream	crème (*f*)
a night/day cream	crème de nuit/de jour
Other objects on the bathroom shelf	*Autres objets dans la salle de bain*
cotton wool	du coton
tissues	des Kleenex®/mouchoirs (*m*)
cotton balls	des coton-tiges (*f*)

3

Helping Around the House
Aider avec le Ménage

Offering to help
Can I help you with . . . ?
The cooking (*See pages 109–117.*)

Shall we get a snack?
Shall I cook my favorite recipe?
Shall I make a cake?
Shall I make some cookies?

The cleaning (*See pages 38–40.*)
Can I help you with the cleaning?

The ironing (*See pages 37–38.*)
Would you like me to do the ironing?

The washing up (*See pages 22–23.*)

The dusting (*See pages 39–40.*)
Shall I dust the living room?

The shopping
Is there anything you want
   from the stores?
Do you want to give me a list?

Would you like me to . . . ?

mail your letters (*See pages 247–250.*)
dry the dishes (*See page 23.*)
set/clear the table (*See pages 18–20.*)
load/unload the dishwasher
   (*See pages 24–25.*)

Proposer son aide
Puis-je vous aider avec . . . ?
La cuisine

On se fait un casse-croûte?
Je fais ma recette préférée?
Je fais un gâteau?
Je fais des biscuits?

Le ménage
Je peux vous aider avec le ménage?

Le repassage
Voulez-vous que je repasse?

La vaisselle

La poussière
Est-ce que je fais la poussière
   dans le salon?

Les courses
Avez-vous besoin d'acheter
   quelque chose?
Voulez-vous me donner une liste?

Voulez-vous que je . . . ?

poste vos lettres
essuie la vaisselle
mette/débarrasse la table
remplisse/vide le lave-vaisselle

make some toast (*See page 26.*)	fasse du pain grillé
make the beds (*See pages 27–28.*)	fasse les lits
put the kettle on (*See page 26.*)	mette la bouilloire à chauffer
tidy up	range
vacuum (*See page 38.*)	passe l'aspirateur
do the laundry (*See pages 36–37.*)	lave le linge
walk the dog (*See page 163.*)	sorte le chien
mow the lawn (*See page 46.*)	tonde la pelouse

Washing, drying, and ironing clothes

Laver, sécher, et repasser les vêtements

Dirty clothes

Les vêtements sales

soiled	sali
a stain	une tache
stain remover	un détachant
to treat quickly	traiter rapidement
to presoak	pré-tremper
to bleach	laver à l'eau de Javel
to scrub	frotter
clean clothes	vêtements (*m*) propres

The washing machine

La machine à laver

to open the door	ouvrir la porte
to put the clothes in	mettre les vêtements dans
to put the detergent in	mettre la poudre dans
biological powder	poudre (*f*) biologique
non-biological powder	poudre non-biologique
washing liquid	la lessive (liquide)
prewash spray	un jet de prélavage
to add conditioner	ajouter un adoucissant

To choose a cycle

Choisir le cycle

to press a button	appuyer sur le bouton
to turn a dial	régler le cadran

Type of wash

Types de lavage

colored	couleur
cool	froid
hot	chaud
rinse	rinçage
white	blanc
woolens	lainage

Type of spin	*Types d'essorage*
short	court
long	long

Drying clothes	*Faire sécher les vêtements*
Outside	*A l'extérieur*
a clothesline	une corde à linge
a clothes rack	un portant
to pin up	étendre à l'aide de pinces à linge
a clothespin	une pince à linge
a clothespin bag	un sac de pinces à linge
a linen basket	un panier à linge
to dry	sécher
to put out	mettre dehors
to take in	rentrer
It's raining.	Il pleut.

Inside	*A l'intérieur*
a clothes rack	un étendoir sur pied
by the fire	près du feu
on a radiator	sur un radiateur

In the drier	*Dans le sèche-linge*
to put the clothes in	mettre les vêtements dans
to take them out	les sortir
to set the timer	régler le minuteur
hot/cool	chaud/froid
to add a conditioning sheet	ajouter une feuille adoucissante
to prevent static	empêcher l'électricité statique
to clean the filter	nettoyer le filtre
to remove the lint	enlever les peluches

Ironing clothes	*Repasser les vêtements*
The ironing board	*La planche à repasser*
to put up	dresser
to take down	replier
the iron	le fer à repasser
to iron	repasser
to do the ironing	faire le repassage

A steam iron	*Un fer à vapeur*
to fill with water	remplir d'eau
to run out of water	manquer d'eau

to squirt	verser des gouttes
to steam	faire de la vapeur

The temperature of the iron / *La température du fer*

a cool/warm/hot iron	un fer froid/tiède/chaud
too cold/too hot	trop froid/trop chaud
to scorch	roussir
a burn	une brûlure

The ironing / *Le repassage*

creased	froissé
crumpled	chiffonné
to fold	plier
to smooth out	défroisser
to turn the clothes the right way out	mettre les vêtements du bon côté/ à l'endroit
inside out	à l'envers
to air	aérer

Cleaning
Vacuuming

Faire le ménage
Passer l'aspirateur

a vacuum cleaner	un aspirateur
to unwind the cord	dérouler le fil
to plug in	brancher
a power switch	une prise de courant
to switch on	mettre en marche
a carpet	un tapis/une moquette
a solid floor	un sol dur
an upright cleaner	un aspirateur-balai
a canister cleaner	un aspirateur à chariot/traîneau
to empty the dustbag	vider le sac à poussière

Cleaning tools for the vacuum / *Les outils de nettoyage pour l'aspirateur*

a thin nozzle	un suceur
a soft/hard brush	une brosse souple/dure
a wide brush	une brosse large
the hose	le tuyau
to suck up	aspirer
poor/good suction	une mauvaise/bonne aspiration

Brushing
Balayer

a broom	un balai

a soft brush	une brosse souple
a hard brush	une brosse dure
a dustpan	une pelle à poussière
to sweep up	balayer
a pile	un tas
to collect	ramasser
to throw away	jeter
dust	poussière (f)
dirt	saleté (f)

Washing surfaces / *Nettoyer*

a bucket/water	un seau/de l'eau
cleanser	un agent nettoyant/un détergent
disinfectant	un désinfectant
to disinfect	désinfecter
a spray	une bombe aérosol
to spray	vaporiser
a sponge	une éponge
to soak	tremper
to squeeze	presser
to wring out	essorer
to wipe	essuyer
to rub	frotter
a mop	une serpillière
a scrub brush	une brosse dure
to scrub	récurer

Polishing / *Astiquer*

a duster	un chiffon à poussière
to dust	épousseter
the dust	la poussière
a cobweb	une toile d'araignée
to polish	astiquer
polish	la cire
spray polish	une bombe pour l'entretien des meubles/la cire en bombe
a can of polish	une boîte de cire/cirage
furniture polish	cire pour les meubles
floor polish	cire à parquet
beeswax	cire d'abeille
to apply lightly	appliquer légèrement
to make something shine	faire briller

to buff up	polir
to clean the silver/the brass	nettoyer l'argenterie/les cuivres

Cleaning the bathroom
Cleaning the toilet

Nettoyer la salle de bain

Nettoyer les toilettes

a toilet brush	une balayette/une brosse
toilet cleaner	produit (*m*) d'entretien des toilettes
to squirt	verser du produit
to wipe	essuyer
to flush the toilet	tirer la chasse d'eau
to put out more toilet paper	mettre plus de rouleaux de papier toilette

Cleaning . . .	Nettoyer . . .
the basin	la cuvette
the bath	la baignoire
the mirrors	les miroirs (*m*)
the shelves	les étagères (*f*)

Removing garbage
To empty . . .

Sortir les poubelles

Vider . . .

the ashtrays	les cendriers (*m*)
the wastebaskets/cans	les poubelles (*f*)
to put the wastebaskets out	sortir les poubelles
to take the bottles to a bottle depository	mettre les bouteilles au recyclage
to recycle	recycler

4
The Yard
Le Jardin

Chapter 4

In the garden
Types of gardens

a cottage garden
an herb garden
a kitchen garden
an orchard
a wildflower garden
a public garden
a park

Describing gardens

large/small
formal/wild
pretty
untidy
overgrown

Common garden contents
A flower bed

a flower
a bud
a plant
a weed

A lawn

a border
a path
a seat

Dans le jardin
Les types de jardin

un jardin à l'anglaise
un coin à herbes aromatiques
un (jardin) potager
un verger
un jardin de fleurs des champs
un jardin public
un parc

Décrire les jardins

grand/petit
entretenu/sauvage
joli
négligé
envahi par l'herbe

Contenu d'un jardin
Un parterre de fleurs

une fleure
un bourgeon
une plante
une mauvaise herbe

Une pelouse

une plate-bande
un chemin/une allée
un banc

Trees	*Les arbres*
a tree	un arbre
a trunk	un tronc
a branch	une branche
a twig	une brindille
a leaf	une feuille
a bush	un buisson
Garden furniture	*Le mobilier de jardin*
a garden seat	un siège de jardin
a sunbed	un lit-pliant/une chaise longue
a deckchair	un transat
a hammock	un hamac
a statue	une statue
an urn	une urne
a birdhouse	une mangeoire
Other garden features	*Autres caractéristiques*
a greenhouse	une serre
a conservatory	une véranda
a pond	un bassin
a fountain	une fontaine
a wall	un mur
a fence	une barrière
a hedge	une haie

Garden wildlife — *La faune et la flore du jardin*

Common flowers	*Les fleurs ordinaires*
a carnation	un œillet
a daffodil	une jonquille
a geranium	un géranium
lavender	lavande (*f*)
a lily of the valley	du muguet
a narcissus	un narcisse
a rose	une rose
a snowdrop	un perce-neige
a tulip	une tulipe
Common wild plants	*Les fleurs sauvages*
a bluebell	une jacinthe des bois
a buttercup	un bouton d'or

a cowslip	un coucou
a daisy	une marguerite
a dandelion	un pissenlit
a dock leaf	une patience
a nettle	une ortie

Common trees and bushes *Les arbres et arbustes*

an ash	un frêne
a beech	un hêtre
a birch	un bouleau
a chestnut	un marronnier
an elm	un orme
a fir	un sapin
a hawthorn	une aubépine
holly	du houx
an oak	un chêne
a privet	un troène
a sycamore	un sycomore
a yew	un if

Common animals *Les animaux*

a bat	une chauve-souris
a hedgehog	un hérisson
a mole	une taupe
a molehill	une taupinière
a rabbit	un lapin
a squirrel	un écureuil

Common insects *Les insectes*

an ant	une fourmi
a bee	une abeille
a butterfly	un papillon
a caterpillar	une chenille
a fly	une mouche
a mosquito	un moustique
a moth	une mite/un papillon de nuit
a spider	une araignée
a wasp	une guêpe

Common birds *Les oiseaux*

a blackbird	un merle
a blue tit	une mésange

a crow	une corbeau
a dove	une colombe
a magpie	une pie
an owl	un hibou
a pigeon	un pigeon
a robin	un rouge-gorge
a rook	un freux
a starling	un étourneau
a thrush	une grive
a bird's nest	un nid d'oiseau
an egg	un œuf

Garden entertainment
Making a bonfire

to gather wood	ramasser du bois
to find kindling	trouver du petit-bois
to light	allumer
smoke	fumée (*f*)
flames	flammes (*f*)
sparks	étincelles (*f*)
to toast potatoes	faire cuire des pommes de terre
the direction of the wind	la direction du vent
to change	changer
to get out of control	ne plus maîtriser
to put out	éteindre
a bucket of water	un seau d'eau
a hose	un tuyau d'arrosage

Fireworks

to stand clear	s'éloigner
to watch from over there	regarder de loin/là-bas
to light	allumer
a fuse	un fusible/un détonateur
a match	une allumette
to go out	s'éteindre
to leave it alone	l'éloigner
to have another	en faire un autre
a fireworks display	un feu d'artifice
a firecracker	un pétard
the Fourth of July	Le quatre juillet

Les jeux de jardin
Faire un feu de joie

Faire des feux d'artifice

the Fourteenth of July	Le quatorze juillet
a box of fireworks	une boîte de feux d'artifice
a sparkler	un cierge magique
a catherine wheel	un soleil
a rocket	une fusée
a Roman candle	une chandelle romaine

Barbecues

Barbecues

(See "Food," pages 120–121.)

Garden games
Playing miniature golf

Les jeux de jardin
Jouer au mini-golf

a golf club	un club de golf
a golf ball	une balle de golf
a hole	un trou
to get a hole in one	mettre la balle dans le trou en un
to strike	frapper

Playing croquet

Jouer au croquet

a croquet mallet	un maillet de croquet
a hoop	un arceau
the central stick	la crosse centrale
to go straight through	aller directement
to hit the hoop	toucher l'arceau
to knock someone out of the way	faire un carreau

Lawn bowling

Jouer aux boules

to throw	lancer
to roll	rouler
to hit	frapper
to miss	manquer
to be the nearest	être le plus près
to be hit out of the way	être sorti/être mis à carreau

Trampolining

Faire du trampoline

a trampoline	un trampoline
to bounce	sauter

Gardening
The equipment

Jardinage
Le matériel

the garden shed	la remise

a wheelbarrow	une brouette
a spade	une pelle
a fork	une fourche
a trowel	un déplantoir
a hoe	une houe
a rake	un râteau
a pair of clippers	des cisailles
a hedge trimmer	un sécateur
a broom	un balai
a dustbin	une poubelle

Mowing the lawn   *Tondre la pelouse*

a lawn mower	une tondeuse à gazon
an electric mower	une tondeuse électrique
a hand mower	une tondeuse mécanique
a gas mower	une tondeuse à moteur
to cut the grass	couper l'herbe
to push	pousser
to pull	tirer
to alter the setting	régler
to turn the corner	faire les coins (*m*)
straight lines	lignes (*f*) droites
to empty the box	vider le bac à herbe
grass cuttings	l'herbe coupée
The grass needs cutting.	L'herbe a besoin d'être coupée.

Doing the weeding   *S'occuper des mauvaises herbes*

a weed	une mauvaise herbe
to pull out	arracher
to uproot	déraciner

Watering the garden   *Arroser le jardin*

The garden needs watering.	Le jardin a besoin d'être arrosé.
a watering can	un arrosoir
to fill	remplir
to spray	vaporiser
a garden hose	un tuyau d'arrosage
a sprinkler	un diffuseur
an automatic sprinkler	un diffuseur automatique
to turn on/off	mettre en marche/arrêter

Pets

A cat

a kitten
a cat basket

A dog

a puppy
a dog kennel
to take the dog for a walk
   (*See page 163*.)
to go to dog training classes

A goldfish

a goldfish bowl
water
to swim around
weeds
pebbles
to clean out the tank

A parakeet

a cage
a perch
a swing
to swing
a mirror
to admire himself
a bell
to ring

Other pets

a dove
a guinea pig
a hamster
a mouse
a parrot

Useful expressions

Does it bite?
Don't put your finger in the cage.

I have to take it to the veterinarian.

Animaux domestiques

Un chat

un chaton
un panier

Un chien

un chiot
une niche
sortir le chien

aller à des cours de dressage de chiens

Un poisson rouge

un aquarium
eau (*f*)
nager en rond
des herbes (*f*) aquatiques
des galets (*m*)
nettoyer le réservoir

Une perruche

une cage
un perchoir
une balançoire
se balancer
un miroir
s'admirer
une cloche
sonner

Autres animaux

une colombe
un cochon d'Inde
un hamster
une souris
un perroquet

Expressions utiles

Est-ce qu'il mord?
Ne mettez pas vos/ne mets pas tes
   doigts dans la cage.
Je dois l'emmener chez le vétérinaire.

5

Games
Les Jeux

Chapter 5

Common expressions

Before the game

Would you like to play?

What would you like to play?

Do you like playing . . . ?
Shall we play . . . ?

How many can play?

It's a game for two people.
You need four people to play.
We haven't got enough people.

We have too many people.

You play in teams.

How many are on each team?

Will you be on my team?
I'll be on the other team.

What do you need to be able to play?

You need paper and a pencil.
This pencil is blunt.
My lead has broken.
Do you have another pencil?
Could I have more paper, please?

Starting a game

Where shall we play?

Shall we play in . . . ?
my/your room
the living room
on this table
on the floor

How long does a game take?

This game doesn't take long.
This game takes too long.
It takes at least an hour.
This is a quick game.

Expressions usuelles

Avant le jeu

Voudriez-vous/voudrais-tu jouer?

A quoi aimeriez-vous/aimerais-tu
  jouer?

Vous aimez/tu aimes jouer à . . . ?
Et si on jouait à . . . ?

Combien de personnes peuvent jouer?

C'est un jeu pour deux personnes.
Il faut quatre personnes pour jouer.
Nous ne sommes pas assez./On n'est
  pas assez.
Nous sommes trop./On n'est trop.

On joue en équipe.

Il y a combien de personnes dans
  chaque équipe?
Vous serez/tu seras dans mon équipe?
Je serai dans l'autre équipe.

Que faut-il pour jouer?

Il faut du papier et un crayon.
Le crayon n'est pas taillé.
Ma mine est cassée.
Avez-vous/tu as un autre crayon?
Je peux avoir une autre feuille,
  s'il vous/te plaît?

Commencer une partie

Où jouons-nous?

Et si on jouait dans . . . ?
ma/ta/votre chambre
le salon
sur cette table
par terre

Un jeu dure combien de temps?

Ce jeu ne dure pas longtemps.
Ce jeu dure trop longtemps.
Il dure au moins une heure.
C'est un jeu rapide.

How do you play it?

You have to . . .
The object of the game is to . . .
You start here.
You go this way around the board.

Comment on y joue?

Vous devez/Il faut . . .
Le but du jeu est de . . .
On commence ici.
On tourne dans ce sens-là.

Choose a token

Which token would you like?
Which color would you like to be?

Choisissez/choisis un jeton.

Quel jeton voulez-vous/veux-tu?
Quelle couleur voulez-vous/
    veux-tu être?

What happens if you land here?

You get another turn.
You lose a turn.
You go back three spaces.
You go forward two spaces.
You have to go back to the beginning.

Qu'est-ce qui se passe si on arrive ici?

On gagne un autre tour.
On perd un tour.
On recule de trois cases.
On avance de deux cases.
On recommence depuis le début.

Where is the finish?

You finish here.
The first person to finish wins.

Où est l'arrivée?

On arrive ici.
La première personne arrivée a gagné.

Pick up a card.

What does the card say?
I can't read what's on the card.

What does that mean?
Show me what I have to do now.

You can keep the card until later.

Piochez/pioche une carte.

Que dit la carte?
Je ne peux pas lire ce qu'il y a sur
    la carte.
Qu'est-ce que cela veut dire?
Montrez-moi/montre-moi ce que je
    dois faire maintenant.
Vous pouvez/tu peux garder la carte
    pour plus tard.

Money

Who's going to be banker?
Can I be banker?
Will you be banker?
How much money do you start with?
You have twenty thousand dollars
    to start with.
Each time you go around you
    are given . . .

L'argent

Qui est le banquier?
Puis-je être le banquier?
Voulez-vous/veux-tu être le banquier?
On commence avec combien d'argent?
On commence avec deux millions
    de francs.
A chaque tour on reçoit . . .

Buying and selling

You can buy a . . .

Acheter et vendre

On peut acheter un(e) . . .

Do you want to buy it?	Voulez-vous/tu veux l'acheter?
I'd like to buy . . .	J'aimerais acheter . . .
I haven't got enough money.	Je n'ai pas assez d'argent.
How much money do I have to pay?	Combien dois-je payer?
You have to pay . . .	Il faut payer . . .
Do you have change for a fifty dollar bill?	Avez-vous/tu as la monnaie d'un billet de cinq mille francs?
You didn't give me my change.	Vous ne m'avez/tu ne m'as pas donné ma monnaie.
You have to give me/all the other players . . .	Il faut me donner/il faut donner à tous les autres joueurs . . .
You have to pay a fine.	Il faut payer une amende.
You pay ten times what's on the dice.	On paie dix fois la somme des dés.

The rules / Le règlement

Can I read the rules, please?	Puis-je lire le règlement, s'il vous plaît?
It's against the rules.	C'est contraire au règlement.
That's cheating.	C'est de la triche.
You can't do that.	On ne peut pas faire cela.

Who starts? / Qui commence?

The highest starts.	Le plus grand nombre commence.
The lowest starts.	Le plus petit nombre commence.
You need a six to start.	Il faut faire/avoir un six pour commencer.
You need a double to start.	Il faut faire/avoir un double pour commencer.
Shall we toss a coin to see who starts?	On fait pile ou face pour voir qui commence?
Heads or tails? It's heads.	Pile ou face? C'est face.

The dice / Les dés

Throw the dice.	Jeter les dés.
How many dice do you use?	On joue avec combien de dés?
You use two dice.	On joue avec deux dés.
You only use one.	On joue avec un dé seulement.
Do you have a shaker?	Avez-vous/as-tu un cornet?
The dice rolled off the table.	Les dés sont tombés de la table.
The dice fell on the floor.	Les dés sont tombés par terre.
Shake again.	Mélangez/mélange encore.

What did you throw? / Qu'est-ce que vous avez/tu as fait?

I threw a . . .	J'ai fait un . . .

one/two/three	un/deux/trois
four/five/six	quatre/cinq/six
You have to throw a six.	Il faut faire un six.
You have to throw a double.	Il faut faire un double.
Throw again.	Jetez/jette encore les dés.

Do you like this game?	*Aimez-vous/aimes-tu ce jeu?*
This game is . . .	Ce jeu est . . .
too difficult	trop difficile
too easy	trop facile
rather boring	assez ennuyeux
excellent	super

How do you win?	*Comment on gagne?*
The winner is the person with the most . . .	Le gagnant est celui qui a le plus . . .
money	d'argent
points	de points
The winner is the first person to finish.	Le gagnant est la première personne qui finit.
Shall we see who's won?	On regarde qui a gagné?
Count up your money.	Comptez votre/ton argent.
How much money do you have?	Combien d'argent avez-vous/as-tu?
Add up your points.	Faites le total de vos/tes points.
How many points do you have?	Combien de points avez-vous/as-tu?

Who's won?	*Qui a gagné?*
I've won./You've won.	J'ai gagné./Vous avez/tu as gagné.
He's won./She's won.	Il a gagné./Elle a gagné.
We've won./They've won.	Nous avons gagné./Ils ont gagné.
Our team won.	Notre équipe a gagné.
Their team won.	Leur équipe a gagné.
Well played!	Bien joué!
Bad luck!	Pas de chance!

Shall we stop now?	*On arrête maintenant?*
Shall we have one more game?	On rejoue?
Is there time for another game?	On a le temps de rejouer?
Shall we play the best of three?	On fait la belle?
Shall we play something else?	On joue à autre chose?
It's time to stop.	Il est temps d'arrêter.
We'd better put it away.	On ferait mieux de le mettre de côté.

Monopoly®

The board

"Go"

to pass "Go"
I just passed "Go."
Collect two hundred dollars salary
    as you pass "Go."

Can I have my salary, please?

In jail

just visiting
I am just visiting.
I am in jail.
I've been sent to jail.
I have/haven't a card to "get out
    of jail free."
I threw doubles three times in a
    row so I have to go to jail.
You need to throw a double to get out.
Will you sell me your "get out
    of jail free" card?
How much do you want for your
    "get out of jail free" card?
I will pay the fifty dollar fine now.

I have to pay the fifty dollar fine now.

I've missed three turns so I can
    come out now.

Income tax

Pay two hundred dollars.
You pay all taxes to the Bank.
super tax
Pay one hundred dollars.

Other squares

free parking
go to jail

Monopoly®

Le plateau de jeu

"Départ"

passer la case "Départ"
Je viens de passer la case "Départ."
Recevez un salaire de vingt mille
    francs si vous passez par la
    case "Départ."

Puis-je avoir mon salaire, s'il vous/
    te plaît?

En prison

simple visite
Je suis un simple visiteur.
Je suis en prison.
J'ai été envoyé en prison.
J'ai/je n'ai pas de carte "sortez de
    prison."
J'ai fait un double trois fois de suite
    donc je vais en prison.
Il faut faire un double pour sortir.
Pouvez-vous/tu peux me vendre
    votre/ta carte "sortez de prison"?
Combien voulez-vous/tu veux pour
    votre/ta carte "sortez de prison"?
Je paie l'amende de cinq mille francs
    maintenant.
Je dois payer l'amende de cinq mille
    francs maintenant.
J'ai sauté trois tours donc je peux
    sortir au prochain.

Impôts sur le revenu

Payez vingt mille francs.
Payez tous les impôts à la Banque.
taxe de luxe
Payez dix mille francs.

Les autres cases

parc gratuit
allez en prison

The Properties

a street
a road
a square

The railroads

rent
If two/three/four railroads
  are owned . . .

The utilities

the waterworks
the electric company

If one utility is owned, rent is four
  times the amount shown on
  one dice.
If both utilities are owned, rent is
  ten times the amount shown
  on one dice.

Property cards

a site
a title deed
rent—site only
rent with one/two/three/four houses

rent with a hotel
If a player owns all the sites of any
  color group, the rent is doubled
  on unimproved sites in that group.

Cost of houses: one hundred
  dollars each.
Cost of hotels: one hundred
  dollars plus four houses.
mortgage value of site

Chance cards

Pick up a chance card.
Take the top card.

Les propriétés

une rue
une avenue
une place

Les gares

le loyer
Si deux/trois/quatre gares sont
  possédées . . .

Les entreprises de service public

la compagnie de distribution des eaux
la compagne de distribution
  d'électricité

Si une entreprise est achetée, le loyer
  égal à quatre fois la somme
  d'un dè.
Si les deux entreprises sont achetées,
  le loyer est de dix fois la somme
  d'un dé.

Les propriétés

un terrain
un Titre de propriété
terrain à louer seulement
loué avec une/deux/trois/
  quatre maisons

loué avec un hôtel
Si un joueur possède tous les terrains
  d'un groupe de couleur, le loyer est
  doublé pour tout terrain non-bâti
  de ce groupe.

Coût des maisons: dix mille francs
  chacune.
Coût des hôtels: dix mille francs plus
  quatre maisons.
valeur hypothécaire du terrain

Les cartes chance

Piochez une carte chance.
Piochez la carte du dessus.

Put the used card at the bottom
of the pile.
What does it say?
It says . . .
Advance to "Go."
Advance to Marvin Gardens.
Advance to Park Place: If you pass
"Go" collect two hundred dollars.

Bank pays you a dividend of
fifty dollars.
Drunk in charge: fine twenty dollars.

Get out of jail free: This card may
be kept until needed or sold.

Go back three spaces.
Go to jail. Move directly to jail.
Do not pass "Go." Do not collect
two hundred dollars.

Make general repairs on your houses:
for each house pay twenty-five
dollars.
Speeding fine: fifteen dollars.

Take a trip to Maryland Station, and
if you pass "Go" collect two
hundred dollars.
You are assessed for street repairs:
forty dollars per house, one
hundred and fifteen dollars
per hotel.

Your building loan matures: Receive
one hundred and fifty dollars.

You have won a crossword
competition: Collect one
hundred dollars.

Mettez la carte choisie sous le paquet.

Que dit-elle?
Elle dit . . .
Avancez jusqu' à la case "Départ."
Rendez vous à la Rue de la Paix.
Avancez au Boulevard de la Villette:
si vous passez par la case "Départ"
recevez vingt mille francs.
La Banque vous verse un dividende
de cinq mille francs.
Amende pour ivresse: deux
mille francs.
Vous êtes libéré de prison: cette carte
peut être conservée jusqu'à ce
qu'elle soit utilisée ou vendue.
Reculez de trois cases.
Allez en prison. Rendez-vous
directement à la prison. Ne
franchissez pas la case "Départ."
Ne touchez pas vingt mille francs.
Faites des réparations dans toutes vos
maisons: versez pour chaque
maison deux mille cinq cent francs.
Amende pour excès de vitesse:
mille cinq cent francs.
Allez à la gare de Lyon, si vous passez
par la case "Départ": recevez vingt
mille francs.
Vous êtes imposé pour les
réparations de voirie à raison de:
quatre mille francs par maison et
onze mille cinq cent francs par
hôtel.
Votre immeuble et votre prêt
rapportent: vous devez touchez
quinze mille francs.
Vous avez gagné le prix de mots
croisés: recevez dix mille francs.

Community chest cards

What does it say?
It says . . .
Advance to "Go."
Annuity matures: collect one
  hundred dollars.
Bank error in your favor: collect
  two hundred dollars.
Doctor's fee: pay fifty dollars.

From sale of stock: You get
  fifty dollars.
Get out of jail free: this card may be
  kept until needed or sold.

Go back to Mediterranean Avenue.
Go to jail. Move directly to jail.
  Do not pass "Go." Do not collect
  two hundred dollars.

Income tax refund: collect
  twenty dollars.
It is your birthday: collect ten dollars
  from each player.
Pay a ten pound fine or take
  a "Chance."
Pay hospital one hundred dollars.
Pay your insurance premium:
  fifty dollars.
Receive interest on seven percent
  preference shares:
  twenty five dollars.
You have won second prize in a
  beauty contest: collect ten dollars.
You inherit one hundred dollars.

The play
Choosing the pieces
Which piece do you want to be?

Les cartes de la caisse de communauté

Que dit-elle?
Elle dit . . .
Allez à la case "Départ."
Recevez votre revenu annuel: dix
  mille francs.
Erreur de la Banque en votre faveur:
  Recevez vingt mille francs.
Payez la note du médecin: cinq
  mille francs.

La vente de votre stock vous rapporte:
  cinq mille francs.
Vous êtes libéré de prison: cette carte
  peut être conservée jusqu'à ce
  qu'elle soit utilisée ou vendue.

Retournez à Belleville.
Allez en prison. Rendez-vous
  directement en prison. Ne passez
  pas par la case "Départ." Ne recevez
  pas vingt mille francs.

Les contributions vous remboursent
  la somme de deux mille francs.
C'est votre anniversaire: chaque joueur
  doit vous donner mille francs.
Payez une amende de mille francs ou
  bien tirez une carte "Chance."
Payez à l'hôpital dix mille francs.
Payez votre police d'assurance
  s'élevant à cinq mille francs.
Recevez votre intérêt sur l'emprunt à
  sept pour cent: deux mille cinq
  cent francs.
Vous avez gagné le deuxième prix de
  beauté: recevez mille francs.
Vous héritez dix mille francs.

Le jeu
Choisir les pions
Quel pion voulez-vous?/Tu veux
  quel pion?

What color do you want to be?	Quelle couleur voulez-vous?/ Tu veux quelle couleur?

Starting a game

Commencer une partie

Roll two dice to start.	Jetez deux dés pour commencer.
The player with the highest total starts.	Le joueur ayant le plus grand total commence.
I start.	Je commence.
You start.	Tu commences.
He/she starts.	Il/elle commence.

Whose turn is it now?

C'est à qui le tour maintenant?

It's my/your/his/her turn.	C'est à moi/à toi/à vous/à lui/à elle.
We are playing clockwise/ counterclockwise.	On joue dans le sens des aiguilles d'une montre/dans le sens contraire des aiguilles d'une montre.
It's not your turn.	Ce n'est pas votre/ton tour.
You went out of turn.	Tu as sauté ton tour.
You'd better miss your next turn.	Tu ferais mieux de sauter ton prochain tour.

Throwing the dice

Jeter les dés

to throw a double	Faire un double
I threw a double so I throw again.	J'ai fait un double donc je rejoue.
I threw three doubles so I have to go to jail.	J'ai fait trois doubles donc je dois aller en prison.
to throw three sixes	faire trois six

Moving the tokens

Avancer les pions

I rolled a three so I move three places.	J'ai fait un trois donc j'avance de trois cases.
We can both be on that space at the same time.	On peut être tous les deux dans cette case au même moment.
I have to advance to "Go."	Je dois aller à la case "Départ."
I have to go directly to jail.	Je dois aller directement en prison.

Landing on squares

Arrêt sur les cases

I hope you land on my property.	J'espère que vous allez/tu vas tomber sur ma propriété.
Oh no! I just landed on your property.	Oh non! Je tombe sur votre/ ta propriété.
Does anyone own the property I just landed on?	Est-ce que quelqu'un possède la propriété sur laquelle je viens de tomber?

It's mine, so you owe me . . .	C'est à moi, donc vous me devez/ tu me dois . . .
How much do I have to pay you?	Combien je vous/te dois?
You have to pay me twenty-two dollars rent—site only.	Vous me devez/tu me dois deux cents francs de loyer—terrain nu.
I have three houses, so that's nine hundred dollars you owe me.	J'ai trois maisons donc vous me devez/tu me dois neuf mille francs.
You have landed on my hotel.	Vous vous êtes/tu t'es arrêté sur mon hôtel.

Buying property

Acheter des propriétés

Do you want to buy that?	Vous voulez/tu veux acheter cela?
Yes, I'll buy it, please.	Oui, je l'achète, s'il vous/te plaît.
No, I don't think I'll buy it.	Non, je pense que je ne l'achèterai pas.
No, I haven't enough money.	Non, je n'ai pas assez d'argent.
Do you have any change?	Vous avez/tu as de la monnaie?

Selling property

Vendre des propriétés

Would you like to sell me . . . ?	Veux-tu me vendre . . . ?
I want to sell these houses back to the bank.	Je voudrais revendre mes maisons à la Banque.
You only get half price if you sell property back to the Bank.	Tu ne peux revendre tes propriétés à la Banque que pour la moitié du prix.

Putting houses on

Mettre des maisons

Houses are green.	Les maisons sont vertes.
I want to put a house on here.	Je veux mettre une maison ici.
I have two houses, so you have to pay me . . .	J'ai deux maisons donc tu dois me payer . . .
Could I buy a house, please?	Je peux acheter une maison, s'il te plaît?
I would like four houses, please.	Je voudrais quatre maisons, s'il te plaît.
You have to put houses evenly over your properties.	Il faut construire uniformément sur ses propriétés.
The Bank has run out of houses, so you'll have to wait.	Le Banque n'a plus de maisons à vendre, donc il faut attendre.
The Bank now has houses again. Would you like to bid for them?	La Banque a de nouveau des maisons. Tu veux faire une offre?

Putting a hotel on

Mettre un hôtel

Hotels are red.	Les hôtels sont rouges.

I want to buy a hotel now.	Je veux acheter un hôtel maintenant.
You can't put a hotel on until you have four houses on each site.	Tu ne peux pas construire un hôtel tant que tu n'as pas quatre maisons sur chaque terrain.
You give the Bank the four houses and pay the difference for a hotel.	Tu donnes à la Banque les quatre maisons et paies la différence pour un hôtel.
Here are the houses in exchange.	Voici les maisons en échange.
I have to pay . . . extra.	Je dois payer . . . supplémentaires.

The banker

Le banquier

Do you want to buy it?	Veux-tu l'acheter?
It costs . . .	Cela coûte . . .
You owe the Bank . . .	Tu dois à la Banque . . .
Does anyone want to bid for this property?	Quelqu'un veut faire une enchère pour cette propriété?
You are the highest bidder.	Tu es le plus offrant.
I haven't got the right change.	Je n'ai pas la monnaie exacte.
Can someone change this bill, please?	Quelqu'un peut-il me faire de la monnaie de ce billet?
The Bank has run out of money.	La Banque n'a plus d'argent.
The Bank will have to give you an I.O.U.	La Banque doit te donner une reconnaissance de dettes.

Mortgaging property

Les propriétés hypothéquées

I would like to mortgage this, please.	Je voudrais hypothéquer cela, s'il te plaît.
The mortgage value is printed on each title deed.	La valeur hypothécaire est marquée sur chaque titre de propriété.
Turn the card face down to show it's mortgaged.	Retourner la carte face contre table pour montrer qu'elle est hypothéquée.
There is no rent to pay because the property is mortgaged.	Il n'y a pas de loyer à payer car la propriété est hypothéquée.
You have to pay ten percent when you lift the mortgage.	Il faut payer dix pour cent pour lever l'hypothèque.
You can't mortgage houses or hotels.	On ne peut pas hypothéquer des maisons ou des hôtels.
You can't build on mortgaged property.	On ne peut pas construire sur des propriétès hypothéquèes.
You have to pay off the mortgage first.	Il faut rembourser l'hypothèque d'abord.

Being bankrupt

I'm afraid I can't pay you.

I haven't any money.

I shall have to return my houses/
 hotels to the Bank.

You only get half their value if you
 return them.

Will you take part cash and
 part property?

Seeing who has won

Shall we stop now and see who
 has won?

Shall we leave the game here and
 comtinue playing later?

Add up all your money.

Add up the value of your property.

How much do you own?

I own . . .

You have won.

I think I've won.

Card games

General expressions

Would you like to play cards?

What games do you know?

What would you like to play?

Can you play . . . ?

Shall we play . . . ?

I'd like to play . . .

I've forgotten how to play.

Can you remind me how to play?

Can you teach me how to play?

A deck of cards

Do you have a deck of cards?

I brought a deck of cards with me.

I'll go and get them.

Is it a full deck?

Etre en faillite

Je crains de ne pas pouvoir te payer.

Je n'ai pas d'argent.

Je vais devoir redonner mes maisons/
 hôtels à la Banque.

On ne reçoit que la moitié de leur
 valeur quand on les revend.

Tu acceptes la moitié en liquide et la
 moitié en propriété?

Voir qui a gagné

Et si on arrêtait maintenant pour voir
 qui a gagné?

On laisse le jeu ici et on continuera
 de jouer plus tard?

Comptez tout votre argent.

Comptez la valeur de votre propriété.

Combien possédez-vous/possèdes-tu?

Je possède . . .

Vous avez/tu as gagné.

Je crois que j'ai gagné.

Les jeux de carte

Expressions générales

Voulez-vous/tu veux jouer aux cartes?

Quel jeu connaissez-vous/connais-tu?

Vous aimeriez/tu aimerais jouer?

Vous savez/tu sais jouer à . . . ?

Et si on jouait à . . . ?

J'aimerais jouer à . . .

J'ai oublié comment jouer.

Pouvez-vous/peux-tu me rappeler
 comment jouer?

Pouvez-vous/peux-tu m'apprendre
 à jouer?

Un jeu de cartes

Avez-vous/as tu un jeu de cartes?

J'ai apporté un jeu de cartes avec moi.

Je vais les chercher.

C'est un jeu complet?

Shall we check the deck?	On vérifie le jeu?
Are there any missing?	Il en manque?
There is one missing.	Il en manque une.
Do you have another deck?	Avez-vous/as-tu un autre jeu?

The different suits *Les différentes suites*

clubs	trèfles (*m*)
diamonds	carreaux (*m*)
hearts	cœurs (*m*)
spades	piques (*f*)

The number cards *Les numéros des cartes*

ace	as (*m*)
ace high/ace low	as/un
the ace of hearts	l'as de cœur
two	deux
the two of diamonds	le deux de carreaux
three/four/five/six	trois/quatre/cinq/six
seven/eight/nine/ten	sept/huit/neuf/dix

The face cards *Les têtes*

jack	le valet
queen	la reine
king	le roi
joker	le joker

Playing card games *Jouer aux cartes*
Shuffling *Battre*

Shuffle the cards.	Battez/mélangez les cartes.
I'll shuffle/you shuffle.	Je mélange/vous mélangez/ tu mélanges.
Give the cards a good shuffle.	Mélangez/mélange bien.
The cards aren't shuffled properly.	Les cartes ne sont pas bien mélangées.

Cutting *La coupe*

to cut	couper
You cut to me.	Coupez/coupe pour moi.
I'll cut to you.	Je coupe pour toi.

Dealing *Distribuer/donner*

It's your deal.	C'est votre/ta donne.
You deal the cards face up/face down.	Tu distribues à jeu ouvert/ face contre table.
You dealt two cards then.	Tu as distribué deux cartes là.

You missed one.	Tu as oublié une carte.
I'm the dealer this time.	Je distribue cette fois.
I've forgotten where I'm up to.	J'ai oublié où j'en suis.
Count your cards.	Comptez vos/compte tes cartes.
I am one short.	Il m'en manque une.
I have one extra.	J'en ai une de trop.
We'd better redeal.	On ferait mieux de redistribuer.

Assessing your hand   *Evaluer sa main*

I haven't sorted my hand yet.	Je n'ai pas encore arrangé mon jeu.
Let me just arrange my cards.	Laisse moi juste ranger mes cartes.
I've got a good hand this time.	J'ai un bon jeu cette fois.
I've got a poor hand again.	J'ai encore une mauvaise main.

Leading   *Jouer*

You lead.	A vous/toi de jouer.
It's my/his/her/our/your/their lead.	C'est à moi/lui/elle/nous/vous/ eux de jouer
She led the three of diamonds.	Elle a joué le trois de carreaux.
What did you lead?	Qu'avez-vous/qu'as-tu joué?

Playing one's hand   *Jouer*

He played an ace.	Il a joué un as.
What did he play?	Qu'a-t-il joué?
I don't know what to play.	Je ne sais pas quoi jouer.

Following suit   *Avoir les suites de couleur*

You must follow suit if you can.	Vous devez/tu dois avoir une couleur.
I can't follow suit.	Je n'ai pas de couleur.
a strong suit	une couleur longue/forte
a weak suit	une couleur courte/faible

Trumping   *Prendre avec l'atout*

What are trumps?	Que sont les atouts?
Spades are trumps.	Atout pique.
The three of trumps.	Le trois d'atout.
I haven't got any trumps.	Je n'ai pas atout.
He was holding all the trumps.	Il avait tous les atouts.

Throwing away cards   *Rejeter les cartes*

to discard	se défausser
the stock pile	la pioche
I need to throw one away.	Je dois en rejeter une.
I don't know which to throw away.	Je ne sais pas laquelle rejeter.

Picking up cards

Have you picked up yet?
Pick one up off the pile.
What did you pick up?

Putting cards down

to put a card face down
to put a card face up
What did she put down?

Missing a turn

I missed my turn.
You missed your turn.
You have to miss a turn.

Passing

I can't play anything.
I shall have to pass.
I pass.
She passed.

Winning tricks

How many tricks have you won?

Well done!
I just won that trick.
I don't think I'm going to win many.

We only need to win another one.
We need to win seven tricks.

Losing tricks

How many tricks can we afford
    to lose?
How many tricks have we lost?

Sorry!

Cheating

Did you cheat?
I never cheat.
You shouldn't cheat.

Piocher des cartes

Vous avez/tu as pioché?
Piochez/pioche une carte.
Qu'avez-vous/qu'as-tu pioché?

Poser les cartes

poser une carte face contre table
poser une carte
Qu'a-t-elle posé?

Passer un tour

J'ai passé mon tour.
Vous avez/tu as passé votre/ton tour.
Vous devez/tu dois passer un tour.

Passer

Je ne peux rien jouer.
Je vais devoir passer.
Je passe.
Elle a passé.

Faire les levées

Combien de levées avez-vous/
    as-tu fait?
Bravo!/Bien joué!
Je viens de faire cette levée.
Je ne pense pas faire beaucoup
    de levées.
Il ne reste plus qu'une levée à faire.
Il faut faire sept levées.

Perdre des levées

Combien de levées peut-on se
    permettre de perdre?
Combien de levées avons-nous
    perdues?
Désolé!

Tricher

Vous avez/tu as triché?
Je ne triche jamais.
Vous ne devriez pas/tu ne devrais
    pas tricher.

Don't look at my cards.	Ne regardez pas/ne regarde pas mes cartes.
I can see your cards.	Je peux voir vos/tes cartes.

Memorizing cards   *Mémoriser les cartes*

to remember	se souvenir
to forget	oublier
to count	compter
I can't remember if the ace has gone.	Je ne me souviens plus si l'as est parti.
I have forgotten how many . . .	J'ai oublié combien de . . .
How many trumps have gone?	Combien d'atouts sont partis?
Try to remember the tricks.	Essayez de vous/essaie de te souvenir des levées.
Count the aces/the trumps.	Comptez vos/compte tes as/atouts.
Have all the hearts gone?	Tous les coeurs sont partis?

Rummy

Le rami

You need:

Il faut:

a fifty-two card pack
any number of players from two to six

un jeu de cinquante-deux cartes
de deux à six joueurs

The object of the game

Le but du jeu

to get rid of all your cards by laying them down on the table in front of you

se débarrasser de toutes ses cartes en les étalant sur la table

Players try to collect and arrange cards in the following ways:

Les joueurs tentent de piocher et d'arranger les cartes de la manière suivante:

three of a kind or four of a kind (e.g., three aces or four sixes)
a sequence of three or more cards of the same suit (e.g., two, three, four, five of spades)

un brelan ou un carré (ex: trois as ou quatre six)
une suite de trois cartes ou plus de la même couleur (ex: le deux, le trois, le quatre et le cinq de pique)

How to play rummy

Comment jouer au rami

Cut for dealer who deals to each player:
ten cards each if there are two players
seven cards each if there are three or four players
six cards each if there are five or six players

Coupez pour le donneur qui distribue:
dix cartes chacun s'il y a deux joueurs
sept cartes chacun s'il y a trois ou quatre joueurs
six cartes chacun s'il y a cinq ou six joueurs

Place remaining cards face down on the table to form a stockpile.

Turn up the top card of the stockpile and lay it face up beside the stockpile to form a waste pile.

The player on the dealer's left starts the game.

Players look at their hands for the beginnings of any of the above groups or sequences of cards.

If you are lucky enough to have any group or sequence you can lay it on the table in front of you.

If not, you can either pick up the turned-up waste card or take one from the stockpile.

You have to throw one card away— either the one you have just picked up or one from your existing hand.

Players can also add cards to any other player's cards already laid on the table.

You win when you are the first person to get rid of all your cards.

Scoring

When someone has won the game, all other players add up the points they still hold in their hand as follows:

Aces count low as one.

Number cards count their number value.

jacks, queens, and kings count ten each.

The winner is awarded the total number of points held by all other players.

Placez le reste des cartes face contre table pour faire une pioche.

Retournez la carte au-dessus de la pile et placez-la à côté de la pioche, toujours retournée, pour former la pile de rejet.

Le joueur situé à la gauche du distributeur commence le jeu.

Les joueurs regardent leur main/ jeu pour guetter le début d'un brelan, un carré ou une suite.

Si vous avez la chance d'avoir l'une ou l'autre de ces combinaisons, vous pouvez les étaler sur la table.

Sinon, vous pouvez soit prendre la carte retournée de la pile de rebut ou en prendre une de la pioche.

Il faut jeter une carte—soit celle que vous venez de piocher, soit une carte de votre main/jeu.

Les joueurs peuvent aussi ajouter des cartes à celles posées sur la table par d'autres joueurs.

Le vainqueur est la première personne qui s'est débarrassée de toutes ses cartes.

Les points

Quand quelqu'un a gagné, les autres joueurs comptent les points qu'il leur reste de la manière suivante:

Les as comptent un point.

Les cartes numérotées rapportent leur valeur en points.

Les valets, reines et rois rapportent dix points chacun.

Le gagnant remporte la somme totale des points retenus par les autres joueurs.

If the winner was able to put all his cards straight down on the table on his first turn, then he is said to have "gone rummy" and gets awarded double the other players' total points.

Si le gagnant a posé toutes ses cartes en un seul tour, on dit alors qu'il a "fait un Rami" et il remporte le double de la somme des points des autres joueurs.

The overall winner can be the first one to reach five hundred points or some other predetermined score.

Le gagnant est le premier qui atteint cinq cent points ou un autre total fixé.

Bridge

Le bridge

Counting the points in your hand

Le total des points dans une main

Allow:

Il faut compter:

four points for an ace
three points for a king
two points for a queen
one point for a jack

quatre points pour un as
trois points pour un roi
deux points pour un reine
un point pour un valet

Plus either:

Plus soit:

one point for each trump over four trumps
one point for each card over three in each side suit

un point pour chaque atout à partir de quatre atouts
un point pour chaque carte à partir de trois dans chaque suite qui n'est pas à l'atout

Or:

Ou alors:

one point for each suit with two cards in it
two points for each singleton
three points for each void suit

un point pour chaque suite à deux cartes
deux points pour chaque singleton
trois points pour chaque chicane

Bidding

Les enchères

Who is bidding?

Qui fait les enchères?

Whose turn is it to bid first?

C'est à qui de faire la première enchère?

It's my/your/his/her/our/their bid.

C'est à moi/toi/lui/elle/nous/vous/eux.

Are you ready to bid?

Etes-vous/es-tu prêt à faire une enchère?

Are you going to bid?
to open the bidding

Allez-vous/vas-tu faire une enchère?
ouvrir une enchère

What are you bidding?	***Quelle est votre/ton enchère?***
No bid.	Je passe.
One club/diamond/heart/spade.	Un trèfle/carreau/cœur/pique.
One no-trump.	Un sans-atout.
Two clubs/diamonds/hearts/spades.	Deux trèfles/carreaux/cœurs/piques.
An opening bid of two of a suit.	Une entame du deux de la couleur.
He/she did not bid.	Il/elle a passé.
I did not bid.	J'ai passé.
My partner did not bid.	Mon partenaire a passé.

The type of bid	***Les types d' enchères***
a forcing bid	un forcing de manche
a weak bid	une enchère faible
a strong bid	une enchère forte
a raising bid	une surenchère
a no-trump bid	une enchère à sans-atout
a preemptive bid	une demande de barrage
a rebid.	ré-enchérir

The responses	***Les réponses***
Pass/No bid.	Je passe
to rebid	ré-enchérir
to raise the bidding . . .	surenchérir . . .
in your partner's suit	dans la couleur de votre/ton partenaire
in your own suit	dans votre/ta propre couleur
a single raise	une surenchère simple
a double raise	un jump
to jump	jumper
to continue bidding	continuer les enchères
a biddable suit	une couleur d'enchère
a rebiddable suit	une couleur de surenchère
to force to game	faire un forcing

## Scoring	## *Les points*
Who is going to keep the score?	Qui tient la marque?
I'll score.	Je vais marquer.
Will you score?	Vous allez/tu vas marquer?
What's the score at the moment?	Quel est le score à présent?

Necessary numbers	***Nombres nécessaires***
ten/twenty/thirty/forty/fifty	dix/vingt/trente/quarante/cinquante

sixty/seventy/eighty/ninety	soixante/soixante-dix/quatre-vingts/ quatre-vingt dix
one hundred	cent
one hundred and ten/twenty . . .	cent dix/cent vingt . . .
two hundred/three hundred . . .	deux cent/trois cent . . .
one thousand	mille
one thousand, five hundred, and fifty	mille cinq cent cinquante

The tricks   *Les levées*

the first trick	la première levée
subsequent tricks	les levées suivantes
an undertrick	une levée manquante
an overtrick	une levée de mieux

Doubling   *Doubler*

doubled	doublé
undoubled	sous-doublé
redoubled	sur-doublé

Vulnerable   *Vulnérable*

not vulnerable	pas vulnérable

Above the line   *Au-dessus de la marque*

below the line	au-dessous de la marque

Slams   *Chelems*

a small slam	un petit chelem
a grand slam	un grand chelem

Honors   *Les honneurs*

four trump honors	honneurs à quatre atouts
five trump honors	honneurs à cinq atouts
four aces in one hand	quatre as dans une main

Rubbers   *Les robres*

a two/three game rubber	un robre à deux/trois manches
an unfinished rubber	un robre non-terminé

Games   *Les manches*

for one game	pour une manche
for part score in unfinished game	pour un résultat partiel dans une manche non-terminée

Chess

The chessboard

portable
electronic
a black square
the white squares
the right/left corner
opposite
diagonal

The pieces

the king
the queen
the bishop
the knight
the rook
the pawns

Common words

backwards
behind
black
to capture
to castle
"check"
to check
checkmate
defensive
a draw
forward
in front of
lined up
mate
a move
to move
my/your move
occupied
opposite
powerful
protected
to remove

Les échecs

L'échiquier

portable
électronique
une case noire
les cases blanches
le coin droit/le coin gauche
en face
en diagonale

Les pions

le roi
la reine
le fou
le chevalier
la tour
les pions (*m*)

Les mots usuels

en arrière
derrière
noir(e)
prendre/saisir
roquer
"echec"
mettre en échec
Echec et Mat
défense
un ex-æquo
en avant
devant
aligné(e)
mat
un tour
bouger/se déplacer
mon/votre/ton tour
occupé(e)
en face
puissant
protégé(e)
déplacer

safe	en sécurité/sauf (sauve)
shielded	protégé (à l'aide d'un bouclier)
to take	prendre
taken	pris(e)
threatened	menacé(e)
unoccupied	inoccupé(e)
unprotected	non-protegé(e)
white	blanc(he)

Checkers

The pieces

black	noir
red	rouge

Rules for checkers

A game for two players

Each player has twelve pieces.

One player has all red pieces.

The other player has all black pieces.

Both players move only on the black squares.

White always starts.

The pieces move forward diagonally one square at a time.

A player can take his opponent's pieces by jumping over them provided there is an empty square to land on.

A player can capture more than one of his opponent's pieces at once.

When a piece reaches the opposite side of the board it is made into a king/queen (by placing a second piece on top of the first).

A king/queen can move backward as well as forward one square at a time.

Les dames

Les pions

Les règles pour les dames

un jeu pour deux joueurs

Chaque joueur a douze pions.

Un joueur a tous les pions rouges.

L'autre joueur a tous les pions noirs.

Les deux joueurs se déplacent sur les cases noires seulement.

Les blancs commencent toujours.

Les pions avancent en diagonale, d'une case seulement.

Un joueur peut prendre les pions de son adversaire en sautant par dessus, à condition d'atterrir sur une case vide.

Un joueur peut prendre plus d'un seul pion à la fois à son adversaire.

Quand un pion atteint l'autre côté de l'échiquier, il devient roi/reine (en plaçant un deuxième pion sur le premier).

Un roi/une reine peut avancer ou reculer d'une case.

The winner is the one who takes all his/her opponent's pieces or who immobilizes his/her opponent's pieces.

Le vainqueur est celui qui prend tous les pions de son adversaire ou immobilise tous les pions de son adversaire.

Dominoes

The pieces

a blank
a double blank
a spot
one/two/three spots
four/five/six spots
a piece with a six and a five
a double six
face up
face down
One end is a . . .
The other end is a . . .

Playing dominoes

Shall we play dominoes?
Do you have a set of dominoes?
Is it a full set of twenty-eight?
Turn the pieces face down.
Mix the pieces up.
Any number of people can play.
Draw a piece to see who starts.

The player who draws the highest domino is the first to play.
Each player then takes turns selecting one domino until all the dominoes are used up.
Each player sets his dominoes on edge so that his opponent cannot see his dominoes.
The first player places a domino face up on the table.

Les dominos

Les pièces/les carrés

un blanc
un double blanc
un point
un/deux/trois points
quatre/cinq/six points
un carré à six et cinq
un double six
face découverte
face cachée
Un bout est un . . .
L'autre bout est un . . .

Jouer aux dominos

On joue aux dominos?
Avez-vous/as-tu un jeu de dominos?
C'est un jeu complet de vingt-huit?
Retournez/retourne les carrés.
Mélangez/mélange les carrés.
Le nombre de joueurs est illimité.
Tirez/tire un carré pour voir qui commence.

Le joueur qui tire le carré le plus grand commence.
Les joueurs choisissent chacun leur tour un domino jusqu'à ce qu'il n'en reste plus.
Chaque joueur dispose ses dominos de telle façon que ses adversaires ne puissent pas les voir.
Le premier joueur place son domino face contre table.

The second player then has to add one of his dominoes to form a match (i.e., if the first domino played was one with three spots at one end and four spots at the other, the second player must put down a domino with either three or four spots on one side).

The dominoes are laid short end to short end unless a double is played. Doubles are placed crosswise at right angles to the line of dominoes.

If a player has no domino that matches either end of the line he has to miss his turn.

The game ends when one player manages to play all his dominoes.

If at any stage no player can play a domino, everyone counts up the number of spots on their remaining dominoes and the winner is the player with the fewest spots.

If there is a draw between two players with the same number of spots, the winner is the person with the fewest dominoes.

Le second joueur doit ajouter un domino assorti (c'est-à-dire, si le premier domino posé a un côté à trois points et un autre à quatre points, le second joueur doit poser un domino composé soit d'un trois, soit d'un quatre).

Les dominos sont placés en long les uns à la suite des autres, à l'exception des doubles qui se placent verticalement.

Si un joueur n'a pas de domino correspondant à chacun des bouts, il doit passer son tour.

Le jeu est fini quand un joueur a placé tous ses dominos.

Si aucun des joueurs ne peut plus jouer, chacun compte le nombre de points sur leurs dominos restants et le vainqueur est celui qui a le plus petit nombre de points.

Si deux joueurs sont ex-æquo avec le même nombre de points, le vainqueur est celui qui a le moins de dominos.

Jigsaw puzzles

Types of jigsaw puzzles

a one-hundred piece puzzle
a five-hundred piece puzzle
a one-thousand piece puzzle
an easy one
a difficult one
a pretty one

Choosing and starting a puzzle

Would you like to do a puzzle?

Les puzzles

Les types de puzzle

un puzzle à cent pièces
un puzzle à cinq cent pièces
un puzzle à mille pièces
un facile
un difficile
un joli

Choisir et commencer un puzzle

Vous voulez/tu veux faire un puzzle?

Shall we do a puzzle together?	On fait un puzzle ensemble?
Which one would you like to do?	Lequel voudriez-vous/voudrais-tu faire?
Where shall we do it?	On le fait où?
Do you have a tray to do it on?	Avez-vous/as-tu un plateau pour le faire?
Can we use this table?	On peut utiliser cette table?
Turn over all the pieces.	Retournez/retourne toutes les pièces.
face up/face down	face ouverte/face cachée
Shall we sort out all the edge pieces first?	On commence par les pièces des bords?
Do we have the four corner pieces?	On a les pièces des quatre coins?
Here is one corner piece.	Voici une pièce d'un coin.
Here is another corner piece.	Voici une pièce d'un autre coin.
Here's the last corner piece.	Voici la pièce du dernier coin.
Shall we sort the pieces out into color groups?	On trie les pièces par couleur?
There is one piece missing.	Il manque une pièce.

Finding particular pieces   *Trouver certaines pièces*

Have you seen the piece that goes here?	Avez-vous/as-tu vu la pièce qui va ici?
It has two tabs and one indent.	Elle a deux pattes et un creux.
It has one straight edge.	Elle a un côté droit.
Have you seen a sky piece?	Avez-vous/as-tu une pièce du ciel?
Have you seen a piece with yellow flowers on it?	Avez-vous/as-tu une pièce avec des fleurs jaunes?
I'm looking for a mainly green piece with a little red on it.	Je cherche une pièce centrale verte avec un peu de rouge dessus.
Try this one.	Essayez/essaie celle-ci.
This might fit.	Celle-ci va peut-être aller.
It fits.	Elle va.
It doesn't fit.	Elle ne va pas.

Useful verbs   *Verbes utiles*

to break it up	briser
to continue	continuer
to collect together	coller
to find	trouver
to finish	finir
to get it out	le/la sortir
to leave it	le/la laisser
to look at the picture	regarder l'image

to look for	chercher
to put it away	mettre de côté
to put a piece on one side	mettre une pièce d'un côté
to search for	rechercher
to sort	trier
to start	commencer
to stop	arrêter
to try	essayer
to turn over	retourner

Shorter games

I spy

How to play

Any number can play.

The first person says, "I spy with my little eye something beginning with . . ."

He/she then adds the first letter of an object they can see.

The other people have to guess what the word is by asking, "Is it a . . . ?" and then adding a word beginning with the chosen letter.

The person who guesses the object correctly takes over and becomes the next person to spy a new object.

Tic-tac-toe

You need:

paper and two pencils
two people to play

Useful expressions

Draw a Tic-tac-toe frame.
Are you going to be O's?
I'll be O's.
You can be X's.
You start.
It's my turn to start.

Des jeux plus courts

Le jeu des objets

Comment jouer

Le nombre de joueur est illimité.

La première personne dit, "J'aperçois avec mes petits yeux quelque chose commençant par . . ."

Il/elle ajoute ensuite la première lettre d'un objet qu'il/elle voit.

Les autres personnes doivent deviner l'objet en demandant, "Est-ce que c'est un(e) . . . ?" et en énonçant un mot commençant par la lettre choisie.

La personne qui a deviné l'objet a gagné et c'est à elle d'apercevoir un nouvel objet.

Le jeu du morpion

Il faut:

du papier et deux crayons
deux joueurs

Expressions utiles

Dessinez un tableau à morpion.
Vous serez/tu seras les ronds?
Je serai les ronds.
Vous pouvez/tu peux être les croix.
Vous commencez/tu commences.
C'est à moi de commencer.

You have to get three O's or three X's in a row.	Il faut arriver à avoir trois ronds ou trois croix dans une même rangée.
The rows can be horizontal, vertical, or diagonal.	Les rangées peuvent être horizontales, verticales, ou diagonales.
I've won/you've won.	J'ai/vous avez/tu as gagné.
to win	gagner
to lose	perdre
Shall we play again?	On rejoue?
Shall we play the best of three?	On fait la belle?

Outdoor games
Hide and seek

Les jeux d'extérieur
Cache-cache

Cover your eyes.	Fermez/ferme les yeux.
Don't peek.	Ne regardez pas/ne regarde pas.
Count to a hundred.	Comptez/compte jusqu' à cent.
Coming ready or not.	J'ai fini.
to hide	se cacher
to look for	chercher
to find	trouver

A treasure hunt

La chasse au trésor

Divide into teams.	Faites des équipes.
Will you be on my team?	Vous serez/tu seras dans mon équipe?
Do it in pairs.	On le fait par équipe de deux.
Here is a clue.	Voici un indice.
Read the clue.	Lisez/lis l'indice.
What does it say?	Que dit-il?
What does that mean, do you think?	Cela veut dire quoi, vous pensez/tu penses?
to look for	chercher
to find	trouver
to be unable to find	être incapable de trouver
to win	gagner
to get the prize	gagner le prix

Roller blades

Les rollers

a pair of roller blades	une paire de patins à ligne
a pair of roller skates	une paire de patins à roulette
roller boots	des roller-skates
Do you have any roller blades?	Vous avez/tu as des patins à ligne?

May I borrow your roller blades?	Je peux emprunter vos/tes patins à ligne?
to put on	mettre
to lace up	lacer
to adjust	ajuster
to balance	équilibrer
to hold on to something	se retenir à quelque chose
to fall over	tomber
to take off	décoller

Flying a kite

Faire voler un cerf-volant

a kite	un cerf-volant
a string	une corde
to hold on to	tenir
to rise up	s'élever
to fall	tomber
to swoop	descendre en piqué
the wind	le vent
There isn't enough wind.	Il n'y a pas assez de vent.
It's too windy.	Il y a trop de vent.

Garden play equipment
Swinging

Les jeux de jardin
La balançoire

a swing	une balançoire
to swing	se balancer
to give someone a push	pousser quelqu'un
Will you push me, please?	Vous pouvez/tu peux me pousser, s'il vous/te plaît?
Do you want a push?	Vous voulez/tu veux que je vous/te pousse?
to stand up	se mettre debout
to sit down	s'asseoir
to go very high	se balancer très haut
to jump off	sauter

A seesaw

Un jeu de bascule

to seesaw	basculer
to go up and down	monter et descendre
to balance	rester en équilibre
to bump	cogner

A slide

to climb the ladder	*Un toboggan*

A slide   *Un toboggan*

to climb the ladder — grimper l'échelle
to sit down — s'asseoir
to slide down — glisser
feet first/head first — les pieds en avant/la tête en avant
to have another turn — recommencer

A jungle gym/climbing frame   *Une cage à poules*

a ladder — une échelle
to climb — grimper
a monkey bar — une barre horizontale
to hang from — se pendre de
to hang upside down — faire le cochon pendu

Other activites   *Autres activités*

to do cartwheels — faire la roue
to do handstands — faire le poirier
to climb trees — grimper aux arbres
to skip — sauter
a jump rope — une corde à sauter
hopscotch — la marelle
to hop — sauter (à cloche-pied)
to turn around — se retourner

6

Computers
Les Ordinateurs

Hardware and software

Types of computer

a personal computer
a desktop computer
a laptop computer
a network computer
multi-media

Hardware

the monitor
the screen
the keyboard

The mouse

to click
to double-click
to right click/to left click
a mouse pad
a joystick

A tower

the CD-ROM drive
the floppy disk drive
the tape drive
the speakers
to turn up/down

A modem

a fax
E-mail

Le matériel et le logiciel

Les types d'ordinateur

un P.C.
un ordinateur de bureau
un ordinateur portable
un réseau
multimédia

Hardware/le matériel

le moniteur
l'écran (*m*)
le clavier

La souris

cliquer
cliquer deux fois
cliquer sur le bouton (droit/gauche)
un tapis pour souris
une manette de jeu/un joystick

Une tour

l'unité (*f*) de CD-ROM
l'unité de disquette
l'unité de cassette
les haut-parleurs (*m*)
augmenter/diminuer

Un modem

un fax
courrier électronique/e mail

an E-mail address	une adresse de courrier électronique/ adresse e mail
to send	envoyer
to receive	recevoir

The printer *L'imprimante*

a color printer	une imprimante-couleur
a laser printer	une imprimante à laser
an inkjet printer	une imprimante à jet d'encre
a dot matrix printer	une imprimante matricielle
a black-and-white printer	une imprimante noir-et-blanc
a print preview	aperçu (*m*) avant impression
to zoom in/out	agrandissement (*m*)/réduction (*f*)
to print out	imprimer
all pages	toutes les pages
odd/even pages	page (*f*) impaire/paire
the current page	la page courante
selected pages	pages sélectionnées
three copies	trois (*f*) copies

The memory *La mémoire*

ROM	ROM/MEM
RAM	RAM/MEV
How much memory does your computer have?	Combien de mémoire a votre/ton ordinateur?
My computer doesn't have enough memory.	Mon ordinateur n'a pas assez de mémoire.

The software *Le logiciel*

system software	logiciel de base
application software	logiciel applicatif/progiciel
a floppy disk	une disquette
a CD-ROM	un CD-ROM
a program	un programme
a computer game *(See pages 84–88.)*	un jeu-vidéo/jeu sur ordinateur
educational software	logiciel éducatif/didacticiel
word processing software	logiciel de traitement de texte
database software	logiciel de bases de données
desktop publishing software	logiciel de publication assistée par ordinateur
draw/paint software	logiciel de dessin
a typing course	des cours de dactylographie

an encyclopedia	une encyclopédie
art gallery software	logiciel d'imagerie

The keyboard
Typing

to touchtype	taper au toucher
speed	vitesse (*f*)
to be slow	être lent(e)
to be quick	être rapide
accuracy	précision (*f*)
to make mistakes	faire des fautes (*f*)
to be very accurate	être précis
to type with two fingers	taper avec deux doigts (*m*)

The keys
The alphabet

capital letters	les lettres (*f*) capitales
lowercase letters	les lettres
caps lock	le verrouillage-majuscule

Punctuation

a period	un point
a comma	une virgule
a semicolon	un point-virgule
a colon	deux points
an exclamation mark	un point d'exclamation
a question mark	un point d'interrogation
a hyphen	un trait (d'union)
a dash	un tiret
inverted commas	des guillemets
an apostrophe	une apostrophe
parentheses	des parenthèses
ellipsis points	les points de suspension
an acute accent	un accent aigu
a grave accent	un accent grave
a circumflex	un accent circonflexe
a cedilla	une cédille
dieresis	un tréma

Numeric keys

addition	addition (*f*)

La clavier

(title column — French)

Le clavier
Taper/dactylographier

Les touches
L'alphabet (m)

La ponctuation

Les touches numériques

subtraction	soustraction (*f*)
multiplication	multiplication (*f*)
division	division (*f*)
parentheses	les parenthèses (*f*)
a decimal point	une virgule décimale
the equals sign	un signe "égal"
the ampersand	l'esperluète (*f*)

The function keys   *Les touches de fonction*

the enter key	la touche "entrée"
the return key	la touche "retour"
the tab key	la touche de tabulation/"tab"
the shift key	la touche majuscule/"shift"
the caps lock key	le verrouillage des majuscules
the number lock key	le verrouillage numérique
control	contrôle
alt	alt
escape	échappement

The edit keys   *Les touches d'édition*

scroll up/down	faire défiler vers le haut/vers le bas
scroll left/right	faire défiler à gauche/à droite
delete	effacer
insert	insérer
home	haut de texte/gauche
end	fin de texte/droite
page up/down	page précédente/suivante
print screen	écran d'imprimerie

Word processing   *Traitement de texte*
Entering text   *Entrer un texte*

a cursor	un curseur
to type	taper
to enter	entrer
to insert	insérer
to overwrite	recouvrir

Editing   *Editer*

to edit	éditer
to cut	couper
to paste	afficher

to copy	copier
to delete	effacer
to spell check	vérifier l'orthographe
to indent	indenter
word wrap	retour à la ligne
to sort text alphabetically	classer alphabétiquement

Formatting

Formatage/mise au format

to format	formater/mettre au format
the font	la police/le jeu
font style/font size	style de police/taille de police
color	couleur
italics	italique
bold	gras
underlined	souligné
highlighted	sélectionné

The page setup

L'assemblage

a page break	saut de page
page layout view	vue de la mise en page
to set the margins	régler les marges
headers and footers	les en-tête et les notes en bas de page

Paragraphs

Les paragraphes

single/double line spacing	interligne simple/double
left/right indents	marque de retrait gauche/droite
to align	aligner
the tabs	les tabulations

Justification

La justification

right/left justification	cadrage droit/gauche
to justify both sides	cadrer des deux côtés
justification on/off	cadrage "on"/"off"
to center	centrer

The tools

Les outils

a tool bar	une barre d'outils
to word count	compter les mots
a dictionary	un dictionnaire
the spell checker	vérificateur d'orthographe
a thesaurus	un thésaurus

File management

La gestion de fichier

a file	un fichier

to open	ouvrir
to close	fermer
to save	sauvegarder
to name	nommer
to rename	renommer

The Internet

L'Internet

the Superhighway — la Super-autoroute de l'information
the World Wide Web — le World-Wide-Web

Getting on to the Internet

Se brancher sur Internet

an access provider	un modem
an on-line service provider	un prestataire de service on-line
an E-mail address	une adresse électronique
a sign-up/connection fee	un droit d'inscription
to pay a subscription fee	s'abonner
a subscriber	un abonné
to register	s'inscrire

Browsing

Naviguer

to log in	se connecter
to use your password	utiliser le mot de passe
to browse	fureter
a web browser	un butineur sur le Web
to surf	naviguer/surfer
a website	un site web
an interest group	un groupe d'intérêt
a newsgroup	un groupe d'information
an information source	une source d'information
hypertext	hypertexte
a link	un lien
to click on	cliquer
to return to the home page	retourner à la page de départ
to download information	télécharger une information
to join a mailing list	s'inscrire à une liste de diffusion
to prepare a message	préparer un message
on-line	en ligne
off-line	hors ligne

Internet jargon

Le jargon Internet

netiquette — nétiquette (*f*)/néthique (*f*)

to flame someone	descendre quelqu'un en flamme
virtual reality	réalité (*f*) virtuelle
a cyber café	un cyber café
a cyber pub	un cyber pub
cyberspace	cyberespace
sig (signature file)	fichier de signature
usenet	sous-réseau Internet

Smileys

Les smileys

a smiley/an emoticon	un smiley/une touche d'affection
:=) happy	merci
;-) winking	clin d'œil
:-p tongue in cheek	ironiquement

Computer games
General expressions

Les jeux vidéo
Expressions générales

Would you like to play on the computer?	Voulez-vous/veux-tu jouer avec l'ordinateur?
Do you have any good computer games?	Avez-vous/as-tu de bons jeux sur ordinateur?
I have a Game Gear®.	J'ai un Game Gear®.
I have a Super Nintendo®.	J'ai un Super Nintendo®.
Does it run on batteries or electricity?	Est-ce qu'il marche sur piles ou sur le secteur?
Do you have an electric adaptor?	Avez-vous/as-tu un adaptateur?
May I have a turn now?	Je peux jouer maintenant?
You've been on a long time.	Tu as eu un long tour.
How many can play at once?	On peut jouer à combien en même temps?
This game is for one/two players only.	Ce jeu est pour un seul/deux joueurs seulement.
I'd like to get it. Was it expensive?	J'aimerais bien l'avoir—c'est cher?

Starting a game

Commencer une partie

Where is the on/off button?	Où est le bouton marche-arrêt?
How do you load the game?	Comment change-t-on le jeu?
You type in the word . . .	Vous tapez/tu tapes le mot . . .
Then you press this . . .	Ensuite vous appuyez/tu appuies ce . . .
What's the password?	Quel est le mot de passe?
The password is . . .	Le mot de passe est . . .
What's the aim of the game?	Quel est le but du jeu?

Explain to me what happens.

Are there any secret passageways or hidden rooms?

The controls

Do you use a joystick or a mouse or special keys?
You right click/left click the joystick/the mouse.

You shoot with the joystick.

Which keys do you use?
What do the different keys do?
These keys make you go up/down.

These keys make you go right/left.

What does the space bar do?
The space bar makes you jump.

Can you pause this game?
You pause it like this . . .

The volume

How do you turn the volume up/down?
You increase/decrease the . volume like this
It's a little loud.
It's disturbing people.
It's too quiet.
I can't hear it properly.

Scoring
Lives and bonus points

How many lives do you have to start with?
I've just lost a life.
I've got three lives left.

Expliquez/explique-moi ce qu'il se passe.

Est-ce qu'il y a des passages secrets ou des chambres secrètes?

Les commandes

On utilise un manche ou une souris ou des touches spéciales?
Vous cliquez/tu cliques le joystick/ la manette de jeu/la souris vers la droite/la gauche.

Vous tirez/tu tires avec le joystick/ la manette de jeu.

Quelles touches utilise-t-on?
Que font les différentes touches?
Les touches vous/te font avancer/ reculer.

Les touches vous/te font aller vers la droite/la gauche.

Que fait la barre d'espacement?
La barre d'espacement vous/te fait sauter.

Est-ce qu'on peut interrompre ce jeu?
Vous l'interrompez/tu l'interromps comme ceci . . .

Le volume

Comment augmente/baisse-t-on le volume?
On augmente/baisse le volume comme ceci.
C'est un peu fort.
Ça dérange les gens.
C'est trop bas.
Je ne l'entends pas bien.

Les points
Les vies et les bonus

Vous devez/tu dois commencer avec combien de vies?
Je viens de perdre une vie.
Il me reste trois vies.

How do you get bonuses?	Comment on obtient des bonus?
You have to pick up these things to score extra.	Il faut ramasser ces choses pour obtenir plus de points.

Time limits

Les temps-limite

Is there a time limit?	Est-ce qu'il y a un temps-limite?
No, there's no need to hurry.	Non, on n'a pas besoin de se presser.
Yes, the time limit is five minutes.	Oui, le temps-limite est de cinq minutes.

Level of difficulty

Niveau de difficulté

Have you ever managed to finish this game?	Vous avez/tu as déjà réussi à finir ce jeu?
No, it's very difficult.	Non, il est très difficile.
Yes, but it takes a lot of practice.	Oui, mais il demande de la pratique.
What level have you reached?	A quel niveau êtes-vous/es-tu arrivé?
I've gotten to the first/second/third level.	Je suis arrivé(e) au niveau un/deux/trois.
I've gotten to the last/next to the last level.	Je suis arrivé(e) au dernier/à l'avant-dernier niveau.
Does it speed up at each level?	Est-ce qu'il accélère à chaque niveau?
It gets much quicker at the next level.	Il va beaucoup plus vite au niveau suivant.
You get a bonus life at each level.	On gagne une vie à chaque niveau.

What's your score?

Quel est votre/ton score?

What's your total now?	Quel est votre/ton total maintenant?
What did you score last time?	Quel était votre/ton précédent score?
What's the best you've ever scored?	Quel est votre/ton meilleur score?

Useful verbs

Verbes utiles

to accelerate	accélérer
to attack	attaquer
to avoid	éviter
to chase	poursuivre
to click	cliquer
to climb	grimper
to collect	remporter/accumuler
to concentrate	se concentrer
to decrease	diminuer
to defend	défendre
to die	mourir
to duck	esquiver

to enter	entrer
to exit	sortir
to fly	voler
to follow	suivre
to get a bonus	avoir un bonus
to hide	se cacher
to increase	augmenter
to insert	insérer
to jump	sauter
to kill	tuer
to leave	partir
to live	vivre
to load	charger
to lose	perdre
to lose concentration	perdre sa concentration
to pause	interrompre
to press	appuyer
to print	imprimer
to remember	se souvenir
to score	marquer
to shoot	tirer
to slow down	ralentir
to speed up	accélérer
to surprise	surprendre
to switch on/off	allumer/éteindre
to take	prendre
to throw	lancer
to turn around	tourner
to type	taper
to win	gagner

Direction words   *Les adverbes de direction*

in/on	dans/dessus
over/under	par-dessus/par-dessous
around/through	autour/à travers
up/down	en haut/en bas
before/after	avant/après
left/right	gauche/droite
near/far away	près/loin

Descriptive words   *Les adjectifs descriptifs*

clumsy	maladroit(e)

complicated	compliqué(e)
correct	correct(e)
dangerous	dangereux(-euse)
difficult	difficile
easy	facile
exposed	découvert(e)
false	faux (fausse)
flashing	clignotant(e)
hidden	caché(e)
highest	le/la plus haut(e)
long	long(ue)
lowest	le/la plus bas(se)
quick	rapide
round	rond(e)
safe	sain(e) et sauf(-ve)
secret	secret(-ète)
short	court(e)
skillful	habile
slow	lent(e)
tense	tendu(e)
vulnerable	vulnérable

7

Television and Video
La Télévision et la Vidéo

a television	une télévision
cable/satellite TV	la télévision câblée/par câble
cable/satellite TV	la télévision par satellite
satellite dish	une antenne parabolique
the remote control	une télécommande
to point	diriger
a video player	un magnétoscope
a videocassette	une cassette vidéo
a video game	un jeu vidéo

Watching television

Regarder la télévision

Would you like to watch TV?	Vous voulez/tu veux regarder la télé?
What's on television right now?	Qu'est-ce qu'il y a à la télévision en ce moment?
Is there anything good on television?	Il y a quelque chose de bien à la télévision?
What's on the other channels?	Qu'est-ce qu'il y a sur les autres chaînes?
Shall we change channels?	On change de chaîne?
We have this program in my country.	On a cette émission dans mon pays.
Do you like . . . ?	Vous aimez/tu aimes . . . ?
Shall we stop watching television?	On arrête de regarder la télévision?
My family wants to watch something else now.	Ma famille veut regarder quelque chose d'autre maintenant.
Shall we do something else instead?	On fait quelque chose d'autre?

The controls for TV and video

Les commandes pour la télé et la vidéo

the antenna	l'antenne
a channel	une chaîne
a counter	un compteur
counter reset	un compteur de remise à zéro
eject/to eject	éjection/éjecter
fast forward/to fast forward	avance rapide/avancer rapidement
indicator light/to flash	le voyant/clignoter
on/off	allumé(e)/éteint(e)
pause/to pause	pause/mettre sur "pause"
play/to play	en marche/marcher
to press a button	appuyer sur un bouton
program/to program	programme/programmer
record/to record	enregistrement/enregistrer
to repeat	rediffuser
to reset	remettre à zéro
rewind/to rewind	rembobinage/rembobiner
search	chercher
slow	ralenti(e)
the speed	la vitesse/la rapidité
a switch/to flick a switch	un bouton/actionner le bouton
the timer	le minuteur
to use the remote control	utiliser la télécommande
a video	une cassette-vidéo
video/to insert	insérer
video in/video out	cassette insérée/cassette expulsée

Useful expressions

Expressions utiles

How do you turn it on/off?	Comment on l'allume/l'éteint?
You turn it on/off here.	On l'allume/l'éteint ici.
the volume control	la commande-son
It's a little too loud.	C'est un peu trop fort.
How do you turn it up/down?	Comment on l'augmente/le diminue?
I can't hear it properly.	Je n'entends pas bien.

Different types of TV programs

Les différents types d'émission de télévision

an advertisement	une publicité/une pub
a cartoon	un dessin animé
a discussion program	un débat

a documentary	un documentaire
a drama	un drame
an education program	une émission éducative
a film	un film
a party political broadcast	un débat politique
a quiz	un jeu
a report	un reportage
a situation comedy	une série humoristique/une comédie
a sports program	une émission sportive
a talk show	un talk-show
a thriller	un film à suspense

Soap operas / *Les séries télévisées*

Which soaps do you have in your country?	Quelles séries avez-vous/as-tu dans votre/ton pays?
We watch this at home.	On regarde cela chez nous.
We are further behind/ahead of you.	On est en retard/avance sur vous.

The news / *Les informations/actualités*

the news headlines	les titres de l'actualité
I'd like to watch the headlines, please.	J'aimerais regarder les titres, s'il vous/te plaît.
Did you see the news?	As-tu/avez-vous vu les informations?
What was on the news?	Qu'est-ce qu'il y avait aux informations?
Was there any news about . . . ?	Il y a eu un reportage sur . . . ?
I didn't hear the news today.	Je n'ai pas entendu les informations aujourd'hui.
The news was boring/depressing/appalling.	L'actualité était ennuyeuse/déprimante/horrible.
What has happened?	Que s'est il passé?
Was there anything interesting on the news?	Est-ce qu'il y avait quelque chose d'intéressant aux actualités?

The weather forecast / *La météo*

Did you hear the weather forecast?	Avez-vous/as-tu entendu la météo?

It's going to be . . . / *Il va . . .*

breezy	faire frais
cloudy	faire nuageux
cold	faire froid
freezing	geler

hot	faire chaud
icy	faire glacial
five below	faire moins cinq
rainy	pleuvoir
showery	pleuvoir à verse
snowy	neiger
sunny	faire beau/ensoleillé
thundery	faire orageux
windy	y avoir du vent

When? *Quand?*

later	plus tard
this morning	ce matin
this afternoon	cet après-midi
this evening	ce soir
tonight	cette nuit
overnight	pendant la nuit
tomorrow	demain
the day after	après-demain
next week	la semaine prochaine
soon	bientôt

Video *Vidéo*

Playing a video *Regarder une cassette vidéo*

How do you insert the video?	Comment met-on la cassette vidéo?
The video needs rewinding.	Il faut rembobiner la cassette.
How do you rewind it?	Comment on la rembobine?
How do you fast forward it?	Comment peut-on l'accélérer?
Can you pause it for a moment, please?	On peut la mettre sur "pause" un instant, s'il vous/te plaît?
How do you pause/eject it?	Comment on la met sur pause/l'éjecte?

Recording *Enregistrer sur une cassette vidéo*

How do you record something?	Comment on enregistre quelque chose?
Is it recording properly?	Est-ce que l'enregistrement marche bien?
Are you sure you are recording the right program?	Vous êtes/tu es sûr que vous enregistrez/tu enregistres la bonne émission?

Can you program the VCR to record while we are out?	Vous pouvez/tu peux programmer l'enregistrement pendant que nous serons sortis?
Shall we record it and watch it some other time?	Et si on l'enregistrait et le/la regardait une autre fois?
Would you like to watch that program we recorded?	Vous aimeriez/tu aimerais regarder cette émission que l'on a enregistrée?
How does the remote control work?	Comment marche la télécommande?
The tape has come to an end.	La cassette est finie.
Do you have another tape?	Avez-vous/as-tu une autre cassette?

The video rental store
Useful expressions

Le magasin de location de vidéo
Expressions utiles

Shall we go and take a video out?	On se loue une cassette vidéo?
Do you have your card?	Vous avez/tu as votre/ta carte?
You have to show your card.	Il faut montrer votre/ta carte.
Can you take any film out on your card?	On peut louer n'importe quel film avec la carte?
Are there some films you can't take out on your card?	Y a-t-il des films qu'on ne peut pas louer avec la carte?
How much does it cost to rent this video?	Combien ça coûte de louer cette cassette?
When does it have to be back by?	Quand doit-on la rendre?
How many videos can we take out?	Combien de cassettes peut-on louer?
What do you want to watch?	Que voulez-vous/veux-tu regarder?
I'd like to see this one.	J'aimerais voir celui-là.
Is this one good?	Il/elle est bien celui-ci/celle-là?
Is it very frightening?	Cela fait très peur?
Where is the comedy/thriller/ cartoon/horror section?	Où est la section comédies/films à suspense/dessins animés/ films d'horreur?
Where are the new releases?	Où sont les nouveaux films?
Is it out on video yet?	C'est déjà sorti en vidéo?
When is it going to be out on video?	Quand sortira-t-il en vidéo?
I've got that one on video at home.	J'ai déjà la cassette à la maison.

8

Music
Musique

Listening to music
Tuning the radio

How do you tune the radio?
Can you find me the local
   radio station?
Which is the best pop music
   program?
What frequency do you tune it to?

AM/FM radio

the tuner
to tune in
to be out of tune
to retune
to crackle
the band
the frequency

Stereo system
A compact disc (CD) player

a CD
a compact video disc
to play

A tape deck

a cassette tape
to record on
to record over
to erase

Écouter de la musique
Régler la radio

Comment règle-t-on la radio?
Pouvez-vous/peux-tu me trouver la
   station de radio locale?
Quelle est la meilleure émission de
   musique pop?
On la règle sur quelle fréquence?

Radio AM/FM

le bouton de réglage
régler
n'être pas réglé(e)
régler encore
grésiller
la bande
la longueur d'onde

La chaîne-stéréo
Un lecteur-CD/un lecteur de disques compacts

un disque compact
un compact-disc vidéo
marcher

La platine à cassette

une cassette
enregistrer sur
enregistrer par dessus
effacer

to rewind	rembobiner
to fast forward	accélérer
to pause	mettre sur "pause"

A record turntable   *Un tourne-disque/une platine*

a record	un disque
a short-playing record	un quarante-cinq tours
a single	un single
a long-playing record (an LP)	un trente-trois tours
a track	une bande/une plage
a stylus	une point de lecture
a scratch	une rayure
an old 78	un vieux soixante-dix-huit tours

Sound reproduction   *La reproduction sonore*

the amplifier	les amplificateurs (*m*)
the speakers	les haut-parleurs (*m*)
the headphones	le casque
the sound quality	la qualité sonore
to adjust	régler
the volume	le volume
the bass	les basses
the treble	les aigus
the balance	la balance
poor	pauvre
good	bon(ne)
excellent	excellente
true	vrai(e)
stereophonic	stéréophonique
quadrophonic	quadrophonique

Useful verbs   *Verbes utiles*

to adjust the controls	régler les commandes
to decrease	diminuer
to erase	effacer
to fast forward	accélérer
to increase	augmenter
to listen	écouter
to pause	mettre sur "pause"
to play	marcher/jouer
to program	programmer
to record	enregistrer

to record on	enregistrer sur
to record over	enregistrer par dessus
to repeat	rediffuser
to replay	rejouer
to retune	régler encore
to rewind	rembobiner
to skip a track	sauter une plage
to switch off	éteindre
to tune in	régler
to turn down	baisser
to turn on	allumer
to turn up	monter

Listening to music

Écouter de la musique

Would you like to listen to some music?	Vous aimeriez/tu aimerais écouter de la musique?
Shall we go and listen in my room?	On va dans ma chambre écouter de la musique?
What sort of music do you like?	Quel genre de musique aimez-vous/ aimes-tu?
What would you like to listen to?	Qu'est-ce que vous aimeriez/ tu aimerais écouter?
What's your favorite group?	Quel est votre/ton groupe préféré?
Who's your favorite singer?	Quel est votre/ton chanteur préféré?
What's number one in your country at the moment?	Qui est numéro un dans votre/ ton pays en ce moment?
Did this stereo system cost a lot?	Cette chaîne a coûté cher?
It's a very good recording.	C'est un très bon enregistrement.
The quality of this recording isn't all that good.	La qualité de cet enregistrement n'est pas si bon.
It was recorded live.	Il a été enregistré en direct.
Is this group popular in your country?	Est-ce que ce groupe est célèbre dans votre/ton pays?
I've never heard of them before.	Je n'avais jamais entendu parler d'eux avant.
I play in a group.	Je joue dans un groupe.
I'm the lead singer/guitarist/ drummer.	Je suis le chanteur/guitariste/batteur.
We formed a group a year ago.	On a formé un groupe il y a un an.

I like . . .   *J'aime . . .*

classical   le classique

country	le country
folk	le folk
house	la house
indie	l'Indi
jazz	le jazz
New Age	le New Age
pop	le pop
R & B	le rhythm and blues
rap	le rap
reggae	le reggae
soul	le soul

Music lessons and practice

Music lessons

a music teacher	un professeur de musique
a piano lesson	un cours de piano
How long have you taken piano lessons?	Depuis combien de temps prenez-vous/prends-tu des cours?
I am only a beginner.	Je suis seulement débutant(e).
I've been learning for three years.	J'apprends depuis trois ans.

The piano

an upright piano	un piano droit
a grand piano	un piano à queue
Would it be OK if I played your piano?	Ça ne vous dérange pas si je joue sur votre piano?
Am I disturbing anyone?	Je dérange quelqu'un?
to put on the practice pedal	utiliser la pédale d'exercice
the loud pedal	la pédale forte
the soft pedal	la pédale douce
the piano stool	le tabouret
Is the stool the right height?	Le tabouret est-il à la bonne hauteur?
How do you make it a little higher/lower?	Comment le hausse-t-on/ le baisse-t-on?
to raise	hausser
to lower	baisser
to adjust	ajuster/régler
a metronome	un métronome

Cours de musique et pratique

Les cours de musique

Le piano

The violin

a violin case
a bow
a string
to tune the violin
It sounds a little out of tune.
Can you help me to tune it
    properly, please?
to break a string
a music stand
a music case

Le violon

un étui à violon
un archet
une corde
accorder le violon
Il sonne un peu faux.
Pouvez-vous/peux-tu m'aider
    à l'accorder, s'il vous plaît?
casser une corde
un pupitre à musique
un étui à instrument de musique

Other instruments

accordian
bassoon
cello
clarinet
double bass
flute
guitar
harp
oboe
organ
recorder
saxophone
trombone
trumpet
tuba
viola

Autres instruments

l'accordéon (*m*)
le basson
le violoncelle
la clarinette
la contrebasse
la flûte
la guitare
la harpe
le hautbois
l'orgue (*m*)
la flûte
le saxophone
le trombone
la trompette
le tuba
l'alto (*m*)

Music practice

to practice the piano
to practice one's pieces
to practice one's scales
Do you mind if I do my piano
    practice now?
I haven't done enough practice.

La pratique musicale

travailler le piano
pratiquer ses morceaux
faire ses gammes
Ça vous ennuie si je travaille mon
    piano maintenant?
Je n'ai pas fait assez d'exercices.

Examinations

Do you take music exams?

Les examens

Vous passez/tu passes des examens
    de musique?

What grade are you up to now?	Vous êtes/tu es à quel niveau, maintenant?
Which grade are you taking next?	Vous choisirez/tu choisiras quel niveau ensuite?
I failed my last exam.	J'ai raté mon dernier examen.
I got a pass/merit/distinction.	J'ai eu mention passable/bien/ très bien.

Playing music

Jouer de la musique

to play in a band/group	jouer dans un groupe
to sing lead vocals	être le chanteur d'un groupe
to play keyboard	jouer d'un instrument à clavier
guitar	de la guitare
bass guitar	de la guitare basse
drums	de la batterie
to play on the street	jouer dans la rue
to join an orchestra	faire partie d'un orchestre
to audition	auditionner

9
Reading
La Lecture

Books

Types of books

a hardback
a paperback
a bestseller
a prizewinner
a novel
a book of poetry
a play

Fiction

a thriller
a romance
a mystery
science fiction
a horror story
a series
a sequel

Nonfiction

biography
autobiography
historical
essay

Reference books

a dictionary
to look a word up
alphabetical order
an atlas

Les livres

Les types de livres

un livre cartonné
un livre de poche
un best-seller
un lauréat
un roman
un recueil de poèmes
une pièce

Fiction

un roman à suspense
un roman d'amour
un roman policier
science-fiction
un roman fantastique
une collection
une suite

La littérature non-romanesque

biographie (*f*)
autobiographie (*f*)
historique
essai (*m*)

Livres de référence

un dictionnaire
chercher un mot
ordre alphabétique
un atlas

an encyclopedia   une encyclopédie

Children's books   *Livres pour enfants*

a fairy tale   un conte de fée
a picture book   un livre d'images
a cartoon   une bande dessinée

The writers of books   *Les auteurs*

an author   un auteur/un écrivain
a biographer   un biographe
a poet   un poète
a playwright   un dramaturge

Reading

La lecture

to read   lire
Do you mind if I read for a while?   Cela ne vous/t'ennuie pas si je
                                             lis un peu?

I am in the middle of a really good   Je suis au milieu d'un très bon livre
  book at the moment.   en ce moment.
Do you feel like reading for a while?   Vous avez/tu as envie de lire un peu?
Would you like to see what   Vous aimerez/tu aimerais voir
  books I have?   mes livres?
What is this book like?   Ce livre est bien?
This book is excellent.   Ce livre est excellent.
Where are you up to?   Vous en êtes où?/Tu en es où?
What has just happened?   Qu'est-ce qu'il vient de se passer?
My sister/brother has some books   Ma sœur/mon frère a des livres qui
  you might like to read.   pourraient vous/te plaire.
I love reading.   J'adore lire.
I like to read in bed before I   J'aime bien lire au lit avant de dormir.
  go to sleep.
I don't read much.   Je ne lis pas beaucoup.
She is a real bookworm.   C'est un vrai rat de bibliothèque.
to use a bookmark   utiliser un marque-page

Describing books   *Décrire un livre*

The plot is . . .   L'intrigue est . . .
This book is about . . .   Ce livre parle de . . .
The characterization is . . .   La peinture des caractères est . . .
The language/setting is . . .   La langue/le cadre est . . .
boring   ennuyeux(-euse)
clever   intelligent(e)

concise	concis(e)
contrived	forcé(e)
different	différent(e)
difficult	difficile
easy to read	facile à lire
exciting	saisissant(e)
fast	rapide
funny	amusant(e)
gripping	passionnant(e)
hysterical	hilarant(e)
long-winded	lent(e)
poetic	poétique
predictable	prévisible
pretentious	prétentieux(-euse)
romantic	romantique
sad	triste
sarcastic	sarcastique
slow	lent(e)
surprising	surprenant(e)
tense	tendu(e)
typical	typique
unexpected	inattendu(e)
untypical/atypical	atypique
unusual	inhabituel(le)

Lending and borrowing books

Prêter et emprunter des livres

to lend	prêter
to borrow	emprunter
This book is a good one.	C'est un bon livre.
I can lend it to you if you like.	Je peux vous/te le prêter si vous voulez/tu veux.
Would you like to borrow a book?	Vous voudriez/tu voudrais emprunter un livre?
Don't forget to return it, will you?	N'oublie pas de le rendre, d'accord?
I'll write my name in it.	Je vais écrire mon nom dessus.
You can take it back home with you if you want and send it back to me.	Vous pouvez/tu peux l'emmener chez vous/toi si vous voulez/tu veux et me le retourner par la poste.

The library

La bibliothèque

a public library	une bibliothèque municipale
the librarian	le (la) bibliothécaire

a library card	une carte de bibliothèque
to take out a book	prendre un livre
Would you like to take out a book on my card?	Vous pouvez/tu veux prendre un livre avec ma carte?
How many books may I borrow at once?	Combien de livres puis-je retirer en même temps?
It has to be back by November 3.	Il doit être rendu le 3 novembre.
My library books are due back today.	Mes livres de bibliothèque doivent être rendus aujourd'hui.
My books are overdue.	J'ai rendu mes livres en retard.
How much is the fine?	L'amende est de combien?
Can you also borrow films/cassettes?	On peut aussi emprunter des films/cassettes?

Buying books

Acheter des livres et des magazines

a bookstore	une librairie
a used book store	un bouquiniste
a bookstall	un étalage de bouquiniste
a newsstand	un kiosque à journaux
Where can I buy English books and newspapers?	Où puis-je acheter des livres et des journaux anglais?
I have a book discount coupon.	J'ai un bon d'achat pour un livre/ un chèque-livre.
Can I use this discount coupon here?	Puis-je utiliser ce bon d'achat ici?
May I pay (partly) with this book discount coupon, please?	Puis-je payer (en partie) avec le bon d'achat, s'il vous plaît?
How much extra do I owe?	Il me reste combien à payer?

Newspapers

Les journaux

Types of newspapers

Types de journaux

a daily newspaper	un quotidien
a weekly newspaper	un hebdomadaire
a national newspaper	un journal national
a local newspaper	un journal local
the gossip columns	les échos (m)
the tabloid press	la presse à scandale

Sections of a newspaper

Les sections des journaux

the headlines	les titres
a leading article	un éditorial
a report	un reportage

a letter	une lettre
the sports pages	les pages "Sport"
the fashion pages	les pages "Mode"
the weather forecast	la météo
Births, Marriages, and Deaths	Naissances, Mariages, et Décès
a crossword puzzle	des motscroisés
the horoscope *(See pages 104–105.)*	l'horoscope *(m)*

Producers of newspapers

L'équipe de la rédaction

the editor	le rédacteur en chef
the assistant editor	le sous-rédacteur
the journalists	les journalistes
the reporters	les reporters
the foreign correspondent	le correspondant étranger
a freelance journalist	un/une journaliste free-lance
the photographer	le photographe
the press	la presse
the paparazzi	les paparazzi

Magazines

Les magazines

Types of magazines

Types de magazines

a glossy magazine	magazine de luxe
a monthly	un mensuel
a weekly	un hebdomadaire
an expensive magazine	un magazine cher
a fashion magazine	un magazine de mode
a music magazine	un magazine de musique
a special interest magazine	un magazine spécialisé
children's magazines	un magazine pour enfants
comics	une bande dessinée

Horoscopes

Les horoscopes

The signs of the zodiac

Les signes du zodiaque

Aries (the ram)	Bélier
Taurus (the bull)	Taureau
Gemini (the twins)	Gémeaux (les jumeaux)
Cancer (the crab)	Cancer (le crabe)
Leo (the lion)	Lion
Virgo (the virgin)	Vierge
Libra (the balance)	Balance

Scorpio (the scorpion)	Scorpion
Sagittarius (the archer)	Sagittaire (l'archer)
Capricorn (the goat)	Capricorne (la chèvre)
Aquarius (the water bearer)	Verseau
Pisces (the fishes)	Poisson

The heavenly bodies   *Les corps célestes*

the sun	le soleil
the moon	la lune
the planets	les planètes
Mercury	Mercure
Venus	Venus
Mars	Mars
Jupiter	Jupiter
Saturn	Saturne

Useful expressions   *Expressions utiles*

What does your horoscope say?	Que dit votre/ton horoscope?
My horoscope sounds interesting.	Mon horoscope a l'air intéressant.
My horoscope sounds terrible.	Mon horoscope a l'air horrible.
Listen to what my horoscope says.	Ecoutez/écoute ce que dit mon horoscope.
Read me my horoscope.	Lisez/lis-moi mon horoscope.
What sign are you?	De quel signe êtes-vous/es-tu?
I am a Gemini.	Je suis Gémeaux.
I was born under the star sign of Taurus.	Je suis né(e) sous le signe du Taureau.
What time of day were you born?	A quelle heure du jour êtes-vous/es-tu né(e)?
Where were you born?	Où êtes-vous/es-tu né(e)?
in conjunction with . . .	en conjonction avec . . .
under the influence of . . .	sous l'influence de . . .
on the cusp	sur la corne
position	position (*f*)
house	maison (*f*)
Do you believe in horoscopes?	Vous croyez/tu crois aux horoscopes?
I think they're nonsense.	Je pense que c'est n'importe quoi.
I think they are very accurate.	Je pense qu'ils sont très exacts.
Let me guess what star sign you are.	Laissez/laisse-moi deviner votre/ton signe.
Are you a Capricorn?	Etes-vous/es-tu Capricorne?

10
Food
La Nourriture

Meals, courses, and snacks	Repas, plats, et collations

early morning coffee	café (*m*) du matin
breakfast	petit déjeuner (*m*)
mid-morning coffee	pause-café (*f*)
lunch	déjeuner (*m*)
afternoon tea	thé (*m*) de cinq heures
dinner	dîner (*m*)
supper	souper (*m*)
a snack	une collation
the first course/appetizer	l'entrée (*f*)
the fish course	le poisson
the main course/entrée	le plat principal
the dessert	le dessert
cheese and crackers	le fromage
coffee and mints	café et mignardises

Seating arrangements

Les dispositions pour la table

Would you like to sit here?	Voulez-vous vous asseoir ici?
Sit next to me.	Asseyez-vous/assieds-toi à côté de moi.
Sit opposite me.	Asseyez-vous/assieds-toi en face de moi.
Sit anywhere.	Asseyez-vous/assieds-toi où vous voulez/tu veux.

Food preferences
Likes

Les préférences culinaires
Quand on aime

I thought that was . . .	J'ai trouvé cela . . .

magnificent/delicious/really good	succulent/délicieux/vraiment bon
How did you make it?	Comment avez-vous/as-tu fait cela?
Would you give me the recipe?	Vous me donnez/tu me donnes la recette?
Is it difficult to cook?	C'est difficile à faire?
Shall we cook a meal for you tomorrow?	Et si on cuisinait pour vous/ toi demain?
I love cooking.	J'adore cuisiner.
Would you like some more?	En voulez-vous/veux-tu encore?
Would you like a second helping?	Vous voulez vous/tu veux te resservir?
Only if no one else wants it.	Seulement si personne n'en veut.

Dislikes   *Quand on n'aime pas*

Is there anything you don't like eating?	Il y a des choses que vous n'aimez pas/tu n'aimes pas?
Just say if you don't like it.	Vous me dites/tu me dis si vous ne l'aimez pas/tu ne l'aimes pas.
I am just not very hungry.	C'est seulement que je n'ai pas très faim.
I'm afraid I don't eat . . .	Je regrette mais je ne mange pas . . .
I'm sorry but . . . disagrees with me.	Je suis désolé(e) mais . . . je ne digère pas.
I can get you something else.	Je peux vous/te donner autre chose.
What do you feel like eating?	Qu'avez-vous/as-tu envie de manger?
Do you have any . . . ?	Vous avez/tu as des . . . ?

Experimenting with food   *Goûter la nourriture*

This is typically American/French.	C'est typiquement américain/ français.
Have you ever tried this before?	Vous avez/tu as déjà ç goûté cela?
Can I try just a little bit, please?	Je peux goûter un petit morceau, s'il vous/te plaît?
What do you think of it?	Qu'en pensez-vous/penses-tu?
How do you cook this?	Comment cuisinez-vous/cuisines-tu cela?
How do you prepare this?	Comment préparez-vous/prépares-tu cela?

Eating   *Manger*

to eat	manger
to drink	boire
to bite	mordre

to chew	mâcher
to taste	goûter
to swallow	avaler
to digest	digérer
to choke	s'étouffer
to burn your mouth	se brûler la bouche

Different diets

Différents régimes

I am vegetarian. — Je suis végétarien(ne).

I am a vegan. — Je suis végétalien(ne).

I am diabetic. — Je suis diabétique.

I like junk food. — J'aime la nourriture non diététique.

I am allergic to . . . — Je suis allergique à . . .

I am trying to lose weight. — J'essaie de perdre du poids.

I am trying to gain weight. — J'essaie de prendre du poids.

I am trying to count my calories. — J'essaie de compter mes calories.

How many calories does this have? — Combien de calories y a-t-il?

I don't eat starch with protein. — Je ne mange pas de féculent avec des protéines.

I prefer my vegetables raw. — Je préfère mes légumes crûs.

I am on a low fat diet. — Je suis un régime basse-calories.

I can't eat fried food. — Je ne peux pas manger de friture.

Typical French food

La nourriture française typique

crudités: a selection of salad and raw vegetables cut into finger sized pieces and eaten with a dip — crudités: une sélection de salade et de légumes crûs coupés en morceaux et accompagnés d'une sauce

bouillabaisse: a fish soup — bouillabaisse: une soupe de poisson

l'aïlloli: a garlic mayonnaise — l'aïlloli: une mayonnaise à l'ail

les escargots: snails — les escargots

les cuisses de grenouilles: frogs' legs — les cuisses de grenouilles

cassoulet: a casserole of beans, sausage, garlic and goose fat — le cassoulet: un ragoût de haricots, saucisse, ail, graisse d'oie et foie gras

chateaubriand: a steak — chateaubriand: un steak

un croque-monsieur: a toasted sandwich with ham and cheese — un croque-monsieur: un sandwich grillé au jambon et fromage

un croque-madame: a toasted sandwich with a fried egg on top — un croque-madame: un sandwich grillé recouvert d'un œuf sur le plat

crêpcs: pancakes — crêpes

œufs à la neige/les îles flottantes: soft meringues in custard

sabayon: whipped egg yolks with liqueur

tarte tatin: an apple tart that is cooked upside down, with the pastry on top and caramelized apples underneath, and is turned over before serving

vacherin: layers of meringue, cream and ice cream

le citron pressé: fresh lemon drink

œufs à la neige/les îles flottantes: des meringues molles dans une crème anglaise

sabayon: jaunes d'œufs battus avec de la liqueur

tarte tatin: une tarte aux pommes cuite à l'envers avec la pâte au-dessus et des pommes caramélisées dessous, retournée au moment de servir

vacherin: des couches de meringues, de crème et de glace

le citron pressé: une boisson fraîche au citron

Cooking
Cookbooks

a recipe
to look up
to follow
instructions
method
ingredients
cooking time
serves three to four people

an illustration

La cuisine
Les livres de cuisine

une recette
regarder/chercher
suivre
instructions (*f*)
méthode (*f*)
ingrédients (*m*)
temps (*m*) de cuisson
plat (*m*) pour trois ou quatre personnes
une illustration

Cookery terms

to add
to arrange
to bake
to blend
to boil
to broil
to casserole
to chop
to combine
to cool
to cover

Les termes culinaires

ajouter
arranger
cuire au four/faire de la pâtisserie
mélanger
bouillir
griller
faire cuire à la cocotte
hacher
combiner
refroidir
couvrir

to crimp	pincer
to cut into cubes	couper en cubes
to divide	diviser
to drain	égoutter
to flip over	retourner
to fold	plier
to fold in	replier
to fry	frire
to garnish	garnir
to grate	râper
to grill	griller
to grind	moudre
to heat up	réchauffer
to incorporate	incorporer
to knead	pétrir
to liquify	liquéfier
to mash	écraser
to measure	mesurer
to melt	fondre
to mince	hacher menu
to peel	peler
to pour	verser
to press	presser
to rise	lever
to roast	rôtir
to roll out	rouler
to season	assaisonner
to sift	tamiser
to simmer	mijoter
to test	essayer
to skewer	embrocher
to time	minuter
to slice	trancher
to toss	remuer
to sprinkle	saupoudrer
to turn down	rabattre
to steam	cuire à la vapeur
to turn out	démouler
to stir	remuer (en tournant)
to turn up	remonter
to strain	passer

to whisk	battre
to taste	goûter

Cooking measures — *Les mesures*

a teaspoon	une cuillerée à café
a quarter/half a teaspoon	un quart/une demi-cuillérée à café
three quarters of a teaspoon	les trois quart d'une cuillère à café
a dessert spoon	une cuillerée à dessert
a tablespoon	une cuillerée à soupe
a cup/half a cup	une tasse/une demi-tasse
a pinch of	une pincée de

Cooking ingredients — *Les ingrédients*

Dairy products — *Les produits frais*
Milk — *Lait*

whole milk	lait (*m*) entier
semi-skim/skim milk	lait demi-écrémé/écrémé
pasteurized milk	lait stérilisé/longue conservation
powdered milk	lait en poudre
a milk bottle	une bouteille de lait
a carton	une brique
a milk jug	un pot de lait
to pour	verser
a drink of milk	un verre de lait

Cream — *Crème*

heavy cream	crème (*f*) fraîche épaisse
light cream	crème liquide
clotted cream	crème en grumeaux
whipped cream	crème fouettée
sour cream	crème aigre
a jug of cream	un pot de crème
to whisk/to whip	battre/fouetter

Butter and margarine — *Beurre et margarine*

salted/unsalted butter	beurre (*m*) salé/non salé
margarine	margarine (*f*)
soft/hard	mou (molle)/dur(e)
suet	graisse (*f*) de rognon
lard	saindoux (*m*)
dripping	graisse (*f*) de rôti

a butter dish	un beurrier
a butter knife	un couteau à beurre
to spread	étaler
to butter	beurrer

Yogurt   *Yaourt*

set yogurt	yaourt (*m*) ferme
natural yogurt	yaourt naturel
low-fat yogurt	yaourt maigre
fruit yogurt	yaourt aux fruits
a pot of yogurt	un pot de yaourt

Cheese   *Fromage*

hard/soft cheese	fromage (*m*) à pâte dure/molle
cream cheese	fromage frais
cottage cheese	cottage-cheese
goat's cheese	fromage de chèvre
Parmesan cheese	Parmesan (*m*)
cheese biscuits	biscuits (*m*) au fromage
a cheese board	un plateau à fromage
a cheese knife	un couteau à fromage
to cut	couper
a cheese grater	une râpe à fromage
to grate	râper

Eggs   *Les œufs*

a hen's egg	un œuf de poule
a quail's egg	un œuf de caille
brown/white egg	un œuf brun/blanc
fresh/old	frais/vieux
large/medium/small	gros/moyen/petit
size one/two/three	calibre un/deux/trois
free range eggs	des œufs fermiers
farmyard	ferme (*f*)
battery	batterie (*f*)
a dozen	une douzaine
half a dozen	une demi-douzaine
an egg carton	une boîte d'œufs
the shell	la coque
to crack	craquer
to break	casser
the yolk	le jaune

the white	le blanc

Cooking eggs — *Cuire les œufs*

a boiled egg	un œuf dur
hard-boiled	un œuf dur
soft-boiled	un œuf mollet
cooked for four/five/six minutes	cuit pendant quatre/cinq/six minutes
an egg cup	un coquetier
to take the top off the egg	décapuchonner un œuf
scrambled egg	œufs brouillés
poached egg	œufs pochés

Preparing eggs — *Préparer les œufs*

to separate the whites from the yolks	séparer les blancs des jaunes
to whisk the whites	battre les blancs en neige
an egg whisk	un fouet
an electric beater	un fouet électrique
stiffly beaten	battus fermement
soft peaks	battus légèrement

Bread — *Le pain*

whole wheat	complet
brown/white	complet/blanc
organic	biologique
large/small	grand/petit
round/oblong	rond/long
unsliced/sliced	non tranché/tranché
thick/medium/thin sliced	en tranches épaisses/moyennes/fines
a bread box	une huche à pain
a bread board	une planche à pain
a bread knife	un couteau à pain
to cut	couper
to slice	trancher
a slice	une tranche
to make bread crumbs	faire des miettes

Other types of bread and baked goods — *Autres types de pains et de pâtisseries*

a croissant	un croissant
French bread	une baguette
a roll	une boule
Ciabatta	Ciabatta (*f*)

pita bread	pain (*m*) pitta
doughnuts	un beignet (à la confiture)
coffee cakes	des petits gâteaux

Meat   *Viande*

How do you like your meat cooked?	Comment aimez-vous/aimes-tu la viande?
rare/medium rare	bleue/à point
well done/crispy	tendre/bien cuite

Types of meat   *Les types de viande*

beef	bœuf (*m*)
a steak	un steak
pork	porc (*m*)
bacon	bacon (*m*)
smoked	fumé
unsmoked	non fumé
ham	jambon (*m*)
Parma ham	jambon de Parme
veal	veau (*m*)
lamb	agneau (*m*)
offal	abats (*m*)
liver	foie (*m*)
kidney	rognons (*m*)
sweetbreads	ris (*m*) de veau/d'agneau
sausages	saucisse (*f*)

Poultry and game   *Volaille et gibier*

a chicken	un poulet
a duck	un canard
a goose	une oie
a turkey	une dinde
venison	venaison (*f*)
a guinea fowl	une pintade
a pheasant	un faisan
a hare	un lièvre
a rabbit	un lapin

Common fruits   *Fruits courants*

apple	pomme (*f*)
apricot	abricot (*m*)
banana	banane (*f*)
blueberry	myrtille (*f*)

grapefruit	pamplemousse (*m*)
grapes	raisin (*m*)
lemon	citron (*m*)
lime	citron (*m*) vert
mandarin orange	mandarine (*f*)
mango	mangue (*f*)
melon	melon (*m*)
orange	orange (*f*)
peach	pêche (*f*)
pear	poire (*f*)
pineapple	ananas (*m*)
plum	prune (*f*)
raspberry	framboise (*f*)
strawberry	fraise (*f*)

Preparing fruit — *La préparation des fruits*

to peel	peler
the peel	la pelure
the pith	la peau blanche
to quarter	couper en quartiers
to remove the seeds	enlever les pépins
to take out the pit	dénoyauter

Vegetables and salad — *Légumes et salade*

avocado	avocat (*m*)
broad beans	fèves (*f*)
French beans	haricots (*m*)
green beans	haricots verts
scarlet runners	haricots à rames
beets	betteraves (*f*)
broccoli	brocoli (*m*)
brussels sprouts	choux de Bruxelles
cabbage	choux (*m*)
carrot	carotte (*f*)
cauliflower	chou-fleur (*m*)
celeriac	céleri-rave (*m*)
celery	céleri (*m*)
cress	cresson (*m*)
cucumber	concombre (*m*)
eggplant	aubergine (*f*)
garlic	ail (*m*)
leek	poireau (*m*)

lettuce	laitue (*f*)
mushroom	champignon (*m*)
onion	oignon (*m*)
spring onion	petit oignon
parsnip	panais (*m*)
peas	petit pois (*m*)
red pepper	poivron rouge (*m*)
green pepper	poivron vert
potato	pomme (*f*) de terre
baked potato	pomme de terre en robe des champs
boiled potato	bouillie
mashed	écrasée
roasted	rôties
french fries	frites
rutabaga	rutabaga (*m*)
spinach	épinards (*m*)
sweetcorn	maïs (*m*)
radish	radis (*m*)
tomato	tomate (*f*)
turnip	navet (*m*)
watercress	cresson (*m*) (de fontaine)
zucchini	courgette (*f*)

Sugar, honey, and jam

Sucre, miel, et confiture

white sugar	sucre (*m*) blanc
granulated sugar	sucre semoule
extra-fine sugar	sucre en poudre
powdered sugar	sucre glace
lump sugar	sucre en morceau
brown sugar	sucre roux
to sweeten	sucrer
syrup	sirop (*m*)
golden syrup	mélasse (*f*) raffinée
black treacle	mélasse (*f*)
molasses	mélasse
honey	miel (*m*)
runny honey	miel liquide
honeycomb	miel d'abeille
jam	confiture (*f*)
orange marmalade	marmelade d'orange
ginger marmalade	marmelade (*f*) au gingembre

Flour	*Farine*
plain flour	farine (*f*) ordinaire
baking powder	levure (*f*) chimique
selfraising flour	farine à gâteaux
bicarbonate of soda	bicarbonate (*m*) de soude
white flour	farine blanche
cream of tartar	crème (*f*) de tartre
whole wheat flour	farine complète
arrowroot	arrow-root (*m*)
buckwheat flour	farine de blé noir
gelatin	gélatine (*f*)
corn flour	farine de maïs
yeast	levure

Preparing nuts	*La préparation des noix*
to crack	casser
the shell	l'écorce (*f*)
nutcrackers	casse-noisettes (*m*)
whole nuts	noix (*f*) entières
chopped nuts	noix/noisettes en morceaux
ground nuts	noix en poudre
salted nuts	noix salées
unsalted nuts	noix non salées
roasted nuts	noix grillées

Salt and pepper	*Poivre et sel*
table salt	sel (*m*) de table
sea salt	sel de mer
crystal rock salt	fleur (*f*) de sel
celery salt	sel de céleri
a salt mill	un moulin à sel
to grind	moudre
to season	assaisonner
to sprinkle	verser/saupoudrer
a pinch of salt	une pincée de sel
peppercorns	grains (*m*) de poivre (*m*)
black/white/green	noir/blanc/vert
a pepper mill	un moulin à poivre
to fill	remplir
tomato sauce	ketchup (*m*)

Coffee, tea, and other drinks

Coffee

Do you like your coffee black
  or with cream?
instant/decaffeinated coffee
real coffee/coffee beans
full/medium/light roast

to grind
a coffee grinder
fine/medium/coarse ground
an espresso
a cappuccino

Tea

a teapot
to pour
to warm the pot
to let it brew
tea bags
tea leaves
an infuser
a tea strainer
to strain
Do you like your tea with milk
  and sugar?
Milk and no sugar, please.

No milk and one sugar, please.

Other drinks

tonic water
soda water
ginger ale
lemonade
Coca Cola®
water
squash
to dilute
strong/weak/average

Café, thé, et autres boissons

Café

Aimez-vous/aimes-tu le café noir ou
  au lait?
café instantané/décaféiné
vrai café/grains de café
torréfaction (f) longue/moyenne/
  légère

moudre
un moulin à café
mouture (f) fine/normale
un express
un cappuccino

Thé

une théière
verser
chauffer la théière
laisser infuser
sachets (m)
feuilles (f) de thé (f)
un infuseur
un passe-thé
passer
Vous prenez/tu prends votre/ton thé
  avec du lait et du sucre?
Avec du lait mais sans sucre, s'il vous/
  te plaît.
Sans lait et un sucre, s'il vous/te plaît.

Autres boissons

Schweppes®
eau (f) gazeuse
Canada Dry®
limonade (f)
Coca-Cola® (m)
eau
sirop (m)
diluer
fort(e)/faible/moyen(ne)

Fruit juice

a/an . . . juice
orange
grapefruit
pineapple
tomato
vegetable
tropical juice
freshly squeezed

Additions to drinks

ice cubes
a slice of lemon
a cherry

Alcoholic drinks

cider
beer
lager
bottled
draught
canned

Wine

a glass of wine
half a bottle of
red
white
rosé
sparkling
champagne

Liquor

bourbon
gin
whisky
brandy
vodka
rum
a single
a double

Jus de fruit

un jus . . .
d'orange
de pamplemousse
d'ananas
de tomates
de légume
de fruits exotiques
fraîchement pressé

Suppléments

glaçons (*m*)
une tranche de citron
une cerise

Boissons alcoolisées

cidre (*m*)
bière (*f*)
bière blonde
bouteille (*f*)
pression (*f*)
canette (*f*)

Vin

un verre de vin
une demi-bouteille de
rouge
blanc
rosé
pétillant
champagne (*m*)

Spiritueux (m)

bourbon (*m*)
gin (*m*)
whisky (*m*)
cognac (*m*)
vodka (*f*)
rhum (*m*)
un simple
un double

Barbecues

Should we have a barbecue?
Should we eat outside?

Lighting the barbecue

Have we got . . . ?
aluminum foil
charcoal
lighter fluid
to squirt
to pour over
to soak
to light
a match
to stand back
to get going well
to go out

Cooking on a barbecue

to be ready to cook
to barbecue
to grill
tongs
skewers
to turn over

Food

sausages
bacon
steaks
chops
kebabs
chicken drumsticks/breasts
spareribs
marinade
sauce
to brush over
marshmallows
hot dogs

Barbecues

On fait un barbecue?
On mange dehors?

Allumer le barbecue

Avons-nous . . . ?
du papier aluminium
charbon (*m*)
l'essence (*f*) à briquet
verser quelques gouttes (*f*)
verser par dessus
tremper
allumer
une allumette
reculer
bien entretenir
sortir

Cuisiner au barbecue

être prêt pour la cuisson
cuire au barbecue
griller
pinces (*f*)
brochettes (*f*)
retourner

La nourriture

saucisses (*f*)
bacon (*m*)
steaks (m)
côtelettes (*f*)
brochettes (*f*) (de viande)
pilons (*m*)/blancs (*m*) de poulet
côtelettes (*f*) (dans l'échine)
marinade (*f*)
sauce (*f*)
dorer
chamallow (*m*)/guimauve (*f*)
hot-dogs (*m*)

Common expressions for barbecues

Is it ready yet?
Are they ready yet?
They won't be long now.
Another few minutes.
This isn't cooked properly.
I'm afraid this is a little burnt.

Expressions usuelles pour le barbecue

C'est prêt maintenant?
Ils/elles sont prêt(es) maintenant?
Cela ne sera pas long maintenant.
Encore quelques minutes.
Ce n'est pas bien cuit.
Je crains que cela ne soit un peu brûlé.

Restaurants

Choosing a restaurant

Where do you enjoy eating?
I'd like to go somewhere with music.

I'd prefer to go somewhere fairly quiet.
What style of cuisine does the restaurant serve?
I'd like to try some typical regional cooking.
Is it expensive/cheap?
Is the food there very spicy?
Can we reserve a table (by credit card)?
Can we take a bottle of wine?

Restaurants

Choisir un restaurant

Quel type de restaurant aimez-vous?
Je voudrais aller dans un restaurant où il y a de la musique.
Je préfèrerais un endroit calme.
C'est quel type de cuisine?

J'aimerais bien essayer la cuisine régionale.
Est-ce que c'est cher/bon marché?
La nourriture est-elle très épicée?
Est-il possible de réserver une table (avec une carte de crédit)?
Pouvons-nous commander une bouteille de vin?

The check

Allow me to treat you.
Shall we go dutch?
We'd like to pay separately.

All together.
This amount is not right.
How much should you tip?

L'addition

Permettez-moi de vous inviter.
Peut-être pourrions-nous partager?
Nous voudrions payer chacun notre part.
Tout ensemble.
Cette somme n'est pas exacte.
Combien devons-nous laisser de pourboire?

Fast food

a hamburger
chicken in breadcrumbs
fries

Fast-food

un hamburger
poulet (*m*) pané
frites (*f*)

salad	salade (*f*)
chicken sandwich	pain (*m*) et poulet
mustard sauce	moutarde (*f*)
sweet-and-sour sauce	sauce (*f*) aigre-douce
barbecue sauce	sauce (*f*) barbecue
desserts	desserts (*m*)
apple turnover	chausson (*m*) aux pommes
cookies	biscuits (*m*)
doughnut	beignets (*m*)
pancake	crêpe (*f*)

Drinks **Boissons**

soda	boisson (*f*) gazeuse
milk shake	milk-shake (*m*)
vanilla	vanille
strawberry	fraise
banana	banane

11
Movies and the Theater
Cinéma et Théâtre

The movies
Useful expressions

Would you like to go to
    the movies . . . ?
this afternoon
this evening
tomorrow
one day
while you are here
There's a very good film playing now.

It starts at . . .
It ends at . . .
Is there an intermission?
Who's in the movie?
The star of the movie is . . .
It's starring . . .
It's that man who was in . . .
Wasn't she in . . . ?
Who is the director?

Buying tickets and going in

Could we have two tickets, please?

Can you reserve seats?
Do you give a reduction to students?
We are . . . years old.
Would you like some popcorn?

Le cinéma
Expressions utiles

Vous aimeriez/tu aimerais aller
    au cinéma . . . ?
cet après-midi
ce soir
demain
un jour
pendant que vous êtes/tu es ici
Il y a un très bon film en ce
    moment.

Il commence à. . .
Il finit à. . .
Y a-t-il un entracte?
Qui joue dans le film?
La vedette du film est . . .
Les acteurs sont . . .
C'est cet homme qui était dans . . .
Elle n'était pas dans . . . ?
Qui est le réalisateur?

L'achat des tickets et l'entrée

On peut avoir deux tickets, s'il
    vous plaît?
Pouvez-vous réserver des places?
Vous faites des prix étudiants?
On a . . . ans.
Vous voulez/tu veux du pop corn?

Would you like an ice cream or a drink?	Vous voulez/tu veux une glace ou une boisson?
Do you want to go to the bathroom first?	Vous voulez/tu veux aller aux toilettes avant?
Where are the restrooms?	Où sont les toilettes?
We'd better hurry—the movie's just starting.	On ferait mieux de se dépêcher— le film vient de commencer.
Where would you like to sit?	Où voulez-vous vous/veux-tu t'asseoir?
Do you like to be near the front or not?	Vous aimez/tu aimes être devant ou non?
Can you see OK?	Vous voyez/tu vois bien?
I can't see because of the person in front of me.	Je ne peux pas voir à cause de la personne devant moi.
Can we try to sit somewhere else?	On peut essayer de s'asseoir autre part?

Following the plot

Suivre l'intrigue

Does it have subtitles?	Est-ce qu'il y a des sous-titres?
It has subtitles.	Il y a des sous-titres.
It's dubbed.	C'est doublé.
Can you understand what's going on?	Vous comprenez/tu comprends ce qu'il se passe?
I don't understand it.	Je ne comprends pas.
What just happened?	Qu'est-ce qu'il vient de se passer?
What did he say?	Qu'est-ce qu'il a dit?

The theater

Le théâtre

Booking seats	Réserver les places
the booking office	le bureau de location
to reserve seats	les places réservées
Which performance?	Quelle représentation?
the matinée	la matinée
the evening performance	la représentation du soir
Where do you want to sit?	Où voulez-vous vous asseoir?
in the front seats	dans l'orchestre
in the circle	au balcon
What seats are available?	Quelles sont les places disponibles?
How much are the seats?	Combien sont les places?

Buying a program

Acheter un programme

to buy a program	acheter un programme
to look at the program	regarder le programme
to see who is in the play	voir qui est dans la pièce

to study the plot	étudier l'intrigue
to read about the actors' backgrounds	se documenter sur les acteurs

Having something to eat or drink

Prendre quelque chose à manger ou à boire

the bar	le bar
the restaurant	le restaurant
to have a drink	boire quelque chose
before the performance	avant la représentation
in the intermission	pendant l'entracte
to reserve a table	réserver une table

The auditorium

La salle

an aisle	une aile
a box	une loge
the toilets	les toilettes (f)
a fire exit	une sortie de secours
the acoustics	l'acoustique (f)

The seating

Les places

to show your ticket	montrer son ticket
row A, B	rangée A, B
an usher	un placeur
to be shown to your seat	se faire montrer les places
the stalls	l'orchestre (emplacement)
the balcony	le balcon

Before the performance

Avant la représentation

to read the program	lire le programme
to have a chocolate	prendre un chocolat
to let someone pass	laisser passer quelqu'un
to stand up	se lever
to sit down	s'asseoir
to take your coat off	enlever son manteau
to get a good view	avoir une bonne vue
to be able to see	être capable de voir
to use the opera glasses	utiliser les lunettes d'opéra
to insert a coin	insérer une pièce
to borrow	emprunter

The stage

La scène

an ampitheater	un théâtre
a raised stage	une scène surélevée

the wings	les coulisses (*f*)
the scenery	le décor
a scene change	un changement de décor
the props	les accessoires (*m*)
to make an entrance	faire son entrée
to come on stage	venir sur scène
to exit	sortir
to leave	quitter/partir

The lighting — *L'éclairage*

spotlights	les spots (*m*)
floodlights	les projecteurs (*m*)
colored	colorés
to dim	réduire/tamiser
to go down	baisser
to go off	s'éteindre
to come back on	revenir
the lighting effects	les effets (*m*) de lumière

The curtain — *Le rideau*

to open	ouvrir
to shut	fermer
to raise	lever
to fall	tomber
a safety curtain	un rideau de sûreté

The performers — *Les acteurs*

the cast	la troupe
the lead	le rôle principal
the star	la vedette
the hero/the heroine	le héros/l'héroïne (*f*)
the villain	le méchant
the actors	les acteurs
the actresses	les actrices
the understudy	la doublure

The writers — *Les auteurs*

the playwright	le dramaturge
the composer	le compositeur
the librettist	le librettiste
the choreographer	le chorégraphe
the musical director	le chef d'orchestre

The technical staff

the stage manager	le régisseur
the technical director	le directeur technique
the lighting technicians	les techniciens de lumière

The play

a play by Shakespeare	une pièce de Shakespeare
a play by Sartre	une pièce de Sartre
a comedy	une comédie
a farce/slapstick	une farce/une farce bouffonne
a tragedy	une tragédie
a history	une histoire
a thriller	une pièce à suspense
a whodunnit	une pièce policière
a romance	une histoire d'amour
a pantomime	une pantomime
the plot	l'intrigue (*f*)

Rehearsals

to rehearse	répéter
to have a dress rehearsal	avoir une répétition en costume
a final rehearsal	une dernière répétition

The set design

abstract	abstrait
artistic	artistique
realistic	réaliste
functional	fonctionnel
eccentric	excentrique
unusual	inhabituel

The costume design

historical	historique
period costume	d'époque
contemporary	contemporain
imaginative	imaginatif
masked	masqué
bold	audacieux
extravagant	extravagant

The makeup

to be made up	être maquillé

to exaggerate	exagérer
to conceal	dissimuler
to distort	déformer
to emphasize	souligner
to remove	enlever
greasepaint	fard gras

The special effects

Les effets spéciaux

sound effects	les effets (*m*) sonores
music	musique (*f*)
thunder	tonnerre (*m*)
battle noises	les bruits (*m*) de combat
lighting effects	effets (*m*) de lumière
smoke	fumée (*f*)

The parts of the play

Les parties d'une pièce

a scene	une scène
the first scene	la première scène
second	seconde/deuxième
third	troisième
a change of scene	changement (*m*) de scène
an act	un acte
the last act	le dernier acte
a speech	un discours
a soliloquy	un soliloque
an aside	un aparté

The intermission

L'entracte

a brief intermission	un court entracte
a long intermission	un long entracte
to go to the bar	aller au bar
a long line	une longue queue
to go to the restroom	aller aux toilettes
to ring the bell	sonner la cloche
to return to your seat	retourner à sa place

The end of the play

La fin de la pièce

to applaud	applaudir
the applause	les applaudissements
to clap	applaudir
a standing ovation	une ovation
to give a curtain call	faire un rappel
to bow/to curtsy	faire la révérence

to be given a bouquet	recevoir un bouquet

After the play   *Après la pièce*

to go to the stage door	aller à l'entrée des artistes
to try to get an autograph	essayer d'obtenir un autographe
a signature	une signature
to sign an autograph book	signer un carnet d'autographe

Discussing the performance   *Parler de la pièce*

amateur	amateur
convincing	convaincant(e)
excellent	excellent(e)
funny	amusant(e)
hysterical	très drôle
imaginative	imaginatif(-ve)
impressive	impressionnant(e)
ironic	ironique
moving	émouvant(e)
professional	professionnel(le)
psychological	psychologique
realistic	réaliste
sad	triste
sensitive	sensible
spectacular	spectaculaire
tense	tendu(e)
terse	concis(e)
theatrical	théâtral(e)
tragic	tragique
true to life	véridique
unconvincing	pas convaincant(e)

Opera   # *L'opéra*

Types of opera   *Les types d'opéra*

an opera	un opéra
an operetta	une opérette
a comic opera	un opéra comique
a rock opera	un opéra-rock
a musical comedy	une comédie musicale

Types of song   *Les types de chant*

a solo	un solo

a duet	un duo
a chorus	un chœur
an aria	une aria
a recitative	un récital
a part song	chant (*m*) polyphonique

The music — *La musique*

the score	la partition
the libretto	le libretto
the overture	l'ouverture

The singers — *Les chanteurs/les chanteuses*

soprano	soprano (*m*)
contralto	contralto (*m*)
alto	alto (*m*)
tenor	ténor (*m*)
falsetto	fausset (*m*)
baritone	baryton (*m*)
bass	basse (*m*)
a prima donna	une prima donna

Concerts — *Les concerts*

a solo	un solo
a duet	un duo
a trio/a quartet/a quintet	un trio/un quatuor/un quintette
a chamber orchestra	un concert de musique de chambre
a string orchestra	un orchestre d'instruments à cordes
a symphony orchestra	un orchestre symphonique
a jazz band	un orchestre de jazz
a floor show	un spectacle de variétés
a folk dance	une danse folklorique
a pop concert	un concert de musique pop

Singers and musicians — *Les chanteurs et les musiciens*

the soloist	le soliste
a singer	un chanteur/une chanteuse
the accompanist	l'accompagnateur (*m*)/ l'accompagnatrice (*f*)
the backing group	le groupe accompagnant le chanteur
an accordianist	un accordéoniste
a cellist	un violoncelliste

a clarinettist	un/une clarinettiste
a drummer	un tambour
a flautist	un/une flûtiste
a harpist	un/une harpiste
an oboist	un joueur/une joueuse de hautbois
an organist	un/une organiste
a pianist	un pianiste
a violinist	un/une violoniste
a trombonist	un joueur/une joueuse de trombone
a trumpeter	une trompette

The ballet

Le ballet

a ballerina	une ballerine
a prima ballerina	une danseuse étoile
the corps de ballet	le corps de ballet
the choreographer	le chorégraphe
the composer	le compositeur

Getting ready to dance

La préparation

to do exercises at the barre	s'exercer à la barre
to warm up	s'échauffer
to limber	faire des exercices d'assouplissement
to stretch the muscles	étirer les muscles
to loosen the joints	s'échauffer

The positions

Les positions

the position of . . .	la position de . . .
the head	la tête
the arms	les bras
the body	le corps
the legs	les jambes
the feet	les pieds
first position	première position
second position	deuxième position
third position	troisième position
fourth position	quatrième position
fifth position	cinquième position
turned out	en canard
in line	en ligne
in the air	en l'air
pointed	pointé

The movements

to jump	sauter
to leap	bondir
to turn	tourner
to beat the feet	frapper du pied
to change the leg position	changer la position des jambes
to do pointe work	faire des pointes
to mime	mimer
to gesture	mimer
an arabesque	une arabesque
a pirouette	une pirouette
a fouetté	un fouetté
an entrechat	un entrechat
a jeté	un jeté
a pas de deux	un pas de deux
to partner	être le cavalier/la cavalière de
a partner	un partenaire

Ballet clothes

Les mouvements

(see French column above)

Ballet clothes — Les costumes de ballet

ballet shoes	des chaussons (*m*) de danse
blocked shoes	des pointes (*f*)
to darn	repriser
tights	collants (*m*)
a tutu	un tutu
a hair net	un filet à cheveux
to put one's hair up	remonter ses cheveux
to tie one's hair back	attacher ses cheveux
to braid one's hair	faire une natte

The ballet itself — Le ballet en lui-même

the music	la musique
the composer	le compositeur
the steps	les pas
the choreographer	le chorégraphe
the conductor	le chef d'orchestre
the plot	l'intrigue (*f*)
the libretto	le libretto
the scenario	le scénario
the orchestra	l'orchestre
the pit	l'orchestre (fauteuils)

12

Parties and Clubs
Les Soirées et les Boîtes

What to wear

I don't have anything to wear.
What should I wear?
What are you wearing?
Do you have anything in blue
   I could borrow?
Do you think this is suitable?
Will I stick out?

That looks good/awful.

You'll be too hot in that.
dress code
formal wear
casual wear
in costume

Clothing

a shirt
long sleeve
short sleeve
a dress shirt
a polo shirt
a T-shirt
shorts
a blouse
a sweater
a sweatshirt
pants/slacks

L'habillement

Je n'ai rien à me mettre.
Qu'est-ce que je devrais mettre?
Comment vous habillez-vous?
Avez-vous quelque chose de bleu
   que je pourrai emprunter?
Vous pensez que ça va?
Est-ce que je me ferai trop
   remarquer habillé ainsi?
C'est très bien./Cela ne va pas
   du tout.
Vous aurez trop chaud.
la tenue vestimentaire
une tenue chic
une tenue décontractée
déguisé(e)/travesti(e)

Les vêtements

une chemise
à manches longues
à manches courtes
une chemise de soirée
un polo/une chemise polo
un teeshirt
un short
un nœud papillon
un chandail
un sweatshirt
un pantalon

jeans	un jean
chinos	les chinos (*m*)
overalls	une salopette
a skirt	une jupe
a dress	une robe
evening dress	une robe du soir
sleeveless dress	sans manches
strapless	sans bretelles
long/short	longue/courte
leggings	les jambières (*f*)/les leggings (*m/f*)
an outfit	une tenue
a pantsuit	un tailleur-pantalon
a suit (woman's)	un tailleur
a suit (man's)	un complet
a vest/waitcoat	un gilet
a tuxedo	un smoking

Coats   *Les manteaux*

jacket (woman's)	une jaquette
jacket (man's)	un veston
a sports jacket	un veste de sport
parka	une parka
a coat	un manteau
an overcoat	un pardessus
a windbreaker	un coupe-vent
raincoat	un imperméable/un imper

Underwear   *Les sous-vêtements*

tights	un collant
stockings	des bas
briefs/panties	un slip
bra	un soutien-gorge
boxer shorts	un boxer-short
undershirt	un maillot de corps
socks	des chaussettes (*f*)
pajamas	un pyjama
nightdress	une chemise de nuit
dressing gown	un peignoir

Footwear   *Les chaussures*

shoes	des chaussures (*f*)
dress shoes	des chassures habillées

high-heeled	à talons hauts
platform	à semelles compensées
pumps	des chaussures sans lacet/escarpins (*m*)
slippers	des pantoufles (*f*)
sandals	des sandales (*f*)
boots (high)	des bottes (*f*)
boots (ankle)	des bottines (*f*)
sneakers/tennis shoes	des tennis (*m/f*)
running shoes	des chaussures (*f*) de course
training shoes	des tennis (*m/f*)
basketball shoes	des baskets (*f*)
shoelace	un lacet de soulier

Materials and styles — *Tissu et mode*

canvas	de/en toile (*f*)
corduroy	de/en velours (*m*) côtelé
cotton	en/de coton (*m*)
denim	en/de jean
leather	en/de cuir (*m*)
linen	en/de lin (*m*)
Lycra®	en/de Lycra®
nylon	en/de nylon (*m*)
polyester	en/de polyester (*m*)
satin	en/de satin (*m*)
suede	en/de daim (*m*)/de suède (*m*)
velvet	en/de velours (*m*)
wool	en/de laine (*f*)
printed	imprimé(e)
stretch	extensible
wrinkle-free	infroissable
button	un bouton
collar	un col
pocket	une poche
zipper	une fermeture-éclair

Colors — *Les couleurs*

aquamarine	bleu-vert
beige	beige
black	noir(e)
blue	bleu(e)
brown	brun(e)

dark	foncé(e)
gold	doré(e)
gray	gris(e)
green	vert(e)
khaki	kaki
light	clair(e)
metallic	métallique
orange	orange
pink	rose
purple	violet(te)/pourpre
red	rouge
silver	argenté(e)
stonewashed	délavé(e)
white	blanc(he)
yellow	jaune

Accessories

Les accessoires

sunglasses	des lunettes (*f*) de soleil
an umbrella	un parapluie
gloves	des gants (*m*)
a belt	une ceinture
a scarf	un foulard
a headband	un bandeau
barrettes	des barrettes (*f*)
a tie	une cravate
a cravat	un foulard
a necklace	un collier
a bracelet	un bracelet
a brooch	une broche
a ring	une bague
a signet ring	une chevalière
cuff links	des boutons de manchettes
a watch	une montre

Hats

Les chapeaux

a hat	un chapeau
a sun hat	un chapeau de soleil/de plage
a straw hat	un chapeau de paille
a beret	un béret
a baseball cap	une casquette de baseball
a hood	un capuchon/une capuche
a woolen hat	un bonnet tricoté/un bonnet de laine

a bandana   un bandana

Parties

Do you have an invitation?
I am/am not invited.
a gate-crasher
to throw a party
to make up a list of people to invite
to take a bottle

Getting in

a nightclub
a bouncer
How old do you have to be to get in?
Do you have an ID?
Do you have anything that proves
    your age?
How much does it cost to get in?

The music

What's the music like?
It's just a disco.
There's live music.
The group is good.
What sort of music do you like?

This music isn't my kind of thing.
I prefer . . .
Which groups do you like?

Should we ask them to play . . . ?

Introductions

What nationality are you?
Are you American/French/
    Swiss/Belgian?
Can you speak English?
What are you called?/What's
    your name?
I'm called/My name is . . .

Les soirées

Avez-vous/as-tu une invitation?
Je ne suis pas invité(e).
un intrus
faire une soirée
faire la liste des invités
apporter une bouteille

L'entrée

une boîte de nuit
un videur
Quel est l'âge-limite pour rentrer?
Avez-vous/as-tu une carte d'identité?
Avez-vous/as-tu quelque chose pour
    prouver votre/ton âge?
C'est combien l'entrée?

La musique

Comment est la musique?
C'est seulement un disco.
Il y a un groupe.
Le groupe est bon.
Quelle sorte de musique aimez-vous/
    aimes-tu?
Cette musique n'est pas mon genre.
Je préfère . . .
Quels sont les groupes que vous
    aimez/tu aimes?
On leur demande de jouer . . . ?

Présentations

De quelle nationalité êtes-vous/es-tu?
Etes-vous/es-tu Américain(e)/
    Français(e)/Suisse(sse)/Belge?
Vous savez/tu sais parler Anglais?
Comment vous appelez-vous/
    tu t'appelles?
Je m'appelle . . .

This is my friend . . . Voici mon ami(e) . . .

Where do you live? Où habitez-vous/habites-tu?

Where are you staying? Où séjournez-vous/séjournes-tu?

How old are you? Quel âge avez-vous/as-tu?

I'm eighteen. J'ai dix-huit ans.

Have you been here before? Vous êtes/tu es déjà venu(e) ici?

Are you at school/college? Vous êtes/tu es au lycée/à l'université?

Are you working? Vous travaillez/tu travailles?

Which school/college do you go to? A quelle école/quelle université allez-vous/vas-tu?

Where do you work? Où travaillez-vous/travailles-tu?

What do you do? *Que faites-vous/fais-tu?*

Do you know those people over there? Vous connaissez/tu connais ces gens là-bas?

How old are they? Quel âge ont-ils?

What's he/she like? Comment est-il/elle?

Shall we go and talk to . . . ? On va parler à. . . ?

Do you like dancing? Vous aimez/tu aimes danser?

She's a really good dancer. Elle danse vraiment très bien.

The music is so loud. La musique est si forte.

I can't hear what you're saying. Je n'entends pas ce que vous dites/ tu dis.

Drinks *Boissons*

Shall we go to the bar? On va au bar?

Which bar shall we go to? A quel bar allons-nous?

Would you like a drink? Vous voulez/tu veux boire quelque chose?

What would you like to drink? Qu'est-ce que vous voulez/tu veux boire?

I'd like a cola/a beer. J'aimerais bien un cola/une bière.

I'll have what you're having. La même chose que vous/toi.

You have to be eighteen/twenty-one. Il faut avoir dix-huit/vingt-et-un ans.

The drinks are very expensive. Les boissons sont très chères.

Getting home *Rentrer chez soi*

What time do you have to leave? A quelle heure devez-vous/dois-tu partir?

What time does the club close? A quelle heure la boîte ferme-t-elle?

What time does the party end?	A quelle heure la soirée finit-elle?
Are you being picked up?	On vient vous/te chercher?
Yes, I'm being picked up at one.	Oui, on vient me chercher à une heure.
How are you getting home?	Comment rentrez-vous/rentres-tu?
Do you want a lift with us?	Vous voulez/tu veux qu'on vous/te ramène?
Could I possibly have a lift in your car?	Vous pouvez/tu peux me ramener?
Should we share a taxi?	On partage un taxi?
Which bus/train are you getting?	Vous prenez/tu prends quel bus/train?

Making plans / *Faire des projets*

I'll really like to see you again.	J'aimerais beaucoup vous revoir.
Can I see you again sometime?	On peut se revoir un de ces jours?
Should we go somewhere together tomorrow night?	On va quelque part ensemble demain soir?
Would you like to go to the movies with us tomorrow?	Vous voudriez/tu voudrais aller au cinéma avec nous demain?
Shall we go and get something to eat?	On va manger quelque chose?
Would you like to go to a movie?	Voudriez-vous/voudrais-tu aller au cinéma?
Are you doing anything this evening/this weekend?	Avez-vous des projets pour ce soir/ce week-end?
That sounds really interesting.	Ça a l'air très intéressant.
Can I join you?	Est-ce que je peux me joindre à vous?
Would you like to come along?	Voulez-vous venir?
I'd like to experience a traditional evening out during my stay.	J'aimerais bien passer une soirée typique dans votre pays.
Would you like to get together sometime?	Peut-être pourrions-nous nous retrouver un soir?
Just as friends.	En tant qu'amis.

13

Amusement Park, Fair, Circus, and Zoo

Le Parc de Loisirs, la Fête Foraine, le Cirque, et le Zoo

The amusement park— the fair

Useful expressions

There is a fair on—would you like to go?

What rides do you like?

Which rides would you like to go on?

How much money do you have to spend?

How much is it to go on the bumper cars?

Should we have another ride on that?

What would you like to go on next?

What time do we have to be home by?

If we get separated, shall we meet by the Ferris wheel?

The rides

The Ferris wheel

Shall we sit together?

The ghost train

Where do you want to sit?

Can I sit in the middle, please?

Le parc de loisirs—la fête foraine

Expressions utiles

Il y a une fête foraine—voudriez-vous/voudrais-tu y aller?

Quels manèges aimez-vous/aimes-tu?

Sur quels manèges voudriez-vous/voudrais-tu aller?

Combien d'argent avez-vous/tu as?

C'est combien pour aller sur les autos-tamponneuses?

On recommence celui/celle-ci?

Vous voulez/tu veux aller où après?

A quelle heure devez-vous/dois-tu rentrer à la maison?

Si on se perd, on se rejoint à la grande roue?

Les manèges

La grande roue

On s'assoit ensemble?

Le train fantôme

Où voulez-vous vous/veux-tu t'asseoir?

Je peux m'asseoir au milieu, s'il vous/te plaît?

Chapter 13

It's very dark.

I can't see.

I am frightened.

Hold my hand.

It will be over in a minute.

Please don't do that.

Il fait très noir.

Je ne vois rien.

J'ai peur.

Tenez/tiens ma main.

Ce sera fini dans une minute.

S'il vous plaît/s'il te plaît ne faites/
    fais pas cela.

The bumper cars

Les autos-tamponneuses (f)

to wait for them to stop	attendre qu'elles s'arrêtent
to climb in	grimper dans
to put your seat belt on	mettre sa ceinture
to steer	diriger/conduire
to turn the wheel	tourner le volant
to the left/to the right	vers la gauche/vers la droite
to go around in circles	tourner en rond
to go the other way	aller en sens inverse
to accelerate	accélérer
to chase	poursuivre
to get stuck	être coincé
to hit/to bump	taper/tamponner
Let's try to bump them.	Essayons de les tamponner.
Please don't bump us.	S'il vous plaît ne nous tamponnez pas.
You're squashing me.	Vous m'écrasez/tu m'écrases.

The merry-go-round

Le manège (de chevaux de bois)

Which horse/animal would you
    like to go on?

Do you like to be on the inside
    or the outside?

Sur quel cheval/animal voulez-vous/
    veux-tu aller?

Vous voulez/tu veux être à l'intérieur
    ou à l'extérieur?

The rollercoaster

Les montagnes russes

to scream	crier
to feel sick	avoir envie de vomir
to hate it/to love it	les détester/les adorer
to loop the loop	faire un looping
to be upside down	être la tête en bas

A centrifuge/rotor

Un centrifugeur

the centrifugal force	la force centrifuge
to be pinned to the side	être collé sur les côtés

A simulator

Un simulateur

realistic   réaliste

not very realistic	pas très réaliste

Darts and the rifle range
Les fléchettes et le tir à la carabine

a dart	une fléchette
a dartboard	une cible
to throw	lancer
to aim	viser
to score	marquer
a gun/a rifle	un pistolet/une carabine
to point	pointer
to shoot	tirer
the target	la cible
to hit/to miss	atteindre/manquer
to hit the bull's-eye	atteindre le mille
I need twenty more.	Il m'en faut encore vingt.
I have to score one hundred.	Je dois marquer cent.

Ring toss
Le jeu d'anneaux

to throw the ring	lancer l'anneau
to get the ring over	encercler
nearly	presque
to win	gagner

Winning prizes
Gagner des prix

Well done!	Bravo!
What prize would you like?	Quel prix aimeriez-vous/aimerais-tu?
I would like a . . .	J'aimerais . . .
a goldfish	un poisson rouge
a teddy bear	un nounours
one of those	un comme ceux-là
Have you won anything yet?	Vous avez/tu as gagné quelque chose?
Yes, I've won this.	Oui, j'ai gagné ceci.
No, I never win anything.	Non, je ne gagne jamais rien.

The arcade
La salle de jeux

I haven't any change.	Je n'ai pas de monnaie.
Where do you get change from?	Où peut-on faire de la monnaie?
There is a change machine over there.	Il y a une machine à monnaie là-bas.
What coins does this game take?	Quelles pièces cette machine prend-elle?
a slot machine	une machine à sous
a pinball machine	un Flipper

a video game	un jeu vidéo
Where do you put the money in?	Où on met l'argent?
How do you play?	Comment on joue?
You have to . . .	Il faut . . .
to roll a coin	faire rouler une pièce
to make it land on . . .	le faire atterrir sur . . .
to pull this handle	tirer la poignée
to press this button	appuyer sur le bouton

Food

Cotton candy

on a stick	sur un bâtonnet
in a bag	dans un sac
pink	rose
yellow	jaune

Hot dogs

Do you want your hot dog with . . . ?	Vous voulez/tu veux votre/ton hot dog avec . . . ?
mustard	de la moutarde
ketchup	du ketchup
fried onions	des oignons frits
plain	nature
a lot of	beaucoup de
just a little	juste un peu
No onions, thanks.	Sans oignons, merci.

Popcorn

a bag of	un sachet de
a carton of	une boîte de
large/medium/small	grand/moyen/petit
sweet	sucré
salted	salé
Would you like some of my popcorn?	Vous voulez/tu veux un peu de mon pop-corn?

Problems

a pickpocket	un pickpocket/voleur
My money has been stolen.	Mon argent a été volé.
Watch your money.	Attention à votre argent.
My purse/wallet has disappeared.	Mon porte-monnaie/portefeuille a disparu.

La nourriture

La barbe à papa

Hot dogs

Pop-corn

Les problèmes

I feel dizzy/sick.	J'ai la tête qui tourne/envie de vomir.
It's very noisy.	C'est assez bruyant.
Can we go home soon?	On peut rentrer à la maison bientôt?

Useful adjectives
Adjectifs utiles

awful	affreux(-euse)
dizzy	étourdissant(e)
excellent	excellent(e)
fantastic	fantastique
frightening	effrayant(e)
fun	drôle/marrant(e)
funny	amusant(e)
horrible	horrible
terrible	terrible
terrifying	terrifiant(e)

The circus
Le cirque

The big top
Le grand chapiteau

the ring	la piste
sawdust	la sciure de bois
the seats	les gradins (*m*)

The circus people
Les gens de cirque
The ringmaster
"Monsieur Loyal"

a top hat	un haut-de-forme
a whip	un fouet
to crack the whip	faire claquer le fouet

The clown
Le clown

a red nose	un nez rouge
big feet	grands pieds
to walk on stilts	marcher sur des échasses
to ride a unicycle	faire du monocycle
to trip up	trébucher
to fall down	tomber par terre
to squirt water	asperger d'eau
to make people laugh	faire rire les gens

The acrobats
Les acrobates

a trapeze artist	un trapéziste
the high wire	la corde raide
a safety net	un filet

a ladder	une échelle
a swing	une balançoire
to swing	se balancer
to balance	être en équilibre
to wobble	chanceler
to fall	tomber

Other circus performers

Autres gens de cirque

a bareback rider	un cavalier (qui monte à crû)
a lion tamer	un dresseur de lions

Circus animals

Les animaux de cirque

a horse	un cheval
a lion	un lion
an elephant	un éléphant

The zoo

Le zoo

Parts of the zoo

Les parties du zoo

the elephant house	la maison aux éléphants
the aquarium	l'aquarium (*m*)
a tank	un réservoir
the cages	les cages (*f*)
the monkey's cage	la cage des singes
the reptile house	la maison aux reptiles
the model train	le train modèle
Can we have a ride on the model train?	Peut-on monter dans le train modèle?
Do you want to go to the adventure playground?	Vous voulez/tu veux aller dans l'aire de jeux?
a lake	un lac
an island	une île
the cafeteria	la cafétéria
the restrooms	les toilettes

The animals

Les animaux

a bat	une chauve-souris
a bear	un ours
a crocodile	un crocodile
a dolphin	un dauphin
an elephant	un éléphant
an emu	un émeu

a fish	un poisson
a giraffe	une girafe
a hippopotamus	un hippopotame
a kangaroo	un kangourou
a leopard	un léopard
a lion	un lion
a monkey	un singe
an ostrich	une autruche
a panda	un panda
a pelican	un pélican
a penguin	un pingouin
a pink flamingo	un flamand rose
a rhinoceros	un rhinocéros
a seal	un phoque
a snake	un serpent
a tarantula	une tarentule
a tiger	un tigre
a tortoise	une tortue
a turtle	une tortue marine
a wild boar	un sanglier

14

Sightseeing
Faire du Tourisme

Stately homes and castles
Opening hours

What are your hours?
Are you open every day of the week?
How much is it to go around?
Is there a guided tour?
What time is the tour?
Is there a commentary one
can listen to?
Do you have the commentary in
English/French/Spanish/German?
How do the headphones work?
Could I have a guidebook, please?

Could I have a ticket for . . . ?

the house only
the gardens only
one adult
one student
Is there a reduction for
students/groups?

Architectural styles

Who was the architect?
What style was this built in?

Roman
medieval
gothic

Manoirs et châteaux
Heures d'ouverture

Quelles sont vos heures d'ouverture?
Etes-vous ouverts tous les jours?
Cela coûte combien de faire le tour?
Y a-t-il une visite guidée?
A quelle heure est la visite?
Y a-t-il un commentaire?

Y a-t-il un commentaire en anglais/
français/espagnol/allemand?
Comment marchent les écouteurs?
Je peux avoir un guide, s'il vous plaît?

Puis-je avoir un billet pour . . . ?

la maison seulement
les jardins seulement
un adulte
un étudiant
Y a-t-il une prix étudiants/de
groupe?

Les styles architecturaux

Qui était l'architecte?
Dans quel style a-t-il/elle été
construit(e)?

Roman
médiéval
gothique

Renaissance	Renaissance
baroque	baroque
classical	classique
Revolutionary	révolutionnaire
Empire	Empire
art nouveau	art nouveau

Types of buildings

Les types d'édifices

(in approximately descending size)	(du plus grand au plus petit)
a palace	un palais
a castle	un château
a mansion	un hôtel particulier
a manor house	un manoir
the court	la cour
a priory	un prieuré
the chapel	la chapelle
a monastery	un monastère
a convent	un couvent
the lodge	le pavillon
the gatehouse	la loge
a folly	une folie
a conservatory	une verrière
a coach house	une remise
a coach	un carrosse
a thatched cottage	une maison à toit de chaume
a stable	une étable
a greenhouse	une serre

External details

Les détails extérieurs

(from the top down)	(de haut en bas)
a turret	une tourelle
the battlements	les remparts (*m*)
the parapet	le parapet
a facade	une façade
a balcony	un balcon
the windows	les fenêtres (*f*)
French windows	portes-fenêtres (*f*)
the porch	le porche
the door	la porte
a flight of steps	une volée d'escalier
a portcullis	une herse

a drawbridge	un pont-levis
a moat	une douve
a rampart	un rempart
the gateway	le portail
floodlighting	illumination (*f*)

The park and gardens   *Le parc et les jardins*

the park	le parc
the garden	le jardin
a formal garden	un jardin à la française
a rose garden	une roseraie
a path	une allée
a terrace	une terrasse
an informal garden	un jardin simple
a wildflower garden	un jardin de fleurs des champs
a ha-ha	une clôture en contrebas

A maze   *Un labyrinthe*

to go in	y aller/entrer
to get lost	se perdre
to turn back	faire demi-tour
to try to get out	essayer de sortir
to find your way out	trouver la sortie
to be gone a long time	être parti depuis très longtemps

Garden buildings and ornaments   *Les édifices et ornements de jardin*

a conservatory	une verrière
an orangery	une orangerie
a greenhouse	une serre
a dovecote	un colombier
a dove	une colombe
a statue	une statue
an urn	une urne
a pedestal	un piédestal

Water features   *Les points d'eau*

a lake	un lac
an island	un îlot
a river	une rivière
a fountain	une fontaine
a waterfall	une chute d'eau
an ornamental pond	un bassin ornemental
water lilies	nénuphars (*m*)

goldfish	poisson (*m*) rouge
a water garden	un jardin aquatique
When are the fountains turned on?	Quand les fontaines sont-elles en marche?

Renting boats

Louer les bateaux

a boat	un bateau
a motorboat	un bateau à moteur
to go for a trip	faire un tour (de bateau)
to start the engine	démarrer le moteur
a canoe	un canoë
to go canoeing	aller faire du canoë
a paddle	une rame
to paddle	ramer
on the right/left	à droite/à gauche
to steer	diriger
to row	faire de l'aviron/ramer
to moor	amarrer
to collide with someone	heurter quelqu'un
to try to avoid someone	essayer d'éviter quelqu'un

The gift shop

La boutique de cadeaux

Can I look around the gift shop?	Est-ce que je peux faire un tour dans la boutique de cadeaux?
Do you want to buy something for your family?	Vous voulez/tu veux acheter quelque chose pour votre/ta famille?
Would you like to buy some postcards?	Vous voulez/tu veux acheter des cartes postales?

The tea room

Le salon de thé

Where is the tea room?	Où est le salon de thé?
Shall we have a cup of tea?	On prend une tasse de thé?
Shall we take it into the garden?	On le prend dans le jardin?
Shall we stay inside?	On reste à l'intérieur?

The main rooms

Les pièces principales

(in descending importance)	(dans l'ordre décroissant de leur importance)

The main hall

Le hall d'entrée

a suit of armor	une armure complète
chain mail	cotte (*f*) de maille
heraldry	un blason

a coat of arms	des armoiries (*f*)
weapons	armes (*f*)
guns	fusils (*m*)
pistols	pistolets (*m*)
swords	épées (*f*)
shields	boucliers (*m*)

The stateroom — *La grande salle de réception*

the paintings	les peintures (*f*)/tableaux (*m*)
a mural	une peinture murale
a fresco	une fresque
the portraits	les portraits (*m*)
the mirrors	les miroirs (*m*)
a bust	un buste
the fireplace	la cheminée
the ceiling	le plafond
the plasterwork	les plâtres (*m*)
the carpet	le tapis
the curtains	les rideaux (*m*)
the furniture	le mobilier

The ballroom — *La salle de bal*

the chandelier	le lustre
the mirrors	les miroirs (*m*)

The banquet hall — *La salle de banquet*

the dining table	la table
the chairs	les chaises (*f*)
a dinner service	un service à dîner
the silver	l'argenterie (*f*)
the tureens	les soupières (*f*)
a banquet	un banquet

The drawing room — *Le salon*

a grandfather clock	une horloge de parquet
the paneling	le lambris (*m*)
the sofas	les canapés (*m*)
the armchairs	les fauteuils (*m*)
a tapestry	une tapisserie
porcelain	porcelaine (*f*)

The library — *La bibliothèque*

valuable/antique books	les livres (*m*) de valeur/anciens

a family tree	un arbre généalogique
the bookcases	les étagères

The music room — *La salle de musique*

a harpsichord	un clavecin
a harp	une harpe

The staircase and the gallery — *Les escaliers et la galerie*

a spiral staircase	un escalier en colimaçon
a back staircase	un escalier de service
a minstrels' gallery	la tribune des musiciens
a servants' staircase	l'escalier des domestiques
a secret staircase	un escalier secret
to look down on	regarder en bas

The nursery — *La chambre d'enfants*

a rocking horse	un cheval à bascule
a dollhouse	une maison de poupée
a cradle	un berceau
a cot	un lit d'enfant
toys	jouets (*m*)
a desk	un bureau

The kitchen — *La cuisine*

a kitchen table	une table de cuisine
the range	un fourneau de cuisine
a dumbwaiter	un monte-charge
the cold store	un entrepôt frigorifique
a fireplace	une cheminée
an inglenook	le coin du feu
a hook	un crochet
a rotisserie	une rôtisserie
a spit	une broche
to turn	tourner
to cook	cuisiner
to smoke	fumer
pots and pans	les casseroles
the utensils	les ustensiles
copper	cuivre (*m*)
pewter	les étains (*m*)
the sink	l'évier (*m*)
the cook	le (la) cuisinier(-ière)

Other rooms
Servants' accommodations

the servants' rooms

the attic

The cellar

a wine cellar

The dungeons

the torture chamber

a chamber of horrors

The inhabitants

the royal family

a king

a queen

the queen mother

a prince

a princess

a duke

a duchess

the president

the prime minister

a general

The servants

the butler

the chef

the cook

the footmen

a maidservant

a manservant

Useful descriptive words

added on

ancient

attractive

austere

authentic

baroque

beautiful

built by

Autres pièces
Le logement des domestiques

les pièces (*f*) des domestiques

le grenier

La cave

une cave à vin

Les donjons (m)

la salle des tortures

le cabinet des horreurs

Les habitants

la famille royale

un roi

une reine

la reine-mère

un prince

une princesse

un duc

une duchesse

le président

le premier ministre

un général

Les domestiques

le majordome

le chef cuisinier

le cuisinier

les valets de pied

une servante

un valet de chambre

Descriptions utiles

ajouté(e)

antique

attrayant(e)

austère

authentique

baroque

beau/belle

construit(e) par

burned down	brûlé(e)
century	siècle
eleventh	onzième
twelfth	douzième
thirteenth	treizième
fourteenth	quatorzième
fifteenth	quinzième
sixteenth	seizième
seventeenth	dix-septième
eighteenth	dix-huitième
nineteenth	dix-neuvième
twentieth	vingtième
twenty-first	vingt-et-unième
charming	charmant(e)
commonplace	commun(e)
designed by	créé(e) par
dilapidated	délabré(e)
dusty	poussiéreux(-euse)
elegant	élégant(e)
expensive	cher (chère)
faded	décoloré(e)
gold	doré(e)
gothic	gothique
imposing	imposant(e)
in ruins	en ruine
luxurious	luxueux(-euse)
modern	moderne
modernized	modernisé(e)
old	vieux (vieille)
ornate	orné(e)
rare	rare
rebuilt	reconstruit(e)
reclaimed	reconquis(e)
restored by	restauré(e) par
ruined	ruiné(e)
splendid	splendide
sumptuous	somptueux(-euse)
valuable	de grande valeur
wonderful	merveilleux(-euse)

Churches

Architectural classifications

Roman	Romain(e)
Romanesque	Roman(e)
Norman	Roman(e)
gothic	gothique
decorated	décoré(e)
perpendicular	perpendiculaire
flamboyant	flamboyant(e)
Renaissance	Renaissance
baroque	baroque
classical	classique

External details

a buttress	un contrefort
a flying buttress	un arc-boutant
a gargoyle	une gargouille
a pinnacle	un pinacle
a spire	une flèche
a tower	une tour
a weathercock	une girouette
the churchyard	le cimetière
a grave	une tombe
a tombstone	une pierre tombale
an inscription	une inscription
to read	lire
Roman numerals	les chiffres romains

Internal details

the Lady Chapel	la chapelle de la Sainte Vierge
alabaster	albâtre (*m*)
an arcade	une arcade
an arch	un arc
the aisle	l'aile (*f*)
the altar	l'autel (*m*)
to kneel at	s'agenouiller devant
to pray	prier
the bell tower	le clocher
a bell	une cloche
to ring the bells	sonner les cloches

Les églises

Classifications architecturales

Détails extérieurs

Détails intérieurs

a candle	un cierge
to buy	acheter
to light	allumer
the chancel	le chœur
the choir	le chœur
a choir stall	la stalle
a column	une colonne
the cross	la croix
the crypt	la crypte
the door	la porte
the font	les fonts baptismaux
a baptism/christening	un baptême
a fresco	une fresque
the lectern	le lutrin
marble	marbre (*m*)
a mural	une peinture murale
the nave	la nef
a niche	une niche
the organ	l'orgue (*m*)
to play the organ	jouer de l'orgue
the organist	l'organiste
a pew	un banc
a pillar	un pilier
the porch	le porche
the pulpit	la chaire
to give a sermon	faire un sermon
to preach	prêcher
the roof	le toit
a vault	une voûte
a beam	une poutre
a statue	une statue
a tomb	une tombe
the transept	le transept
a window	un vitrail
stained glass	des vitraux

Useful descriptive words   *Descriptions utiles*

cold	froid(e)
dark	sombre
dilapidated	délabré(e)
elegant	élégant(e)

humble	humble
intricate	complexe
locked-up	fermé(e)
musty	qui sent le renfermé
open	ouvert(e)
ornate	orné(e)
peaceful	paisible
rich	riche
rural	rural(e)
somber	sombre

Art galleries and exhibitions

Les galeries d'art et expositions

an art gallery	un galerie d'art
an art collection	une collection
an artist	un artiste
a work of art	une œuvre d'art
a painting	une peinture
a private view	un vernissage
an invitation	une invitation
a museum	un musée
an exhibition	une exposition
an exhibit	une pièce exposée

Useful expressions

Expressions utiles

There is an interesting exhibition on now.
Il y a une exposition intéressante en ce moment.

Would you like to go to it?
Vous aimeriez/tu aimerais y aller?

Is there a catalog?
Y a-t-il un catalogue?

How much is the admission?
Combien est le billet d'entrée?

Is there a discount for students?
Y a-t-il un prix étudiants?

Admission is free.
L'entrée est gratuite.

How much do guidebooks cost?
Combien coûtent les guides?

How much are these postcards?
Combien coûtent ces cartes postales?

Do you have a guidebook in English/French/German/Spanish?
Avez-vous un guide en anglais/français/allemand/espagnol?

Shall we split up and meet here in half an hour?
On se sépare et on se retrouve ici dans une demi-heure?

Who/what is your favorite . . . ?
Qui/quel est ton/ta . . . préféré(e)?

artist
artiste (*m/f*)

sculptor
sculpteur (*m*)

painting	peinture (*f*)
piece of sculpture	sculpture (*f*)

Type of art

What type of art do you like most?

abstract art	art (*m*) abstrait
art deco	art déco
classical art	classique (*m*)
cubism	cubisme (*m*)
engravings	gravures (*f*)
etchings	eaux-fortes (*f*)
expressionism	expressionnisme (*m*)
impressionism	impressionnisme (*m*)
landscapes	paysages (*m*)
life drawings	dessins d'après modèle
miniatures	miniatures (*f*)
nudes	nus (*m*)
oil paintings	peintures (*f*) à l'huile
pastels	pastels (*m*)
pop art	pop-art (*m*)
portraits	portraits (*m*)
Postimpressionism	post-impressionnisme
Pre-Raphaelite	préraphaélite
primitive art	art (*m*) primitif
prints	estampes (*f*)
realism	réalisme (*m*)
religious art	art religieux
romantic art	art roman
rural setting	paysages (*m*) ruraux
seascapes	paysages (*m*) maritimes
self-portraits	autoportraits (*m*)
sports works	tableaux (*m*) de chasse
still life	nature (*f*) morte
surrealism	surréalisme (*m*)
symbolism	symbolisme (*m*)
townscapes	paysages (*m*) urbains
watercolors	aquarelles (*f*)
wood cuttings	gravures (*f*) sur bois

Les types d'art

Quel art préférez-vous/préfères-tu?

What is your favorite period?

My favorite period is . . .

Quelle est votre/ta période préférée?

Ma période préférée est . . .

medieval	le moyen-âge
Renaissance	la Renaissance
High Renaissance	la Haute Renaissance
baroque	le baroque
eighteenth century	le dix-huitième siècle
nineteenth century	le dix-neuvième siècle
twentieth century	le vingtième siècle

What is your favorite medium?   *Quel genre préférez-vous/préfères-tu?*

I particularly like . . .	J'aime surtout . . .
acrylics	la peinture acrylique
chalk	la craie
charcoal	le fusain
crayon	le crayon
gouache	la gouache
oil	la peinture à l'huile (*f*)
pastels	les pastels (*m*)
tempera	une détrempe
watercolors	la peinture à l'eau

Useful phrases   **Phrases usuelles**

the allegorical meaning	le sens allégorique
the background	l'arrière-plan
the foreground	le premier plan
the color	la couleur
the delicacy	la délicatesse
the effect on the viewer	l'effet (*m*) sur le spectateur
the emotion	l'émotion (*f*)
the focus	la mise au point
the grouping	le regroupement
the light and shade	la lumière et l'ombre
the meaning	le sens
the obscurity	l'obscurité (*f*)
the poses	les poses (*f*)
the power	la puissance
the structure	la structure
the subtlety	la subtilité
the suffering	la souffrance
the symbolism	le symbolisme
the technique	la technique
the use of perspective	l'utilisation (*f*) de la perspective

the vanishing point | le point de fuite

Basic art equipment
Le matériel artistique de base

an easel | un chevalet
paper | du papier
canvas | une toile
paints | de la peinture
a paintbrush | un pinceau
a palette knife | un couteau (à) palette
a pencil | un crayon
an eraser | une gomme
a water jar | un pot d'eau
turpentine/thinner | du white spirit

Painting methods
Les méthodes de peinture

to blend | mélanger
to copy | copier
to dab | appliquer par petites touches
to dip | tremper
to glaze | vernir
to imitate | imiter
to mix | mélanger
to repaint | repeindre
to paint over | peindre par dessus
to sketch | ébaucher
to varnish | vernir
to wash | laver

Art classifications
Les classifications de l'art

fine art | les beaux-arts (*m*)
applied art | art appliqué
jewelery | joaillerie (*f*)
silversmithing | orfèvrerie (*f*)
porcelain making | fabrication (*f*) de la porcelaine
metalwork | ferronnerie (*f*)
pottery | poterie (*f*)
decorative art | art (*f*) décoratif
embroidery | broderie (*f*)
tapestry | tapisserie (*f*)

Wineries

The vineyard

The vines

a grapevine
a bunch of grapes
a grape
green/purple

Picking the grapes

ripe
unripe
to harvest
to pick
to gather
to press
the juice

Storing the wine

a barrel
wooden
oak
steel
a vat
a vat full
to ferment
fermentation
to bottle
a bottle
to label
a label

Classifying wine

an officially classified wine
country of origin
a good year
a bad year
alcoholic content
vintage
region
the château
a table wine
red wine

La production vinicole

La vigne

Les vignes

une vigne
une grappe de raisin
un raisin
blanc/rouge

La cueillette du raisin

mûr
vert/pas mûr
récolter
cueillir
rassembler
presser
le jus

Conserver le vin

un tonneau
en bois (*m*)
chêne (*m*)
acier
une cuve
une cuvée
fermenter
fermentation (*f*)
mettre en bouteille
une bouteille
étiqueter
une étiquette

Classifier le vin

Appellation (*f*) d'origine contrôlée
pays (*m*) d'origine
une bonne année
une mauvaise année
le volume d'alcool
millésime (*m*)
région (*f*)
le château
un vin de table
vin rouge

white wine	vin blanc
rosé wine	rosé
sweet wine	vin sucré
dry wine	vin sec
sparkling wine	vin pétillant
champagne	champagne (*m*)
fortified wine	vin doux
an aperitif	un apéritif
sherry	xérès (*m*)/sherry (*m*)
vermouth	vermouth (*m*)

Serving wine

Servir le vin

to serve at the right temperature	servir à la bonne température
to keep at room temperature	conserver à température ambiante
to open a bottle	ouvrir une bouteille
to allow to breathe	laisser respirer
to chill	mettre au frais
to uncork	déboucher
a corkscrew	un tire-bouchon
to decant	décanter
sediment	la lie
to pour	verser

Tasting wine

Goûter le vin

a wine tasting	une dégustation de vin
to savor	savourer
the bouquet	le bouquet
the color	la couleur/robe
to hold up to the light	élever à la lumière
to hold in the mouth	garder en bouche
to spit	cracher
a spittoon	un crachoir
to sample	un échantillon
to identify	identifier
to appreciate	apprécier
to have a good palate	avoir un bon palais

15
Walks and Hikes
Les Promenades et les Randonnées

Types of walks

a walk
a hike
Would you like to go for a walk?

How far do you feel like going?
Where would you like to go to?
Do you like walking?

Walking the dog

I'm taking the dog for a walk.
Would you like to come?
Where is its leash?
How do you put on its leash?
May I hold the leash?
Don't let it off the leash here.
You can let it off the leash now.

Dogs must be kept on the leash.

Picnics

Shall we take a picnic basket?
Help me pack the picnic basket.

What would you like to eat
    and drink?
Shall we stop for something to
    eat and drink now?

Les types de promenades

une promenade
un randonnée
Vous voulez/tu veux aller vous/
    te promener?
Vous voulez/tu veux aller jusqu'où?
Où voulez-vous/veux-tu aller?
Vous aimez/tu aimes marcher?

Sortir le chien

Je sors le chien.
Vous voulez/tu veux venir?
Où est sa laisse?
Où met-on sa laisse?
Je peux tenir la laisse?
Gardez-le/garde-le en laisse ici.
Vous pouvez/tu peux enlever la
    laisse maintenant.
Les chiens doivent être gardés en
    laisse.

Les pique-niques

On prend un pique-nique?
Aidez-moi/aide-moi à préparer le
    pique-nique.
Qu'aimeriez-vous/qu'aimerais-tu
    boire et manger?
On s'arrête pour manger et boire
    quelque chose?

Shall we take a blanket?	On prend une nappe?
to sit down for a while	se reposer un moment

Picnic food and drink — *La nourriture et boisson pour pique-niques*

a flask/thermos	une bouteille thermos
to fill	remplir
to pour	verser
a hot drink	une boisson chaude
a cold drink	une boisson fraîche
to be thirsty	avoir soif
to be hungry	avoir faim
sandwiches	sandwiches (*m*)
What do you want on your sandwich?	Que voulez-vous/veux-tu dans votre/ton sandwich?
ham	jambon (*m*)
chicken	poulet (*m*)
salami	saucisson (*m*)
cheese	fromage (*m*)
fish	poisson (*m*)
salad	salade (*f*)
tomato	tomate (*f*)
egg	œuf (*m*)
mayonnaise	mayonnaise (*f*)
a bag of chips	un paquet de chips
a piece of cake	un morceau de gâteau
some fruit	des fruits (*m*)
an apple	une pomme
a banana	une banane
an orange	une orange
some grapes	du raisin
a bar of chocolate	une barre de chocolat
Would you like a piece of chocolate?	Vous voulez/tu veux un morceau de chocolat?

Camping — *Le camping*

The campground — *Le camping*

drinking water	l'eau (*f*) potable
electricity	l'électricité (*f*)
showers	les douches (*f*)
the restrooms	les toilettes (*f*)

Camping equipment

Le matériel de camping

a camping van — un camping-car
a trailer — une caravane
a groundsheet — un tapis de sol
an inflatable mattress — un matelas pneumatique
a backpack — un sac-à-dos
a cooler — une glacière
a camp stove — un réchaud de camping
kerosene — pétrole (*m*)
a flashlight — une torche
to switch on/switch off — allumer/éteindre

Putting a tent up

Installer une tente

Do you have a tent? — Avez-vous/as-tu une tente?
Shall we try to put it up? — On essaie de l'installer?
Can you remember how to do it? — Vous vous souvenez/tu te souviens comment faire?

to put up the tent pole — mettre le mât
to put the frame together — installer l'armature
to throw over the canvas — mettre la toile de tente
to hammer in the pegs — planter les piquets
to tighten the guy ropes — tendre les cordes
to put down a groundsheet — mettre une bâche
to zip up the door flap — remonter la fermeture éclair
to unzip the door flap — ouvrir la fermeture éclair
to spend a night in the tent — passer une nuit dans la tente
to get cold — avoir froid
to go inside — rentrer dans

Clothes and equipment

Les vêtements et le matériel

Footwear

Se chausser

socks — chaussettes (*f*)
shoes — chaussures (*f*)
boots — bottes (*f*)
rain boots — bottes (*f*) en caoutchouc
Do you have any walking shoes/boots/rain boots with you? — Vous avez/tu as des chaussures de marche/des bottes/des bottes avec vous/toi?

Would you like to borrow a pair of rain boots? — Vous voulez/tu veux emprunter une paire de bottes?

We may have some that fit you.	Nous en avons peut-être qui vous iront/t'iront.
Try these.	Essayez/essaie celles-ci.
Are they comfortable?	Elles sont confortables?
Do they fit?	Elles vous/te vont?
They are too small/big.	Elles sont trop petites/grandes.

Clothes for bad weather

Les vêtements pour mauvais temps

Bring . . .	Apportez/apporte . . .
a coat	un manteau
a jacket	une veste
a raincoat	un imperméable
a pullover/a sweater	un pull/un sweater
trousers	un pantalon
a hat	un chapeau
a scarf	une écharpe
a pair of gloves	une paire de gants
an umbrella	un parapluie
spare clothes	un vêtement de rechange

Hiking equipment

Le matériel de randonnées

a backpack	un sac-à-dos
a compass	une boussole
hiking boots	des chaussures de randonnée
insect repellant	une lotion antimoustiques
a map	une carte
snacks	des casse-croûte
a sunhat	un chapeau pour le soleil
sunblock	un écran total
sunscreen	une crème solaire
a water bottle	une gourde

Discussing the route

Décider de la route à suivre

a plan	un plan
a sketch	un croquis
a map	une carte
directions	directions (*f*)
Where are we?	Où sommes-nous?
Show me where we are going to go.	Montrez-moi/montre-moi où nous allons.

How far is that?	C'est loin?
Are we lost?	On est perdus?
Are we going in the right/ wrong direction?	On va dans la bonne/mauvaise direction?
Shall we ask someone?	On demande à quelqu'un?
to use a compass	utiliser une boussole
the needle	l'aiguille (*f*)
to point	pointer
north/south/east/west	nord/sud/est/ouest
We need to go in this direction.	Il faut aller dans cette direction.

Problems

Les problèmes

Is there a telephone booth?	Y a-t-il une cabine téléphonique?
Could we use your telephone, please?	On peut utiliser votre téléphone, s'il vous plaît?
We are lost.	On est perdu.
We are trying to get to . . .	On essaie d'aller à . . .
Where is the pub?	Où est le café?
Is there a store in the village?	Y a-t-il une boutique dans le village?
I am tired.	Je suis fatigué(e).
My legs are aching.	Mes jambes me font mal.
I have a blister.	J'ai une ampoule.
My shoes are rubbing.	Mes chaussures frottent.
I fell down.	Je suis tombé(e).
It's just a graze.	C'est seulement une écorchure.
Do you have an adhesive pad?	Avez-vous/as-tu un pansement?
I hurt my foot/leg/hand/arm/back.	Je me suis fait mal au pied/à la jambe/ à la main/au bras/au dos.
I've sprained my ankle.	Je me suis tordu la cheville.
I've been stung.	J'ai été piqué(e).
I've been bitten by something.	J'ai été mordu par quelque chose.
Do you have anything to put on an insect sting?	Avez-vous/as-tu quelque chose pour mettre sur ma piqûre?
Do you have any repellent?	Avez-vous/as-tu une bombe insecticide?

Landmarks

Points de repère

Buildings

Les édifices

a chemist's shop	une pharmacie
the church	l'église (*f*)
a cottage	une maison de campagne

the graveyard	le cimetière
a house	une maison
the local store	la boutique du coin
a mailbox	une boîte à lettres
the manor house	le manoir
a market	un marché
a newspaper stand	un buraliste
the playground	le terrain de jeux
the police station	le commissariat/la station de police
the post office	la poste
the railroad station	la gare
the recreation ground	le terrain de jeux
a shop/store	un magasin
the telephone booth	la cabine téléphonique
the town park	la place du village
the town hall	la mairie/la salle paroissiale
the town school	l'école (*f*) du village (*m*)

Types of roads · *Les types de route*

a signpost	une borne
to point the way to . . .	pointer dans la direction . . .
a road	une route
a main road	une grand-route
a "b" road/a minor road	une route de campagne
a lane	une petite route
a path	un chemin
a bridle path	une piste cavalière
a footpath	un sentier

Obstacles · *Obstacles*

a stile	un échalier
a gate	une grille/barrière
a wall	un mur
a cattle fence	un grillage
a bog	un marécage
a cowpat	une bouse de vache
a railway	un chemin de fer
a railway bridge	un pont de chemin de fer

Farms · *Les fermes*

a farmhouse	une ferme
a farmyard	une ferme/basse-cour

the farmer	le fermier
the dairy	la laiterie
the cowshed	l'étable (*f*)
a hen coop	un poulailler
a hen	une poule
an egg	un œuf
to collect the eggs	ramasser les œufs
a basket	un panier
the barn	la grange
a hayloft	le fumier
a stable	une étable
a trough	un abreuvoir

Water   *L'eau*

a river	une rivière
a stream	un courant/un torrent
a ford	un gué
a canal	un canal
a barge	une péniche
a lock	une écluse
the lock keeper	un éclusier
the towpath	le chemin de halage
a lake	un lac
an island	une île
a pond	un bassin
a lagoon	un lagon
a puddle	une flaque
a waterfall	une chute d'eau
rapids	des rapides (*m*)
the current	les courants (*m*)
strong	forts
fast	rapides
dangerous	dangereux

Crossing water   *Traverser des points d'eau*

stepping stones	pierres (*f*) de gué
slippery	glissant
wobbly	branlant
to tread on	marcher sur
to jump	sauter
a bridge	un pont

to cross	traverser
a footbridge	une passerella

Paddling

Barboter

Shall we paddle?	On barbote?
Take off your socks and shoes.	Enlevez vos/enlève tes chaussettes (*f*) et chaussures (*f*).
Do you have a towel?	Avez-vous/as-tu une serviette?
Dry your feet here.	Séchez vos/sèche tes pieds ici.
It's freezing/quite warm.	C'est glacé/assez chaud.
It's deep/shallow.	C'est profond/ce n'est pas profond.
It's pebbly/muddy.	C'est rocailleux/boueux.

Terrain

Le terrain

a valley	une vallée
a plain	une plaine
a desert	un désert
a national wildlife preserve	une réserve naturelle nationale
a sanctuary	une réserve
Follow the marked path.	Suivre le sentier indiqué.

High ground

Les terrains en altitude

a mountain range	une chaîne de montagnes
a mountain ridge	une crête
a mountain	une montagne
a volcano	un volcan
to climb	grimper
to go to the top	aller au sommet
to see the view	voir la vue
panoramic	panoramique
spectacular	spectaculaire
Can you see . . . ?	Vous pouvez/tu peux voir . . . ?
on the horizon	à l'horizon
in the distance	au loin
over there	là-bas
a steep slope	une pente raide
to be careful	faire attention
a hill	une colline
a gentle slope	une pente douce
a canyon	un canyon/un cañon
a tunnel	un tunnel
a cave	une caverne

a canyon	un canyon
a cliff face	une falaise
dark	sombre
to echo	résonner
an echo	un écho
to hide	cacher

Fields

Les champs

a meadow	une prairie
a field	un champ
ploughed	labouré(e)
unploughed	non labouré(e)
sown	semé(e)
a valley	une vallée

Walking conditions

Les conditions

muddy	boueux(-euse)
slippery	glissant(e)
steep	en pente
flooded	inondé(e)
tiring	fatigant(e)
boring	ennuyeux(-euse)
good	bon(ne)
perfect	parfait(e)

Weather conditions

Les conditions météorologiques

Hot

Chaud

It's very sunny.	Il fait très beau.
It's stuffy.	Il fait lourd.
It may thunder.	Il va peut être y avoir de l'orage.
It is too hot for me.	Il fait trop chaud pour moi.
Can we go into the shade for a while?	On peut aller à l'ombre un moment?
I am boiling.	Je bous.

Cold

Froid

It's freezing.	Il gèle.
It's icy.	Il y a du verglas.
It's very slippery.	C'est assez glissant.
Shall we slide on the ice?	On peut glisser sur la glace?
I am frozen.	Je suis gelé(e).

Wet

It's beginning to rain.
It's drizzling.
It's pouring.
Everywhere is very muddy.
I am soaked.
My feet are wet.
It may stop raining soon.

Shall we take shelter here
until it stops raining?

Thunder

Did you hear the thunder?
I think there's going to be a
thunderstorm.
It just lightened.
Count how long between the
flash and the thunder.
It's a long way.
It's very close.
We had better get back.

Flora and fauna

Trees

a forest
a wood
a tree
a bush

Parts of trees

the trunk
a hollow trunk
massive
a branch
strong
rotten
a twig
a leaf

Humide

Il commence à pleuvoir.
Il bruine.
Il pleut à verse.
C'est boueux partout.
Je suis trempé(e).
Mes pieds sont tout mouillés.
Il va peut-être arrêter de pleuvoir
bientôt.
On s'abrite ici jusqu'à ce que la pluie
s'arrête?

Le tonnerre

Avez-vous/as-tu entendu le tonnerre?
Je crois qu'il va y avoir de l'orage.

Il vient d'y avoir un éclair.
Comptez/compte le temps entre
l'éclair et le tonnerre.
Il est très loin.
Il est très proche.
On ferait mieux de repartir.

La faune et la flore

Les arbres

une forêt
un bois
un arbre
un buisson

Les éléments de l'arbre

le tronc
un tronc creux
massif(-ve)
une branche
fort(e)
pourri(e)
une brindille
une feuille

Climbing trees

to climb up
to swing from
to grasp
to get a foothold

Types of trees

deciduous
evergreen
an ash
a beech
a birch
a cedar
a Christmas tree
a fir
a hawthorn
holly
a larch
a lime tree
a mountain ash
an oak
a palm tree
a pine
a plane
a silver birch
a spruce
a sycamore
a weeping willow
a yew

Plants

gorse
ivy
lavender
an orchid

Animals

a badger
a bear
a cow
a herd of cows
a calf

Grimper aux arbres

grimper
se balancer à
s'agripper
prendre pied

Les types d'arbre

à feuilles caduques
à feuilles persistantes
un frêne
un hêtre
un bouleau
un cèdre
un sapin de noël
un sapin
une aubépine
du houx
un mélèze
un tilleul
un sorbier
un chêne
un palmier
un pin
un platane
un bouleau argenté
un épicéa
un sycomore
un saule pleureur
un if

Les plantes

des ajoncs
lierre (*m*)
de la lavande
une orchidée

Les animaux

un blaireau
un ours
une vache
un troupeau de vaches
un veau

a bull	un taureau
a steer	un bœuf
a chamoix	un chamois
a dog	un chien
an elk	un élan
a fox	un renard
a goat	une chèvre
a hare	un lièvre
an ox	un bœuf
a pole cat	un putois
a rabbit	un lapin
a rabbit hole	un terrier
a burrow	un terrier
a rabbit warren	un terrier
a sea lion	une otarie
a sheep	un mouton
a ram	un bélier
a ewe	une brebis
a lamb	un agneau
a flock	un troupeau
a snake	un serpent
a turtle	une tortue
a whale	une baleine
a wild boar	un sanglier
a wolf	un loup

Birds   *Les oiseaux*

a blackbird	un merle
a cuckoo	un coucou
a duck	un canard
a drake	une cane
a duckling	un caneton
an eagle	un aigle
a falcon	un faucon
a flamingo	un flamand rose
a goose	une oie
a gosling	un oison
a gull	un goéland
a hawk	un faucon
a hen	une poule
a cock	un coq

a chicken	un poulet
a hummingbird	un colibri
a kestrel	une crécerelle
a kingfisher	un martin-pêcheur
a kite	un milan
a loon	un huard
an osprey	un balbuzard
a parrot	un perroquet
a peacock	un paon
a peahen	une paonne
tail feathers	les plumes (*f*) de la queue
to display	faire la roue
a robin	un rouge-gorge
a swallow	une hirondelle
a swan	un cygne
a cygnet	un cygnet
a tern	une sterne
a thrush	une grive
a toucan	un toucan
a vulture	un vautour
a woodpecker	un pic

Birds and their actions   *Les oiseaux et leurs activités*

to fly	voler
to sing	chanter
to whistle	siffler
to chirp	pépier/gazouiller
to build a nest	construire un nid
to lay an egg	pondre un œuf
to hatch	couver
to learn to fly	apprendre à voler

Feeding birds   *Nourrir les oiseaux*

Shall we take some bread for the birds?	On prend du pain pour les oiseaux?
Did you bring some bread?	Vous avez/tu as apporté du pain?
Would you like to give them some?	Vous voulez/tu veux leur en donner?
to throw	jeter

Insects   *Les insectes*

an ant	une fourmi
a bee	une abeille
to sting	piquer

to buzz	bourdonner
a beetle	un scarabée
a butterfly	un papillon
a fly	une mouche
a gnat	un moucheron
a mosquito	un moustique
a spider	une araignée
a spiderweb	une toile d'araignée
a wasp	une guêpe

Fruit picking — *La cueillette des fruits*

Would you like to go fruit picking?	Vous voulez/tu veux aller cueillir des fruits?
I want to make jam.	Je veux faire de la confiture.
to pick	cueillir
Pick ones that are ripe/sweet/sour.	Cueillez/cueille ceux qui sont mûrs/sucrés/aigres.
I don't want them too ripe/unripe.	Je ne veux pas qu'ils soient trop mûrs/verts.
to put in a basket	mettre dans un panier
How many do you have?	Combien en avez-vous/as-tu?
I think we need a few more.	Je crois qu'il en faut encore un peu.
That is probably enough now.	C'est assez maintenant je crois.
There are a lot over here.	Il y en a plein ici.
Don't eat too many.	N'en mangez/mange pas trop.

Kinds of fruit — *Les catégories de fruits*

apples	pommes (*f*)
blackberries	mûres (*f*)
black currants	cassis (*m*)
cherries	cerises (*f*)
gooseberries	groseilles (*f*) vertes
raspberries	framboises (*f*)
red currants	groseilles rouges
strawberries	fraises (*f*)

16

Photography
La Photographie

Chapter 16

Taking photographs

May I take a picture of you, please?

Could you take a picture
of me, please?
Can you wait for a second while
I take a photograph?

Can you stand/sit over there, please?

Could you move a little closer
together, please?
Could you try to smile?

Can you try to keep still, please?

Should I bring my camera with me?
Could you look after my camera
for me, please?
Don't you like having your
photo taken?
I like/hate having my photo taken.

I am not photogenic.
I would like to take a photo of you
all to show my family.
May I take a photo of your house?

Prendre des photos

Je peux prendre une photo de vous/
toi, s'il vous/te plaît?
Vous pouvez/tu peux me prendre
en photo?
Vous pouvez/tu peux attendre une
seconde pendant que je prends
une photo?
Vous pouvez vous/tu peux te
mettre là-bas?
Vous pouvez vous rapprocher un
peu, s'il vous plaît?
Vous pouvez/tu peux essayer de
sourire?
Vous pouvez/tu peux essayer de ne
pas bouger?
J'emporte mon appareil avec moi?
Vous pouvez/tu peux surveiller mon
appareil-photo, s'il vous/te plaît?
Vous n'aimez pas/tu n'aimes pas
être pris(e) en photo?
J'aime bien/je déteste être pris(e)
en photo.
Je ne suis pas photogénique.
J'aimerais prendre une photo de vous
tous pour montrer à ma famille.
Je peux prendre une photo de
votre maison?

Looking at photos

Do you have any photos of when
  you were young?

Can I look at your photo album?
That photo of you is very good.
That one doesn't look at all like you.

You have changed a lot.
You haven't changed much.

Do you have photos of your vacation?

Are you in the photo?
It's a very good photo.
in the foreground
in the background
This photograph is of . . .
This photo was taken two years ago.
That's where we used to live.
That one is of me as a baby.

Regarder les photos

Vous avez/tu as des photos de vous/
  toi quand vous étiez/tu étais plus
  jeune(s)?

Je peux regarder votre/ton album?
Cette photo de vous/toi est très bonne.
Celle-ci ne vous/te ressemble pas
  du tout.

Vous avez/tu as beaucoup changé.
Vous n'avez pas/tu n'a pas beaucoup
  changé.

Vous avez/tu as des photos de vos/
  tes vacances?

Vous êtes/tu es sur la photo?
C'est une très bonne photo.
au premier plan
à l'arrière-plan
La photo est de . . .
La photo a été prise il y a deux ans.
C'est là qu'on habitait.
Celle-là, c'est moi quand j'étais petit(e).

Cameras

Types of cameras

Polaroid®
instant
automatic
manual
disposable
compact camera

Using a camera

a button
to press
a lever
to pull
a switch
to switch
the lens cap
to remove

Les appareils photos

Les types d'appareils photo

Polaroid®
instantané
automatique
manuel
jetable
un compact

L'utilisation d'un appareil photo

un bouton
appuyer
une manette
tirer
un bouton
actionner
le bouchon d'objectif
enlever

to replace	remplacer
the lens	l'objectif (*m*)
normal	normal
wide angle	grand angle
zoom	zoom
to clean	nettoyer
the viewfinder	le viseur
to focus	mettre au point/focus
in focus	au point
out of focus	pas au point
auto focus	auto-focus
clear	net(te)
blurred	flou
the aperture	l'ouverture (*f*)
the aperture setting	le réglage de l'ouverture
the shutter	l'obturateur (*m*)
the shutter speed	la vitesse d'obturation
the flash	le flash
Did you use a flash?	Avez-vous/as-tu utilisé le flash?
I need a new flash bulb.	Il me faut une nouvelle ampoule de flash.

Camera accessories

Les accessoires

a camera case	un étui d'appareil photo
a camera bag	un sac
a strap	une sangle/une bandoulière
a camera stand	un pied pour appareil photo
a tripod	un trépied
a photo album	un album photo

Buying film

Acheter des pellicules

Do you sell film here?	Vous vendez des pellicules ici?
Could I have a roll of color/ black-and-white film, please?	Je peux avoir une pellicule couleur/ noir et blanc, s'il vous plaît?
What sort would you like?	Quelle sorte de pellicule voulez-vous?
Two hundred/three hundred/ four hundred?	Deux cents/trois cents/quatre cents?
How many would you like?	Combien de poses voulez-vous?
Twelve/twenty-four/thirty-six, please.	Douze/vingt-quatre/trente-six, s'il vous plaît.

thirty-five-millimeter format	format trente-cinq millimètres
to load	charger
How do you load the film?	Comment charge-t-on la pellicule?
Could you help me load the film, please?	Vous pouvez/tu peux m'aider à charger la pellicule, s'il vous/te plaît?
to rewind	rembobiner
automatic rewind	rembobinage automatique
to remove the film	enlever la pellicule

Developing

Développement

Could you develop these for me, please?	Vous pouvez les développer, s'il vous plaît?
I would like them in one hour if possible.	J'aimerais les avoir dans une heure, si possible.
I would like them in four hours/tomorrow.	J'aimerais les avoir dans quatre heures/demain.
Can you develop black-and-white film here?	Pouvez-vous développer une pellicule noir et blanc ici?
Do you want just one set of prints?	Vous les voulez en un exemplaire seulement?
I would like an extra set of prints.	J'aimerais un deuxième exemplaire.
These are underexposed/overexposed.	Celles-ci sont sous-exposées/surexposées.

Video cameras

Les cameras vidéo

The equipment

Le matériel

The video camera

La camera vidéo

a camcorder case	un étui à caméra
to get the video camera out	sortir la caméra
a grip strap	la sangle
to hold	tenir

Tapes

Les cassettes

a tape/cassette	une cassette
a blank tape	une cassette vierge
a used tape	une cassette utilisée
to insert	insérer
to eject	sortir
to label	coller une étiquette
to record on	enregistrer sur

Batteries	***Les piles***
a battery pack	une batterie
a battery charger	un chargeur
to charge up the battery	charger la batterie
Plug it into the outlet.	Brancher sur un générateur
The battery is fully charged.	La batterie est rechargée.
It is getting weak.	Elle commence à faiblir.
The battery has run down.	La batterie est vide.
Do you have an adaptor for this?	Avez-vous/as-tu un adaptateur pour ceci?
to attach the battery to the camcorder	relier les piles à la caméra
to slide	glisser
to push	pousser
to click into place	mettre en place (avec un déclic)
The lens	***L'obturateur***
a lens hood	le capuchon de l'obturateur
to remove	enlever
to replace	remplacer
to clean the lens	nettoyer l'obturateur
Turning the camcorder on and recording	***Mettre la camera en marche et enregistrer***
the power switch	le bouton "power"
to switch on/off	allumer/éteindre
a flashing light	un clignotant
a warning light	l'avertisseur (*m*) lumineux
ready to record	prêt à enregistrer
standby	"standby"
record mode	le mode d'enregistrement
Are you ready?	Etes-vous/es-tu prêt(e)(s)?
I am about to record now.	Je vais bientôt enregistrer.
the viewfinder	le viseur
to focus	mettre au point
to adjust	régler
to zoom	zoomer
Getting the sound right	***Obtenir le bon son***
the microphone	le micro
Can you speak up a little, please?	Pouvez-vous/peux-tu parler plus fort, s'il vous/te plaît?
That wasn't loud enough.	Ce n'était pas assez fort.
That was too loud.	C'était trop fort.

Playing back

to switch between camera and player	passer de l'enregistrement à la lecture
to playback	repasser
the playback switch	le bouton de marche arrière
to rewind	rembobiner
to fast-forward	avancer rapidement
to stop	arrêter
to pause	pauser/appuyer sur "pause"

Marche arrière

Editing

to edit	monter
to cut	couper
to record over	enregistrer par-dessus
the counter-reset button	le bouton du compteur de remise à zéro
to zero the counter	remettre le compteur à zéro
to insert a marker	insérer un marqueur

Le montage

17

Sports
Le Sport

Chapter 17

Athletics

The uniform

a track suit
a sweatshirt
shorts
a shirt
a skirt
a leotard
trainers
spikes
a towel
a sports bag

The athletes

a jogger
to jog
I go jogging.
to keep fit
a sprinter
to sprint
to run
to race against
a middle-distance runner
a marathon runner

Jumpers

to jump
a hurdler
to hurdle
a hurdle
a high jumper
a long jumper
a pole vaulter
to vault

Throwers

a discus thrower
to throw
a javelin thrower
a shot putter

Other sportsmen and women

a gymnast

L'athlétisme

Les affaires

un jogging
un sweatshirt
un short
un maillot
une jupe
un collant
des tennis
des chaussures (*f*) à pointes
une serviette
un sac de sport

Les athlètes

un joggeur
faire du jogging
Je fais du jogging.
être en bonne forme physique
un sprinteur
sprinter
courir
faire la course avec
un(e) coureur(-euse) de demi-fond
un marathon

Les sauteurs(-euses)

sauter
un(e) coureur(-euse) de haies
faire de la course de haies
une haie
un(e) sauteur(-euse) en hauteur
un(e) sauteur(-euse) en longueur
un(e) sauteur(-euse) à la perche
sauter à la perche

Les lanceurs(-euses)

un(e) lanceur(-euse) de disque (*m*)
lancer
un(e) lanceur(-euse) de javelot (*m*)
un(e) lanceur(-euse) de poids (*m*)

Autres sportifs et sportives

un(e) gymnaste

a decathlete	un(e) décathlonien(ne)
a heptathlete	un(e) heptathlonien(ne)
an amateur	un(e) amateur(-trice)
a professional	un(e) professionnel(le)
a coach	un(e) entraîneur(-euse)

Record holders   *Les détenteurs de record*

to break the record	battre le record
a record breaker	un nouveau recordman/une nouvelle recordwoman
Well inside the record time.	Largement dans les temps du record.
Just inside the record time.	Juste dans les temps du record.
a world-record holder	un détenteur/une détentrice du record mondial
a champion	un(e) champion(ne)
to run one's personal best	réaliser son meilleur temps

Events   *Les épreuves*

a meet	une course/une épreuves
warm-up exercises	exercices (*m*) d'échauffement (*m*)
to warm up	s'échauffer
track events	épreuves (*f*) sur piste
field events	épreuves (*f*) sur concours
runs	courses (*f*)
walks	courses à pied
jumps	sauts (*m*)
throws	lancers (*m*)
short races	les courtes distances (*f*)
sprints	sprints (*m*)
one hundred meters	le cent mètres
middle distance races	les courses de demi-fond
one-thousand-five-hundred meters	le mille-cinq-cents mètres
long-distance races	les courses de fond
the marathon	le Marathon
the half marathon	le semi-marathon
a steady pace	un rythme régulier
a final spurt	le sprint final

Relay races   *Les courses de relais*

the baton	le témoin/le relais
a leg	une distance/un relais
the first/last leg	la première distance/la dernière distance

a hand over	une passe de relais
Hurdling	*Course de haies*
hurdles	les haies (*f*)
to hurdle	faire une course de haies
to clear	dégager
The long jump	*Le saut en longueur*
distance	distance (*f*)
the take off	l'envol (*m*)
the landing	la réception
The high jump	*Le saut en hauteur*
the cross bar	la barre transversale
the height	la hauteur
to raise	relever
to attempt	tenter
to clear	dégager
three attempts	trois essais (*m*)
the first/second/third attempt	le premier/deuxième/troisième essai
the final attempt	le dernier essai
to be disqualified	être disqualifié(e)
The triple jump	*Le triple saut*
a jump	un saut
Pole vaulting	*Le saut à la perche*
the pole	la perche
the cross bar	la barre transversale
a height increase	une montée de la barre
to dislodge the bar	faire tomber la barre
three misses	trois essais manqués
to disqualify	disqualifier
Shot put	*Le lancer de poids*
the longest throw	le plus long lancer
the discus throw	le lancer de disque
the javelin throw	le lancer de javelot

Auto racing

Les courses automobiles

The course

La course

the starting line	la ligne de départ
the finish line	la ligne d'arrivée

the checkered flag	le drapeau à damier
the track	l'autodrome (*m*)
a lane	un couloir
the inside lane	le couloir de droite
the outside lane	le couloir de gauche
a lap	un tour de piste
to do a lap	faire un tour de piste
to lap someone	prendre un tour d'avance sur quelqu'un
to do a lap of honor	faire un tour d'honneur
a five-lap course	une course à cinq tours
a circuit	un circuit
a bend	un virage
a double bend	un double virage
a hairpin bend	un virage en épingle à cheveux
He took the bend too fast.	Il a pris le virage trop vite.
a chicane	une chicane
the pits	les stands (*m*)
a crash barrier	une barrière de sécurité

The people

Les personnes en présence

a race car driver	un coureur automobile
a champion	un champion
an ex-champion	un ex-champion
a winner	un vainqueur
a runner-up	un(e) second(e)
a loser	un perdant
a spectator	un spectateur
a mechanic	un mécanicien
a codriver	un copilote

The race car

Les voitures de courses

the steering wheel	le volant
the accelerator	l'accélérateur (*m*)
the brakes	les freins (*m*)
the tires	les pneus (*m*)
new tires	pneus neufs
a puncture	une crevaison
to change the tires	changer les pneus
the bumper	le pare-chocs
the chassis	le châssis
the body	la carrosserie

the make of car	l'écurie (*f*)
the engine size	la taille du moteur
the horsepower	la puissance (en chevaux)
the speed	la vitesse

The verbs

Les verbes

to accelerate	accélérer
to be out of control	perdre le contrôle
to brake	freiner
to collide	entrer en collision
to correct a skid	rétablir un dérapage
to crash	s'écraser
to drive	conduire
to finish	arriver
to lap	faire un tour de piste
to lose	perdre
to overtake	doubler
to race	courir
to show the checkered flag	agiter le drapeau à damier
to skid/leave skid marks	déraper/laisser des traces de dérapage
to slow down	ralentir
to start	démarrer
to steer	diriger
to take on the inside	passer à droite
to win	gagner

Baseball

Le base-ball

Equipment

L'équipement

a base	une base
a baseball	une balle de base-ball
a baseball bat	une batte
the baseline	la ligne des bases
a catcher's glove	le gant du receveur
a glove/mitt	un gant
a helmet	un casque
the home plate	la base du batteur
pads	les protections
a softball	une balle de softball
the strike zone	la zone de prises

Players and the field	Les joueurs et la surface de jeu
the batter	le batteur
the batting box	la cage des batteurs
the bullpen	la zone d'entraînement des lanceurs
the catcher	le receveur
the designated hitter	le frappeur suppléant
a runner	un coureur
the pitcher	le lanceur
a right-/left-hander	un droiter/un gaucher
the first/second/third base	la première/deuxième/troisième base
the right/center/left field	le côté droit/centre/gauche du terrain
the infield	le champ intérieur
the outfield	le champ extérieur
the pitcher's mound	la dalle du lanceur
the short stop	le centre
the umpire	l'arbitre (*m*)

The play	Le match
an average	une moyenne
at bat	au bâton
the batting order	les batteurs suivants
to bunt	frapper court
to catch	attraper
a double play	un double jeu
ERA	MPM (une moyenne de points mérités)
a fastball	une balle rapide
a flyball	une balle flottante
a grand slam	un grand chelem
a ground ball	une balle rasante
a hit/a double/a triple	un coup sûr/un double/un triple
a home run	un coup de circuit
innings	une manche
outside/inside/high/low	extérieur/intérieur/haut/bas
to pitch	lancer
a run	un point
an earned run	un point mérité
RBI	Pp (points produits)
to run down	renverser
to run out	rater la base
a sacrifice	un sacrifice
to score	marquer

to steal a base	voler une base
to strike out	éliminer
to swing	frapper avec un swing
to tag	toucher

Useful phrases

Phrases usuelles

I usually play at first base.	D'habitude, je joue en première base.
I'll be the umpire.	Je serai arbitre.
One ball, two strikes.	Une balle, deux strikes.
Throw it here.	Jette-la ici.
You're out/safe.	Tu es éliminé/sauf.

Basketball

Le basketball

The players

Les joueurs

the center	le centre
the defense	la défense
a forward	un avant
a guard	un défenseur

The court

Le terrain

the backboard	le panneau d'affichage
the baseline	la ligne de base
the basket	le panier
the free throw line	la ligne de lancer franc
the key	la clé
the shot clock	le minutage des tirs
the sideline	la ligne de côté
the zone	la zone

The play

Le jeu

to come off the bench	aller jouer
to dribble	dribbler
to dunk	smasher le ballon dans le panier
a field goal	une zone de tir
to foul out	faire une faute
halftime	la mi-temps
to lay up	changer
a layup	un changement
a team penalty	une faute d'équipe
a three pointer	un tir à 3 points
a personal foul	une faute personnelle

the first/second/third/fourth quarter	le premier/second/troisième/ quatrième quart
to take a shot	tirer
to rebound/a rebound	sauter au rebond/un rebond
to play overtime	jouer les prolongations

Useful expressions

Expressions utiles

That's a foul!	C'est une faute!
Pass (it here)!	Passe!
You have two free throws.	Vous avez deux tirs de pénalité.
You're traveling!	Tu fais un marcher!

Golf

Le golf

The golf course

Le terrain de golf

a hole	un trou
first	premier
second	deuxième
third	troisième
fourth	quatrième
fifth	cinquième
sixth	sixième
seventh	septième
eighth	huitième
ninth	neuvième
tenth	dixième
eleventh	onzième
twelfth	douzième
thirteenth	treizième
fourteenth	quatorzième
fifteenth	quinzième
sixteenth	seizième
seventeenth	dix-septième
eighteenth	dix-huitième
a tee	un tee
the fairway	le Fairway
the rough	le rough
the green	le green
the putting green	le green
a flag	un drapeau
the hole	le trou

Hazards

long grass	herbe (*f*) haute
bushes	buissons (*m*)
trees	arbres (*m*)
a bunker	un bunker
sand	sable (*m*)
a ditch	fossé (*m*)
a pond	bassin (*m*)
a lake	lac (*m*)

Other parts of the golf club

Les autres parties du golf

the clubhouse	le pavillon
the bar	le bar
the practice ground	le terrain de practice
the green	le green
miniature golf	minigolf (*m*)

The equipment

Le matériel

a golf bag	un sac de golf
a caddy	un caddie
to caddy	être le caddie
a set of golf clubs	un club de golf
the woods	les bois (*m*)
a driver	un driver
one/two	un/deux
three/four/five	trois/quatre/cinq
the irons	les fers (*m*)
the long irons	les longs fers
six/seven	six/sept
eight/nine	huit/neuf
the putter	le Putter
the sand wedge	le sand wedge
the pitching wedge	le pitching wedge
a golf ball	une balle de golf
a tee	un tee

The strokes

Les coups

You must shout "Fore!"	Il faut crier "Attention!"
to tee up	placer la balle sur le tee
to strike	frapper
to drive	driver
a beautiful drive	un beau drive

to hook	faire un coup hooké
to slice	slicer
to make an approach shot	faire une approche
to putt	putter
a putt	un putt
to tap	taper
to hole	faire un trou
a shot	un coup
a long shot	un long coup
a chip shot	un coup coché
a low/high shot	un coup bas/haut
to swing	faire un swing
a short/long swing	un swing court/long

The scoring

Les points

par	par
under par	sous le par
over par	au dessus du par
a birdie	un birdie
an eagle	un eagle
a double eagle	un albatros
a hole in one	un trou en un
a bogey	un bogey
a double bogey	un double bogey
a handicap	un handicap
What is your handicap?	Quel est votre/ton handicap?

Gymnastics

Gymnastique

Qualities needed

Les qualités requises

agility	agilité (*f*)
balance	équilibre (*m*)
flexibility	souplesse (*f*)
grace	grâce (*f*)
rhythm	rythme (*m*)
strength	force (*f*)

The moves

Les mouvements

a balance	un équilibre
a cartwheel	une roue
a drop	une sortie
a back drop	une sortie arrière

a front drop	une sortie de face
a tuck	un saut périlleux
the floor exercises	les exercices (*m*) au sol
the grip changes	les changements (*m*) de prise
a handstand	un appui renversé
a jump	un saut
a landing	une réception
a leap	un bond
a skip	un petit saut
a turn	un tour
a half turn	un demi-tour
a full turn	un tour entier
a vault	un saut

The apparatus
L'équipement (m)

a horizontal bar	la barre horizontale
a horse vault	un cheval d'arçons
the parallel bars	les barres parallèles
the rings	les anneaux
the side horse	le cheval
a springboard	un tremplin
a trampoline	un trampoline
the uneven bars	les barres (*f*) asymétriques

The stadium
Le stade

the arena	l'arène (*f*)
the track	la piste
the lanes	les couloirs (*m*)
the inside/the outside lane	le couloir de droite/de gauche
the middle lane	le couloir du milieu
the starting line	la ligne de départ
the starting block	les starting-blocks (*m*)
the starting pistol	le pistolet du starter
a false start	un faux-départ
On your marks, get set, go!	A vos marques, prêts, partez!

The Olympics
Les jeux Olympiques

an Olympic medal	la médaille Olympique
the Olympic games	les jeux Olympiques
the torch	la torche
to light	allumer
to carry	porter

to burn	brûler
an Olympic champion	un champion olympique
the next Olympics	les prochains Jeux Olympiques
the last Olympics	les derniers Jeux Olympiques

Medals

Les médailles

a gold medal	une médaille d'or
a silver/bronze medal	une médaille d'argent/de bronze
to be awarded	recevoir
to win/to be presented	gagner/être présenté

Hockey

Le hockey

Equipment

L'équipement

a blade	une lame
elbow pads	les protège-coudes (*m*)
a face mask	un masque protecteur
gloves	des gants (*m*)
a helmet	un casque
hip pads	les protège-hanches (*m*)
leg guards	les protège-jambes (*m*)
a pad	une jambière/une protection
padded hockey pants	les pantalons (*m*) rembourrés
a puck	un palet
the rink	la patinoire
shin pads	les protège-tibias (*m*)
shoulder pads	le rembourrage d'épaules
a skate	un patin
a stick	une crosse

The rink

La patinoire

the boards	les bords (*m*) de la patinoire
the defending/neutral/attacking zone	la zone de défense/neutre/d'attaque
the end zone	la zone de bout
face-off spots	les lieux (*m*) de remise en jeu
the goal crease	la ligne d'envoi du but
the goal line	la ligne de but
the goalpost	le poteau de but
the goalkeeper's priveleged area	la zone du gardien de but
the net	le filet
the penalty bench	le banc de touche
the players' bench	le banc des joueurs

The play

a brawl
the face-off
the goalkeeper
high sticks
holding
hooking
icing
overtime
a power play
a slapshot
slashing
to charge
to check
to fall on the puck

Le match

une bagarre
la remise en jeu
le gardien de but
les crosses (*f*) en l'air
le tenu
talonner
le glissé
les prolongations (*f*)
une attaque en force
un tir fouetté
taillader
charger
retenir
tomber sur le palet

Ice-skating

Would you like to go ice-skating?

Can you skate?
How long have you skated?

Would you like to try it?

The ice rink

the ticket office
Could we have four tickets, please?

Do you have your own skates?

Do you want to rent skates?
Could I have two tickets for the
   ice rink, and we would like to
   rent skates, please.

Skate rental

What size shoe do you wear?
I am a size six.
You take your shoes off and hand
   them in at the skate rental shop.

Le patin à glace

Vous aimeriez/tu aimerais faire du
   patin à glace?
Vous savez/tu sais patiner?
Cela fait combien de temps que vous
   patinez/tu patines?
Vous voulez/tu veux essayer?

La patinoire

le guichet
On peut avoir quatre billets, s'il
   vous plaît?
Vous avez vos/tu as tes propres
   patins?
Vous voulez/tu veux louer des patins?
Je peux avoir deux billets pour la
   patinoire, et on voudrait louer des
   patins, s'il vous plaît.

La location de patins

Quelle est votre/ta pointure?
Je fais du trente-sept.
On enlève ses chaussures et on les
   donne au magasin de location.

Try your skates on.	Essayez vos/essaies tes patins.
How do you fasten them?	Comment on les attache?
You fasten them like this.	On les attache comme ceci.
Are they comfortable?	Ils sont confortables?
These skates hurt.	Ces patins font mal.
Can I change my skates, please?	Je peux changer mes patins, s'il vous plaît?

On the ice
Sur la glace

Hold on to the handrail at first.	Tenez-vous/tiens toi à la rampe d'abord.
Should we skate around the edge until you're used to it?	On patine autour du bord jusqu'à ce que vous vous habituez/ tu t'habitues?
to fall down	tomber
to get knocked down	se faire bousculer
Someone pushed me down.	Quelqu'un m'a poussé.
Can you help me to get up, please?	Vous pouvez/tu peux m'aider à me lever, s'il vous/te plaît?
Are you OK?	Ça va?
You're doing really well.	Vous vous débrouillez/tu te débrouilles très bien.
I think I'll just watch for a while.	Je pense que je vais juste regarder un moment.

Types of skating
Les types de patinage

speed skating	patinage (m) de vitesse
figure skating	patinage artistique
ice dancing	danse (f) sur glace (f)
solo skating	patinage individuel
pair skating	patinage en couple
a leap	un bond
a spiral	une spirale
a jump	un saut
a spin	une toupie

Horseback riding
L'équitation

Can you ride?	Savez-vous monter?
How long have you ridden?	Il y a combien de temps que vous montez?
I've ridden for five years.	Je monte depuis cinq ans.

Would you like to take a riding lesson with me?	Vous aimeriez/tu aimerais prendre une leçon d'équitation avec moi?
Shall we go for a ride?	On monte?
You ride well.	Vous montez/tu montes bien.
Who are you riding?	Vous montez/tu montes qui?
What is your horse's name?	Comment s'appelle votre/ton cheval?

Clothes and equipment

La tenue et l'équipement

a riding hat	une bombe
a riding jacket	une veste d'équitation
jodhpurs	un pantalon d'équitation
riding boots	des bottes (*f*) d'équitation
a whip	une cravache
gloves	des gants (*m*)
the saddle	la selle
the flaps	les claquements (*m*)
the girth	la sangle
the seat	le siège
the pommel	le pommeau
the stirrups	les éperons (*m*)
the bridle	la bride
the bit	le mors
the reins	les rênes (*f*)

The stable

Les étables

the stable yard	une étable
the tack room	la sellerie
a gate	une barrière
a mounting block	un mounting block
the school	l'école (*f*)
a barn	une grange
a horse trailer	un box

Riding terms

Les termes d'équitation

to hold the reins	tenir les rênes
to give someone a leg up	faire la courte-échelle à quelqu'un
to mount	monter
to dismount	démonter
to ride	monter
to walk	au pas
to trot	au trot/trotter
to canter	au petit galop

to gallop	galoper
to jump	sauter
to kick (horse)	botter (cheval)
to kick (rider)	talonner (cavalier)
to rein in	faire reculer
to fall off	tomber
to rear	se cabrer
to buck	lancer une ruade
to shy	refuser
to neigh	hennir
to walk a horse	conduire un cheval à pied

Terrain / *Le terrain*

to go for a ride	se promener à cheval
a road	une route
a lane	une voie
a bridle path	une piste cavalière
a footpath	un sentier
a ditch	un fossé
a field	un champ
a gate	une barrière
to open	ouvrir
to shut	fermer
to jump	sauter
private land	terres privées

Types of horse / *Les types de chevaux*

a thoroughbred	un pur sang
a mare	une jument
a stallion	un étalon
a foal/a colt	un poulain
a pony	un poney
a Shetland pony	un poney Shetland
a cart horse	un cheval de trait
a draft horse	un shire
a racehorse	un cheval de course

Describing horses / *Description des chevaux*

How old is your horse?	Quel âge a votre/ton cheval?
He/she is three years old.	Il/elle a trois ans.
How tall is he/she?	Quelle est sa taille?
She is . . . hands.	Elle fait . . . paumes.

What color is your horse?	De quelle couleur est votre/ton cheval?
gray	gris(e)
bay	bai(e)
chestnut	châtaigne/alezan(e)
a palomino	doré à crins blancs
dappled	miroité(e)
piebald/skewbald	pie
broken	dompté(e)
unbroken	indompté(e)
the coat	la robe
the mane	la crinière
the tail	la queue
the hindquarters	la croupe
the temperament	le tempérament
frisky	vif (vive)
gentle	gentil(le)
lazy	paresseux(-euse)
fast	rapide
nervous	nerveux(-euse)
temperamental	capricieux(-euse)

Useful expressions

Expressions utiles

You can borrow a hat at the riding school.	Vous pouvez/tu peux emprunter une bombe au club d'équitation.
Does that hat fit you properly?	Est-ce que cette bombe vous/te va?
Put your feet in the stirrups.	Mettez vos/mets tes pieds dans les étriers.
Use your whip.	Utilisez votre/utilise ta cravache.
Kick harder.	Talonnez/talonne plus fort.
Can you trot/canter/gallop?	Vous savez/tu sais trotter/galoper?
Would you like to try a jump?	Vous voulez/tu veux essayer de sauter?
What height can you jump?	Quelle hauteur pouvez-vous/peux-tu sauter?

Rugby

Rugby

The players

Les joueurs

the forwards	les avants (*m*)
the back row	la troisième ligne
the front row	la première ligne
the second row	la deuxième ligne

a hooker	un talonneur
a flanker	un ailier
the halfbacks	les demis (*m*)
the scrum half	le demi de mêlée
the fly half	demi d'ouverture
the three-quarterbacks	les trois-quart arrières
the fullback	l'arrière
the wing three-quarter	l'aile trois-quarts

The field / *Le terrain*

the goal	le but
the goalposts	les poteaux (*m*)
the uprights	les montants (*m*)
the cross bar	la barre transversale
halfway line	la ligne médiane
goal line	la ligne d'essai
dead ball line	ligne du ballon mort
the twenty-two line	ligne des vingt-deux mètres

The play / *Le jeu*

to bounce	rebondir
converted	transformé
a drop kick	un drop
to drop kick	dropper
a free kick	un coup franc
to hook	talonner
a line out	une touche
mark	arrêt (*m*) de volée
a penalty	un penalty
a penalty try	un essai de pénalité
a scrummage/scrum	une mêlée
to score a touchdown	marquer un essai

Skiing / *Le ski*
Clothes / *La tenue*

a ski suit	une combinaison de ski
thermal underwear	des dessous (*m*) thermolactyl
sunglasses	des lunettes (*f*) de soleil
a ski jacket	un anorak
a hood	une cagoule
gloves	des gants (*m*)

mittens	des mitaines (*f*)

Equipment

L'équipement

ski boots	des chaussures (*f*) de ski
skis	des skis (*m*)
ski bindings	les fixations (*f*)
fasteners	les attaches (*f*)
clasps	les boucles (*f*)
to tighten	resserrer
to loosen	desserrer
ski poles	des bâtons de ski (*m*)
straps	les lanières (*f*)
handgrips	les poignées (*f*)
a ski pass	un forfait
a photo	une photo
sunscreen	une crème solaire

Useful expressions

Expressions utiles

Don't forget your . . .	N'oubliez pas vos/n'oublie pas ton/ta/tes . . .
Do you have your . . . ?	Avez-vous vos/as-tu ton/ta/tes . . . ?
May I borrow . . . ?	Puis-je emprunter . . . ?
I can't find my . . .	Je ne trouve pas mon/ma/mes . . .
I've forgotten where I left my . . .	J'ai oublié où j'ai laissé . . .

Ski rental

La location de skis

I would like to rent boots/skis/poles, please.	J'aimerais louer des chaussures/des skis/des bâtons, s'il vous plaît.
What size boots do you wear?	Quelle est votre pointure?
Try these.	Essayez celles-ci.
Are those comfortable?	Celles-là sont confortables?
Where do they feel tight/loose?	Où serrent-elles/sont-elles trop larges?
How do you adjust them?	Comment on les règle?
You can adjust the fasteners like this.	On peut régler les attaches comme ceci . . .
What length skis do you normally wear?	Vous prenez/tu prends quelle longueur de ski en général?
How tall are you?	Quelle est votre/ta taille?
What do you weigh? I weigh . . .	Combien pesez-vous/pèses-tu? Je pèse . . .
How experienced are you?	Vous avez de l'expérience?

I'm a beginner.	Je suis débutante.
I'm intermediate.	J'ai un niveau moyen.
I'm experienced.	J'ai un niveau avancé.
Try these poles.	Essayez ces bâtons.
Choose poles with yellow handles.	Choisissez des bâtons à poignées jaunes.
These poles are too short/too long.	Ces bâtons sont trop courts/longs.
Bring the boots back if they are uncomfortable.	Rapportez les chaussures si elles ne sont pas confortables.
Can I change my boots, please?	Je peux changer mes chaussures, s'il vous plaît?
They are too narrow.	Elles sont trop étroites.
They squash my toes.	Elles m'écrasent les pieds.
They hurt here.	Elles me font mal ici.
Can you sharpen my skis, please?	Vous pouvez aiguiser mes skis, s'il vous plaît?
Can you wax my skis, please?	Vous pouvez tarter mes skis, s'il vous plaît?
Can I rent . . . ?	Je peux louer . . . ?
a toboggan	une luge
skating boots	des patins (m)
a crash helmet	un casque
a snowboard	une planche de ski

Weather conditions / *Les conditions météorologiques*

Have you heard the weather forecast?	Avez-vous/as-tu entendu le bulletin météorologique?
It's raining.	Il pleut.
It's cloudy.	Il y a des nuages.

Snow / *La neige*

It's snowing.	Il neige.
There's no snow.	Il n'y a pas de neige.
It's snowing heavily.	Il neige beaucoup.
The snow is a meter deep.	Il y a un mètre de neige.
fresh snow	la neige fraîche
powder	la poudreuse
The snow is powdery.	La neige est poudreuse.
It's very icy.	C'est très verglacé.
The snow is slushy.	La neige est fondue.
a blizzard	le blizzard
danger of avalanche	danger d'avalanche

Temperature

It's below zero.
It's six degrees below zero.
It's freezing.
It's thawing.
The snow is melting.

Visibility

The visibility is poor.
It's foggy.
It's misty.
It's difficult to see far.
freezing fog

The ski runs

a map of the ski area
the level of difficulty
beginners' slopes
easiest runs
easy runs
average runs
most difficult runs
off-trail
dangerous
narrow
wide
gentle

Ski lifts

What time do the lifts open/close?

Where do I buy a ski pass?
You will need a photograph.
Where is there a photo booth?
What coins does it take?
It takes . . .
a tow bar
a button lift
a drag lift
a chair lift
a cable car
a gondola

La température

Il fait en dessous de zéro.
Il fait six degrés en dessous de zéro.
Il gèle.
Il dégèle.
La neige fond.

La visibilité

La visibilité est faible.
Il y a du brouillard.
C'est brumeux.
C'est difficile de voir au loin.
brouillard (*m*) givrant

Les pistes de ski

une carte du domaine skiable
le niveau de difficulté
les pistes (*f*) pour débutants
les pistes les plus faciles
les pistes faciles
les pistes moyennes
les pistes les plus dures
hors-piste
dangereux(-euse)
étroit(e)
large
doux (douce)

Les remonte-pentes

A quelle heure ouvrent/ferment les
　　remonte-pentes?
Où dois-je acheter mon forfait?
Il vous/te faut une photo.
Où y a-t-il un photomaton?
Quelles pièces accepte-t-il?
Il accepte . . .
un tire-fesse/un téléski
un téléski à perche
un téléski
un télésiège
un funiculaire
une gondole

a safety bar	une barre de sécurité
a foot rest	un repose-pied
a ski rack	un porte-ski

Standing in line

Faire la queue

to form a line	faire une queue
to line up	faire la queue
crowded	plein(e)
a short/long line	une courte/longue queue
a line jumper	un(e) resquilleur(-euse)
Wait your turn.	Attendez votre/attends ton tour.
He pushed in front of me.	Il a poussé devant moi.

Ski school

L'école de ski

Where is the ski school meeting place?

Où est le point de rendez-vous de l'école de ski?

a ski instructor	un moniteur de ski
a ski class	une classe de ski

Which class are you in?

Dans quelle classe/à quel niveau êtes-vous/es-tu?

Which class should I join?

Dans quel groupe dois-je aller?

How much skiing have you done?

Avez-vous/as-tu fait beaucoup de ski?

I have been skiing three times.

J'ai fait trois fois du ski.

I have been skiing only on a dry ski slope.

J'ai seulement skié sur une piste artificielle.

I am a beginner/intermediate/ experienced.

Je suis débutant(e)/moyen(ne)/ expérimenté(e).

I began skiing only last year.

J'ai seulement commencé à skier l'année dernière.

You have to take a ski test.

Il faut que vous passez/tu passes un examen.

Show me how you ski.

Montrez-moi/montre-moi comment vous skiez/tu skies.

Go and join that group over there.

Allez/va rejoindre ce groupe là-bas.

Join that class.

Allez/va dans ce groupe.

Learning to ski

Apprendre à skier

Put on your skis.	Chaussez vos/chausse tes skis.
The bindings need to be open.	Les fixations doivent être ouvertes.
Sidestep up the hill.	Montez/monte la pente en escalier.
Have you ever used a drag lift?	Avez-vous/as-tu déjà utilisé un téléski?
to ski	skier

to fall down	tomber
to get up	se relever
to turn around	tourner
to traverse	traverser
to snow plow	faire un chasse-neige
a snowplow turn	un virage en chasse-neige
a stem turn	un stem
a parallel turn	un virage parallèle
slalom racing	course (*f*) de slalom (*m*)
the course	le parcours
the poles	les piquets (*m*)
the flags	les drapeaux (*m*)
the gates	les portes (*f*)

Falling down   *Les chutes (f)*

Can you do an emergency stop?	Vous savez vous/tu sais t'arrêter?
to fall down	tomber
Are you hurt?	Vous vous êtes/tu t'es fait mal?
I'm fine.	Je vais bien.
I hurt here.	Ca me fait mal ici.
I can't get up.	Je ne peux pas me lever.
How do you get up from a fall?	Comment se relève-t-on d'une chute?
Sort out your skis.	Déchaussez vos/déchausse tes skis.
Edge your skis.	Mettez vos/mets tes skis en amont.
Plant your poles and push.	Plantez vos/plante tes bâtons et poussez/pousse.
Stand up.	Debout!
Take your skis off.	Enlevez vos/enlève tes skis.
Put the lower ski on first.	Mettez/mets le ski en aval d'abord.
Push the inside edge into the snow.	Poussez/pousse l'arrête interne dans la neige.

Other winter sports   *Autres sports d'hiver*

freestyle skiing	le ski artistique
aerials	les sauts (*m*)
acros	le ski acrobatigue
snowboarding	le surf des neiges
bobsledding	le bobsleigh
curling	le curling
Can you ski over/around moguls?	Vous pouvez/tu peux skier sur des bosses?
a mogul field	une piste à bosses

hotdogging/acros	ski (*m*) acrobatique
to mono-ski	faire du monoski
to snowboard	faire du surf des neiges

Après-ski   *L'après-ski*

a bar	un bar
a restaurant	un restaurant
a disco/a nightclub *(See pages 133–139.)*	une boîte de nuit
expensive	cher (chère)
cheap	pas cher (chère)
a skating rink *(See pages 196–197.)*	une patinoire
to ice-skate	faire du patin à glace
to toboggan	faire de la luge
to go for a sleigh ride	faire un tour de traîneau
a sleigh	un traîneau

Accidents   *Les accidents*

There has been an accident.	Il y a eu un accident.
Someone is hurt.	Quelqu'un est blessé.
Where do you hurt?	Où avez-vous/as-tu mal?
(See pages 310–315.)	
Don't move him/her.	Ne le/la bougez/bouge pas.
Can you stand up?	Pouvez-vous vous/peux-tu te lever?
Get the rescue service.	Allez/va chercher les secours.
Help/get help.	Aide/allez/va chercher de l'aide.
Warn other people.	Avertissez/avertis les autres personnes.

Rescue services   *Les services de sauvetage*

a helicopter	un hélicoptère
to airlift	emmener par pont (*m*) aérien
a doctor	un médecin
a stretcher	un brancard/une civière
an ambulance	une ambulance
a broken arm/leg	un bras/une jambe cassé(e)
What is your name?	Comment vous appelez-vous?
Where are you staying?	Quel est votre/ton lieu de séjour?
Are you insured?	Etes-vous/es-tu assuré(e)(s)?

How are you feeling?   •   *Comment vous-sentez-vous?*

I am cold/hot.	J'ai froid/chaud.
I am tired/feel fine.	Je suis fatigué(e)/je vais bien.
I am thirsty/hungry.	J'ai soif/faim.
I want to stop now.	Je veux arrêter maintenant.

I want to carry on.	Je veux continuer.
I can't do this.	Je ne peux pas faire cela.
This is good fun.	C'est vraiment drôle.
I am scared.	J'ai peur.
Can we do it again?	On le refait?
My legs hurt.	J'ai mal aux jambes.
My boots are rubbing.	Mes chaussures m'irritent.
Can we stop for lunch soon?	On peut s'arrêter pour manger bientôt?
I would like a drink.	J'aimerais bien boire quelque chose.
I need the restroom.	J'ai besoin d'aller aux toilettes.
Let's go to that mountain café.	Allons dans ce bar d'altitude.
Shall we stop for a few minutes?	On s'arrête quelques minutes?
I'd like to go back to the hotel/ chalet now.	J'aimerais retourner à l'hôtel/ au chalet maintenant.
I have to be back at four o'clock.	Je dois être de retour à quatre heures.
Shall we meet again after lunch?	On se retrouve après le déjeuner?
Where/when shall we meet?	Où/quand se retrouve-t-on?

Soccer

Le football

The field

Le terrain

the goal	le goal
the goalposts	les poteaux (*m*)
the cross bar	la barre transversale
the netting	les filets (*m*)
the goal area	les buts (*m*)
the goal line	la ligne de but
the penalty area	la surface de réparation
the touch line	la ligne de touche
the corner	le coin
offsides	hors-jeu
midfield	milieu (*m*) de terrain
the terrace	le gradin
a stand	une tribune
the bench	le banc de touche
floodlights	l'éclairage (*m*)
muddy	boueux(-euse)

The players

Les joueurs

an amateur	un amateur

the visiting team	les visiteurs
a coach	un entraîneur
a defender	un défenseur
the favorites	les favoris
a soccer player	un footballeur
a forward	un avant
a goalkeeper	un gardien de but
home team	l'équipe qui reçoit
a manager	un directeur
a midfielder	un milieu de terrain
an opponent	un opposant
a professional	un professionnel
a referee	un arbitre
a striker	un attaquant
the strong side	l'aile (*f*) forte
a substitute	un remplaçant
to be substituted	être remplacé(e)
a sweeper	un libéro
the teams	les équipes (*f*)
a transfer	un transfert
a transfer fee	un prix de transfert
the weak side	l'aile (*f*) faible

The spectators   *Les spectateurs*

a spectator	un spectateur
a fan	un fan
a supporter	un supporteur
the crowd	la foule
a ticket holder	un détenteur de ticket
to cheer	saluer
to shout	crier
to chant	scander
to sing	chanter
the national anthem	l'hymne (*m*) national
a hooligan	un hooligan

Play   *Le jeu*

a kick	un coup
to kick off	donner le coup d'envoi
a free kick	un coup franc
a corner kick	un corner

a goal kick	un coup de pied de renvoi
an indirect free kick	un coup franc indirect
to pass	passer
to dribble	dribbler
to head	faire une tête
a header	une tête
to throw in	remettre en jeu
to tackle	tackler
a tackle	un tackle
to intercept	intercepter
to challenge	faire un challenge
a good/bad challenge	un bon/un mauvais challenge
to take a corner	faire un corner
to be offsides	être hors-jeu
to be sent off	être expulsé
to be shown the red/yellow card	avoir le carton rouge/jaune
tactics	les tactiques (*f*)
the rules	les règles (*f*)
the rule book	le règlement
against the rules	contraire au règlement
foul play	jeu (*m*) déloyal
a foul	une faute
a penalty	une pénalité/un penalty
the penalty spot	le point de réparation
a penalty goal	but sur pénalité
a penalty shoot out	les tirs (*m*) au but
to award a free kick	accorder un coup franc
to be on the bench	être sur le banc
to blow the whistle	siffler

The score   *Les points (m)*

an aggregate score	le score final
What is the score?	Quel est le score?
to score an own goal	marquer contre son camp
to equalize	égaliser
to win	gagner

Stage of the game   *Les étapes (f) du jeu*

first half	première mi-temps (*f*)
second half	deuxième mi-temps
halftime	mi-temps
full time	fin (*f*) de match (*m*)

overtime	prolongation (*f*)
injury time	arrêts (*m*) de jeu

The result   *Les résultats*

a win	un gain
to win	gagner
a victory	une victoire
a walkover	une victoire facile
a draw	un match nul
to draw	faire match nul
a defeat	une défaite
to be defeated	être battu
to lose	perdre
a tie	une égalité
to tie	faire match nul
a replay	le fait d'être rejoué
a match	un match
a friendly match	un match amical
no score	score nul/zéro-zéro

General terms   *Termes généraux*

soccer	football (*m*)
the soccer season	la saison de football
the soccer league	le championnat de football
divisions	divisions (*f*)
first/second/third division	première/deuxième/troisième division
league division one	championnat de première division
a cup	une coupe
a trophy	un trophée

Equipment   *La tenue*

a soccer ball	un ballon de football
uniform	les affaires (*f*) de sport/tenue (*f*)
home uniform/colors	la tenue de l'équipe qui reçoit
away uniform/colors	la tenue des visiteurs
team strip	la tenue de l'équipe
shorts	un short
a shirt	un maillot "de foot"
socks	des chaussettes (*f*)
soccer boots	des chaussures (*f*) de foot
a sweatband	un bandeau

Useful expressions

Who's playing?
What's the score?
There's no score yet.

to play injury time
They won by five goals to nothing.
They failed to score.
It was a draw.
They took the lead in the second half.

Qui joue?
Quel est le score?
Il n'y a pas eu de points marqués
    encore.

jouer les arrêts de jeu
Ils ont gagné cinq buts à zéro.
Ils n'ont marqué aucun point.
C'était un match nul.
Ils ont mené dans la deuxième
    mi-temps.

Table tennis

Can you play table tennis?
Would you like to play table tennis/
    Ping-Pong?
Do you have a table tennis table?

Do you play much?
I haven't played for ages.
I've forgotten how to play.
Shall I teach you how to play?

Le tennis de table/
le ping-pong

Vous jouez/tu joues au tennis de table?
Vous voulez/tu veux jouer au tennis
    de table/ping-pong?
Vous avez/tu as une table de
    ping-pong?
Vous jouez/tu joues souvent?
Je n'ai pas joué depuis des années.
J'ai oublié comment jouer.
Je vous/t'apprends comment jouer?

Equipment

a table tennis table
the white line
the net
the edge of the table
a paddle
Which paddle do you prefer?

I'll take this one.
a table tennis ball/Ping-Pong ball
Do you have any more balls?
This ball isn't bouncing properly.

Le matériel

une table de ping-pong
la ligne blanche
le filet
le bout de la table
une raquette de ping-pong
Quelle raquette préférez-vous/
    préfères-tu?
Je prends celle-ci.
une balle de ping-pong
Vous avez/tu as d'autres balles?
Cette balle ne rebondit pas bien.

Playing

Let's choose sides.
Spin the racket.
Toss for it.

Le jeu

Choisissons les côtés.
Tournez/tourne la raquette.
Faisons pile ou face.

We change sides every game.	On change de côté à chaque jeu.

Doubles

Les doubles

In doubles the players take alternate shots.

Dans les doubles les joueurs jouent en alternance.

You have to serve from the right to the right.

Il faut servir à droite sur la droite.

Each player receives service for five points.

Chaque joueur reçoit un service pour cinq points.

Singles

Les simples

You serve first.

Vous servez/tu sers d'abord.

You change service every five points.

Il faut changer de service après chaque jeu.

Whose serve is it?

A qui est-ce de servir?

It's mine/yours.

C'est à moi/à vous/à toi.

It's your serve now because five points have been scored.

C'est à vous/à toi de servir maintenant car cinq points ont été marqués.

Shots

Les coups

to hit forehand

frapper du coup droit

to hit backhand

frapper du revers

to serve

servir

You hit the net.

Vous avez/tu as mis dans le filet.

Where did the ball land?

Où est tombée la balle?

Was it in or out?

Elle était bonne ou mauvaise?

It was in/out.

Elle était bonne/mauvaise.

It didn't land on the table.

Elle n'est pas retombée sur la table.

It was a let.

C'était un let.

Play it again.

Rejouez-la/rejoue-la.

Can you find the ball?

Vous trouvez/tu trouves la balle?

Did you see exactly where it went?

Avez-vous/as-tu vu où elle est tombée exactement?

Scoring

Les points

What's the score?

Quel est le score?

Tied at zero.

Zéro partout.

One-zero.

Un-zéro.

Three-two.

Trois-deux.

Twenty-twenty.

Vingt-vingt.

The service changes every point now.

Le service change à tous les points maintenant.

| The winner is the first person to score twenty-one points. | Le vainqueur est le premier joueur qui marque vingt-et-un. |

You have to get two points ahead of me to win.
Vous devez/tu dois avoir deux points d'avance sur moi pour gagner.

You won easily.
Vous avez/tu as gagné haut-la-main.

Well played!/Bad luck!
Bien joué!/Pas de chance!

It was a close game.
C'était une partie serrée.

Shall we play the best of three games?
On fait la belle?

Tennis

Le tennis

Do you play tennis?
Vous jouez/tu joues au tennis?

Would you like to play tennis?
Vous voulez/tu veux jouer au tennis?

Shall we just volley for a while?
On fait des balles, un moment?

Is the net the right height?
Le filet est-il à la bonne hauteur?

Shall we check the height of the net?
On vérifie la hauteur du filet?

It's too low/too high.
Il est trop bas/trop haut.

Up a little/down a little/OK
Un peu plus haut/plus bas/c'est bon.

Equipment

L'équipement

a tennis racket
une raquette de tennis

Which racket would you prefer?
Quelle raquette préférez-vous/préfères-tu?

What weight of racket would you like?
Quel poids de raquette préférez-vous/préfères-tu?

a tennis ball
une balle de tennis

new balls
des balles neuves

a racket bag
un fourre-tout

a racket press
un presse-raquette

a sportsbag
un sac de sport

a towel
une serviette

Clothes

La tenue

I haven't got any tennis clothes with me.
Je n'ai pas ma tenue avec moi.

You can borrow some clothes.
Vous pouvez/tu peux emprunter des vêtements.

You can wear anything.
Vous pouvez/tu peux porter ce que vous voulez/tu veux.

shorts
un short

a T-shirt
un tee-shirt

a tennis skirt
une jupe

a tennis dress	une robe
tennis shoes	des chaussures de tennis
socks	des chaussettes
a sweatband	un bandeau
a sun visor	une visière
a headband	bandeau
a track suit	un jogging

The tennis court

Le court de tennis

the net	le filet
the baseline	la ligne de fond
the service line	la ligne de service
the center line	la ligne centrale
the tramlines	les lignes de côté
the side netting	les filets de côté
the service box	le carré de service
the locker room	le vestiaire
a locker	un casier

Starting a game

Commencer une partie

Do you want to continue volleying?	Vous voulez/tu veux continuer à faire quelques balles?
Shall we start to play now?	On commence à jouer maintenant?
How many sets shall we play?	Combien de sets joue-t-on?
to toss up	tirer à pile ou face
Let's toss for it.	Tirons à pile ou face.
to toss a coin	faire pile ou face
Heads or tails? It's heads/tails.	Pile ou face? C'est face/pile.
Spin your racket.	Tournez votre/tourne ta raquette.
Rough or smooth?	Rêche ou lisse?
It's rough/it's smooth.	Elle est rêche/lisse?
You serve first.	Vous commencez/tu commences à servir.
Which end do you prefer?	Quel côté vous préférez/tu préfères?
I prefer this/that end.	Je préfère ce côté-ci/là.
The sun is in my/your eyes.	J'ai/vous avez/tu as le soleil dans les yeux.

Serving

Le service

to serve	servir
to hold one's serve	défendre son service
to break someone's serve	faire le break

to serve an ace	faire un ace
first/second serve	premier/deuxième service
It's your serve.	C'est votre/ton service.

In or out?   ***Dedans ou dehors?***

Was that in/out?	C'était dedans ou dehors?
Out! The ball was definitely out.	Dehors! La balle était vraiment dehors.
In! The ball was just in.	Dedans! La balle était juste dedans.
I'm not sure.	Je ne suis pas sûr(e).
I didn't see it land.	Je ne l'ai pas vue tomber.
It touched the line.	Elle a touché la ligne.
Shall we play it again?	On la rejoue?

Faults   ***Fautes***

a fault	une faute
a double fault	une double faute
a foot fault	une faute de pied

Let balls   ***Les balles "let"***

to play a let	faire un "let"
Should we play a let?	On fait un "let"?

Keeping the score   ***Tenir les points***

What's the score?	Quel est le score?
I've forgotten what the score is.	J'ai oublié le score.
The score is . . .	Le score est . . .
love-all	zéro-partout
love-fifteen	zéro-quinze
fifteen-love	quinze-zéro
fifteen-all	quinze partout
thirty- forty	trente-quarante
deuce	égalité
That's deuce.	C'est une égalité.
Advantage.	Avantage.
My/our/your advantage.	Mon/notre/votre/ton avantage.
Game.	Jeu.
Game to you.	Jeu pour vous/toi.
That's game.	Cela fait jeu.
Change sides.	On change de côté.
Three games to two, first set.	Trois jeux à deux, premier set.
Match point!	Balle de match!
Game, set, and match.	Jeu, set, et match.
a tiebreaker	un tie-break

a sudden-death tiebreaker   une prolongation de tie-break
Shall we play another game?   On fait un autre jeu?

Strokes

Les coups

forehand/a forehand drive   un coup droit/un coup droit
a forehand volley   une volée de face
backhand/a backhand drive   un revers/un revers
a backhand volley   une volée de revers
to lob/a high lob/a top-spin lob   un lob/un grand lob/un lob lifté
a smash/an overhead smash   un smash/un smash lobé
first/second serve   premier/deuxième service
an ace   un service gagnant
a drop shot   un amorti
a slice   un slice
a volley/a half-volley   une volée/une demi-volée
a slam   un chelem

Losing the ball

Perdre la balle

Did you see where the ball went?   Avez-vous/as-tu vu où la balle est
                                           tombée?

We've lost the ball.   On a perdu la balle.
It went somewhere here.   Elle est allée quelque part par là.
I can't find it.   Je ne la trouve pas.
I've found it.   Je l'ai trouvée.
Let's look for it later.   On l'a cherchera après.
Do you have any more balls?   Avez-vous/as-tu d'autres balles?

The officials

Les officiels

an umpire   un juge de chaise
Will you be umpire?   Voulez-vous/veux-tu être juge
                                           de chaise?

the referee   le juge-arbitre
the net judge   le juge au filet
the foot-fault judge   le juge de fond
the line judge   le juge de ligne
a ball boy/a ball girl   une ramasseur de balle

Different games

Les jeux différents

singles   simples
women's singles/men's singles   simples-dames/simples-messieurs
doubles   doubles
women's doubles/men's doubles   doubles-dames/doubles-messieurs

mixed doubles	doubles mixtes
lawn tennis	tennis sur gazon
tennis on a hard surface	tennis sur surface dure
to play tennis on grass	jouer au tennis sur gazon

Tennis tournaments

Les tournois de tennis

the first round	le premier tour
the second round	le second tour
the quarterfinal	le quart de finale
a semifinal	la demi-finale
the final	la finale
the championship	le championnat
the grand slam	le grand chelem
a seeded player	une tête de série
first seed	tête de série numéro un
He was seeded third.	Il était classé troisième tête de série.

How well you played

Comment vous avez joué

You play well.	Vous jouez/tu joues bien.
Well played!/Good shot!	Bien joué!/Bonne balle!
Bad luck!	Pas de chance!
I haven't played for ages.	Je n'ai pas joué depuis des années.

Working out

L'exercice

aerobics	l'aérobic (f)
a bench press	un banc pour le développé-couché
cardiovascular exercises	les exercices (m) cardiovasculaires
to do a lap	faire un circuit
an exercise bike	une bicyclette d'appartement
fitness	la forme
a fitness program	un programme d'exercices
a fitness trainer	un entraîneur
free weights	des poids libres
a gym	une salle de sport
to jog	faire du jogging
a jogging machine	un tapis roulant de jogging
a jump rope	une corde à sauter
to lift weights	faire de la musculation
a nutrition program	un programme alimentaire
a powerlifter	un power-lifter

push-ups	des tractions (*f*)
repetitions	des répétitions (*f*)
a routine	une routine
a rowing machine	un appareil à ramer
sit-ups	des abdos (*m*)
stamina	l'endurance (*f*)
step aerobics	du step
strength training	des exercices de musculation
stretching/to stretch	des assouplissements/faire des assouplissements (*f*)
sweat	la transpiration
to sweat	transpirer
to train with weights	travailler avec des poids
a treadmill	un tapis roulant de jogging
warm-up and cool-down routines	des exercices d'échauffement/ de retour au calme
weights	des poids (*m*)
weight training	la musculation
yoga	le yoga
One more rep!	Encore une répétition!

Bodybuilding

La musculation

the abs	les abdos (*m*)
the biceps	les biceps (*m*)
the buttocks	les fessiers (*m*)
the calves	les mollets (*m*)
the chest	la poitrine
the deltoids	les deltoïdes (*m*)
the legs	les jambes (*f*)
muscle definition	le dessin des muscles
the muscles	les muscles (*m*)
the pecs	les pectoraux (*m*)
the torso	le torse
the triceps	les triceps (*m*)

Health

La santé

acupuncture	l'acuponcture (*f*)
aromatherapy	l'aromathérapie (*f*)
a body bath	un bain
a chiropractor	un chiropracteur
to detoxify	désintoxiquer

herbal essences	les essences (*f*) à base de plantes
a manicure	une manucure
a massage	un massage
mineral water baths	des bains (*m*) d'eau minérale
a mud facial	un masque d'argile
a pedicure	une pédicure
physical therapy	une physiothérapie
radiology	une radiographie
a sanatorium	un sanatorium
a sauna	un sauna
a spa	un établissement de soins corporels
a steam room	un bain de vapeur
thermal springs	des sources (*f*) thermales
a treatment session	une séance de traitement
an ultraviolet lamp	une lampe à ultraviolet
a whirlpool	un bain à remous

Other sports

Autres sports

bowling	le bowling à 10 quilles
boxing	la boxe
a prizefight	un combat professionnel
bungee jumping	le saut à l'élastique
hiking	les randonnées (*f*)/l'escalade (*f*)
jet ski	le scooter des mers
mountaineering	l'alpinisme (*m*)
off-track riding	l'équitation (*f*) tout terrain
paragliding	le parapente
rappelling	la descente en rappel
river rafting	le rafting
skateboarding	la planche à roulettes
snowboarding	le surf des neiges
white-water rafting	le rafting

Pool

Le billard américain

the black/eight ball	la bille noire
a color ball	une bille de couleur
a cue	une queue
the cue ball	la bille du joueur
a cushion	une bande de caoutchouc
a foul shot	un tir raté
a free shot	un tir supplémentaire

a pocket	une blouse
a pool table	un billard
to pot	blouser
a solid ball	une bille à pointer
a striped ball	une bille à frapper
a trick shot	un tir travaillé

18

Water Sports and the Beach
Sports Nautiques et la Plage

Swimming

Do you like swimming?
Yes, I love swimming.
I don't really like swimming.
Would you like to go swimming?
No, I'm sorry, but I can't swim.

La natation

Vous aimez/tu aimes nager?
Oui, j'adore nager.
Je n'aime pas vraiment nager.
Vous voulez/tu veux aller nager?
Non, je regrette mais je ne sais
    pas nager.

Types of pools

a public swimming pool
a private pool
an indoor pool
an outdoor pool
a heated pool
an unheated pool
an aquatic park

Les types de piscine

une piscine municipale
une piscine privée
une piscine intérieure
une piscine extérieure
une piscine chauffée
une piscine non chauffée
un parc aquatique

Clothes and equipment

a swimming suit
a bikini
trunks
shorts
a bathing cap
a towel
goggles
a snorkel
flippers
an inner tube
armbands

La tenue

un maillot de bain
un bikini
un slip de bain/maillot de bain
un short
un bonnet de bain
une serviette
les lunettes (*f*) de plongée
un tuba
palmes (*f*)
une chambre à air
des brassards (*m*)

a float

un flotteur

Buying tickets

an adult's ticket

un billet adulte

a child's ticket

un billet enfant

a swimmer's ticket

un billet nageur

a spectator's ticket

un billet spectateur

Could I have tickets for two
children, please?

Je peux avoir des billets pour deux
enfants, s'il vous plaît?

Could I have two adult spectator
tickets, please?

Je peux avoir deux billets
adulte-spectateur, s'il vous plaît?

Are there slides at this swimming
pool?

Y a-t-il des toboggans dans cette
piscine?

Could we have tickets to go down
the slides, please?

On peut avoir des billets pour les
toboggans s'il vous plaît?

Times of sessions

Les heures des séances

When does this session start?

Quand commence cette séance?

When does this session end?

Quand termine cette séance?

When does our session end?

Quand finit notre séance?

They blow a whistle at the end
of the session.

Ils sifflent à la fin de chaque séance.

When does the next session start?

Quand commence la prochaine
séance?

What time does the pool open
on Saturday?

A quelle heure la piscine ouvre-t-elle
le samedi?

What time does the pool close?

A quelle heure ferme la piscine?

The parts of the pool

Les parties de la piscine

non-swimming areas

les parties autres que la piscine

the spectator area

le coin des spectateurs

I think I will sit and watch, if you
don't mind.

Je crois que je vais m'asseoir et
regarder, si cela ne vous dérange pas.

the café

le café

I'll go and get something to eat
and drink.

Je vais chercher quelque chose à
manger et à boire.

the vending machine

les distributeurs de boisson

What change does the vending
machine take?

Quelles pièces la machine prend-elle?

The locker rooms

Les vestiaires

Where are the locker rooms?

Où sont les vestiaires?

Is there a family locker room?

Y a-t-il un vestiaire familial?

They are all individual cubicles.   Ce sont tous des vestiaires individuels.

There are separate locker rooms for men and women.   Il y a des vestiaires séparés pour hommes et femmes.

The locker rooms are for both sexes.   Les vestiaires sont mixtes.

Getting changed

Se changer

Shall we get changed together?   On se change ensemble?

I'll use this cubicle.   Je vais dans ce vestiaire-ci.

to get undressed   se déshabiller

to get dressed   s'habiller

to dry oneself   se sécher

to use talcum powder   utiliser du talc

to dry one's hair   se sécher les cheveux

a coin-operated hair dryer   un séchoir payant

a hairbrush   une brosse à cheveux

to brush   brosser

a comb   un peigne

to comb   peigner

a mirror   un miroir

to look in   se regarder

The lockers

Les casiers

What coins do you need for the lockers?   Quelles pièces faut-il pour les casiers (*m*)?

How do the lockers work?   Comment marchent les casiers?

Don't forget the number of your locker.   N'oubliez pas/n'oublie pas le numéro de votre/ton casier.

Can you remember our locker number?   Vous vous souvenez/tu te souviens de notre numéro de casier?

I have forgotten the number of my locker.   J'ai oublié le numéro de mon casier.

My locker was somewhere here.   Mon casier était quelque part par là.

to lock up the locker   fermer le casier

to unlock the locker   ouvrir le casier

Don't lose your key.   Ne perdez pas votre/ne perds pas ta clé.

Put your clothes in here.   Mettez vos/mets tes vêtements là-dedans.

The footbath and showers

Le bain de pied et les douches

You have to walk through the footbath.   Il faut traverser le bain de pieds.

You are supposed to shower before getting into the pool.

Vous êtes/tu es censé(e)(s) prendre une douche d'abord aller dans la piscine.

The pools

Les piscines

the wading pool	la pataugeoire
the children's pool	le petit bassin
the main pool	le grand bassin
the deep end	l'endroit le plus profond
the shallow end	l'endroit le moins profond
a length	une longueur
a width	une largeur
the depth	la profondeur
How long is the pool?	Quelle est la longueur de la piscine?
How wide is it?	Quelle est sa largeur?
How deep is it at the deep/ shallow end?	Quelle est la profondeur du côté profond/du côté peu profond?
the diving board	le plongeoir
the slide	le toboggan

Wave machines

Les machines à vagues

Does this pool have a wave machine?

Est-ce que cette piscine a une machine à vagues?

They put the wave machine on at intervals.

Ils mettent la machine à vagues en marche en alternance.

The waves are just starting.

Les vagues (f) commencent tout de suite.

They usually have the waves on for five minutes.

Ils mettent généralement les vagues pendant cinq minutes.

There's also a water spout.

Il y a aussi un jet d'eau.

Water slides

Les toboggans (m)

Pick up a mat.

Prenez/prends un matelas.

This session is using blue/red/. yellow mats

Cette session propose des tapis, bleus/rouges/jaunes.

You sit on a mat.

Vous vous asseyez/tu t'assois sur un tapis.

Wait till the slide is clear.

Attendez/attends que le toboggan se libère.

You can go down now.

Vous pouvez/tu peux descendre maintenant.

What is this slide like?

Comment est ce toboggan?

It's steep.

Il est raide.

It has a gentle slope.	Il a une pente douce.
It bends a lot.	Il a plein de tournants.
There's a corkscrew.	Il y a un tire-bouchon.
That one is really fast.	Celui-là est vraiment rapide.
It's like a water chute.	C'est comme une chute d'eau.
Which slide do you like best?	Quel toboggan préférez-vous/préfères-tu?
I like this one/that one best.	Je préfère celui-ci/celui-là.
Have you been down all the slides?	Vous avez/tu as fait tous les toboggans?
I didn't like that one.	Je n'ai pas aimé celui-là.
That one was great.	Celui-là était génial.

Swimming strokes / *Les nages*

to swim	nager
to go for a swim	aller nager
to float on your back/front	faire la planche sur le dos/sur le ventre
to swim the breaststroke	nager la brasse
sidestroke	la brasse indienne
backstroke	le dos crawlé
crawl	le crawl
butterfly stroke	la brasse papillon
Can you swim the backstroke?	Vous savez/tu sais nager le dos crawlé?
I can't do the butterfly.	Je ne sais pas faire la brasse papillon.

Underwater swimming / *La nage sous-marine*

Can you swim underwater?	Vous savez/tu sais nager sous l'eau?
I only like swimming underwater with goggles on.	Je n'aime nager sous l'eau qu'avec des lunettes.
How far can you swim underwater?	Jusqu'où pouvez-vous/peux-tu nager sous l'eau?
to swim between someone's legs	nager entre les jambes de quelqu'un

Racing / *Les courses*

to race	courir
Let's have a race.	Faisons une course.
I'll race you to the far end.	On fait une course jusqu'au bout.
I won/you won.	J'ai gagné/vous avez/tu as gagné.
It was a tie.	C'était un ex-æquo.
Let's see who can swim farthest?	On regarde qui nage le plus loin?
How many lengths can you swim?	Vous pouvez/tu peux faire combien de longueurs?

Diving

to dive
Is it deep enough for diving?
I can dive but I'm not very good.

Did I splash a lot then?
What did that dive look like?
Should we dive for coins?

Do you have any coins?
Will you throw some coins in
for us to find?

Safety

a lifeguard/the first aid station
Can you life save?

Don't go out of your depth.
Stay in the children's pool.
Don't run in case you slip.

You shouldn't swim just after eating.

I sometimes get cramps.
I have a cramp in my right/left leg.

Getting out of the pool

They just blew the whistle to get out.
It's the end of our session now.
Shall we get out just before the end
of our session so the changing
rooms won't be so busy?
My mother said we have to get
out now.
You're looking cold.
You're shivering.
I think we should get out now.

Can't we have five more minutes?

Plonger

plonger
C'est assez profond pour plonger?
Je sais plonger mais je ne suis pas
très bon(ne)?
J'ai fait un plat, alors?
Comment était ce plongeon?
On plonge pour des pièces de
monnaie?
Vous avez/tu as des pièces?
Vous pouvez/tu peux jeter des pièces
pour qu'on aille les ramasser?

La sécurité

un maître-nageur/le poste de secours
Vous avez/tu as des notions de
secourisme?
N'allez pas/ne va pas trop profond.
Restez/reste dans le petit bassin.
Ne courez pas/ne cours pas au cas où
vous glisseriez/tu glisserais.
Vous ne devriez pas/tu ne devrais pas
nager après avoir mangé.
Quelquefois, j'ai des crampes.
J'ai des crampes dans ma jambe
droite/gauche.

Sortir de la piscine

Ils viennent de siffler pour la sortie.
C'est la fin de la séance maintenant.
On sort avant la fin de la séance pour
que les vestiaires ne soient pas
trop pleins?
Ma maman a dit qu'il fallait sortir
maintenant.
Vous avez/tu as l'air d'avoir froid.
Vous tremblez/tu trembles.
Je pense qu'on devrait sortir
maintenant.
On ne peut pas avoir cinq minutes
de plus?

Other water sports
Waterskiing

to take a waterskiing lesson
a motorboat
to tow/to be towed
a towrope
a handle
skis
bindings
a life jacket
to crouch
to hold the towrope
to accelerate
to stand upright
the surface of the water
to skim
to zigzag
to cross the wake
to fall
to get back up again

Surfing

to surf
a surfboard
a long/short board
a single/tri fin
fiberglass
to windsurf
the surf
the crest of a wave
a big/small wave
the tide
a riptide
There's a huge wave coming.

Scuba diving

an airtank
an Aqua Lung®
a diving center
a fin
goggles

Autres sports nautiques
Le ski nautique

prendre un cours de ski nautique
un bateau à moteur
remorquer/être remorqué
une corde à remorque
une poignée
des skis (*m*)
les fixations (*f*)
un gilet de sauvetage
se recroqueviller
tenir la corde
accélérer
se tenir droit
la surface de l'eau
raser la surface de l'eau
faire des zigzags (*m*)
traverser le sillage
tomber
se rétablir

Le surf

faire du surf
une planche de surf
une planche courte/longue
une dérive simple/double
fibre (*f*) de verre
faire de la planche à voile
la vague déferlante
la crête de la vague
une grosse/petite vague
le courant
un contre-courant
Une énorme vague arrive.

La plongée sous-marine

une bouteille d'air comprimé
un appareil de plongée
un centre de plongée
une palme
des lunettes (*f*) de plongée

a mask	un masque
a snorkle	un tuba
to have tuition	avoir suivi une formation
a weight belt	une ceinture de plomb
a wet suit	une combinaison de plongée

Snorkeling — *Nager avec un tuba*

to float	flotter
to ride on the waves	voguer
a mask	un masque
a snorkel	un tuba
a mouthpiece	une embouchure
a tube	un tube
flippers	des palmes (*f*)

Fishing — *La pêche*

course fishing	la pêche à la ligne de fond
fly-fishing	la pêche à la mouche
sea fishing	la pêche en mer
back-of-the boat fishing	la pêche à partir d'un bateau
an angler	un pêcheur à la ligne
to angle	pêcher à la ligne
the wake	le sillage
to fish for trout	pêcher la truite
to cast	lancer
to have a bite	mordre
to reel in	ramener
to catch	attraper
to let go	donner du mou
to cut one's line	couper sa ligne
to lose	perdre

Equipment — *L'équipement*

a rod	une canne à pêche
a reel	un moulinet
a hook	un hameçon
a lure	un leurre
a bobber	un bouchon
bait	un appât
a fly	une mouche
a line	une ligne
a buoy	une bouée

Volleyball

beach volleyball	le volleyball de plage
a ball	un ballon
a court	un terrain
to dig	frapper
a let	une faute de filet sur service
net	le filet
to serve	servir
to spike	smasher
Let's play to 15 points.	Faisons un jeu à 15 points.

Le volleyball

The beach

La plage

the sand	le sable
a rock	un rocher
a rock pool	une mare entre des rochers (*m*)
a starfish	une étoile de mer
a seashell	un coquillage
a pebble	un cailloux
shingle	galet (*m*)
the cliffs	les falaises (*f*)
a sand dune	une dune
a jellyfish	une méduse
seaweed	algues (*f*)

The sea

La mer

the tide	la marée
high tide	marée haute
low tide	marée basse
to come in	avancer
to go out	baisser
a wave	une vague
to break	se briser
spray	embruns (*m*)

Clothes and equipment

La tenue et l'équipement

a swimming suit	un maillot de bain
a bikini	un bikini
trunks	un slip de bain
to get changed	se changer
to get dressed	s'habiller
to dry oneself	se sécher

a towel	une serviette
an inner tube	une bouée
armbands	des brassards (*m*)
a surfboard	une planche de surf
an inflatable	un (matelas) gonflable
an air mattress	un matelas pneumatique
to float	flotter
to take a turn on/with	prendre son tour sur/avec
a lawn chair	un transat
a beach mat	un tapis de plage
a windbreaker	un pare-vent
a parasol	un parasol

Sunbathing
Sunbathing equipment

Les bains de soleil
L'équipement pour bronzer

a sunbed	un lit pliant
a lawn chair	un transat
a mat	un tapis de plage
a beach towel	un tapis
a cushion	un coussin
sunscreen	écran (*m*) solaire
a beach umbrella	une ombre
suntan cream	crème solaire
suntan lotion	lait (*m*) solaire
suntan oil	huile (*f*) solaire
coconut	noix (*m*) de coco
water resistant	résiste à l'eau
after-sun lotion	lait après-soleil
a sun bed	un lit solaire
a sun lamp	une lampe solaire

Useful expressions

Expressions utiles

Can you put some cream on my back, please?	Vous pouvez/tu peux mettre de la crème sur le dos, s'il vous/te plaît?
May I borrow some suntan cream, please?	Je peux emprunter de la crème solaire, s'il vous/te plaît?
What SPF factor is your cream?	Quel est l'indice de la crème?
It's too hot for me.	Il fait trop chaud pour moi.
I am going to move into the shade for a while.	Je vais me mettre à l'ombre pendant un moment.
I am going to cool off in the swimming pool/sea.	Je vais me rafraîchir dans la piscine/mer.

I don't like to sunbathe in the middle of the day.

Je n'aime pas prendre des bains de soleil au milieu de la journée.

Can you see the mark where my strap was?

Vous voyez/tu vois les marques de ma bretelle?

Is my back looking brown?

Est-ce que mon dos est bronzé?

I got sunburnt.

J'ai des coups de soleil.

My skin is peeling.

Ma peau pèle.

I am sore.

J'ai mal.

Do you have any calamine lotion?

Vous avez/tu as de la lotion à la calamine?

Insects keep biting me.

Les insectes n'arrêtent pas de me piquer.

I don't want skin cancer.

Je ne veux pas avoir le cancer.

You are looking rather red.

Vous avez/tu as l'air plutôt rouge.

The weather

Le temps

The sun has gone in.

Le soleil a disparu.

I wish the sun would come out again.

J'aimerais que le soleil revienne.

The sun is about to go behind that cloud.

Le soleil va bientôt disparaître derrière ce nuage.

There's not a cloud in the sky.

Il n'y a pas un nuage dans le ciel.

Building sandcastles

Construire des châteaux de sable

a bucket	un seau
a spade	une pelle
a sandcastle	un château de sable
battlements	créneaux (*m*)
a drawbridge	un pont-levis
a flag	un drapeau
a moat	un douve
a mound	un remblai
a tunnel	un tunnel
a tower	une tour
to build	construire
to collect pebbles	ramasser des cailloux
to decorate with shells	décorer avec coquillage blancs
to dig	creuser
to fill	remplir
to jump on	sauter dessus
to knock down	détruire
to make	faire

to pat	aplatir
to smooth	aplanir
to tunnel	creuser des tunnels
to turn out	retourner
to wait for the tide to come in	attendre que la mer monte

Walking on the beach — *Marcher sur la plage*

to go for a walk	aller se promener
along the beach	le long de la plage
on the cliffs	sur les falaises (*f*)
over the rocks	par dessus les rochers (*m*)
at the edge of the sea	au bord (*m*) de l'eau (*f*)

Collecting shells — *Ramasser des coquillages (m)*

an unusual one	un original
a different type	une espèce différente
a pretty one	un joli
broken	cassé
to wash the sand off	enlever le sable
to put in a bucket	mettre dans un seau

Shrimping — *La pêche à la crevette*

a fishing net	un filet
to catch	attraper
to look at the rock pools	regarder dans les mares/les crevasses
a crab	un crabe
a shrimp	une crevette

Other activities — *Autres activités*

to paddle	barboter
to get wet	se mouiller
to play bowles	jouer aux boules
to play catch	jouer au chat
to play with a beach ball	jouer au beach volley
to ride	monter
to run into the water	courir dans l'eau
to stay at the edge	rester au bord
to swim a long way out	nager

Eating on the beach — *Manger à la plage*

to have something to eat	manger quelque chose
a stick of candy	un bâton de sucre d'orge

an ice cream	une glace
a popsicle	une sucette glacée
a cold drink	une boisson fraîche
a picnic *(See pages 163–164.)*	un pique-nique
a sandwich	un sandwich
a barbecue *(See pages 120–121.)*	un barbecue
a disposable barbecue	un barbecue jetable
to gather firewood	ramasser du bois
driftwood	bois (*m*) flotté
to build a wind shield	construire un paravent

Problems

Les problèmes

Be careful, there is . . .	Attention, il y a . . .
broken glass	un bout de verre
a jellyfish	une méduse
sewage	eaux usées
a steeply shelving beach	une plage en pente raide
a strong current	un courant fort

Warning and safety signs

Les signaux d'alerte et de sécurité

Bathing forbidden	Baignade interdite
Unsupervised bathing	Baignade non-surveillée
First aid post/lifeguard	Poste de secours/Maître-nageur
Lifebuoy	Bouée de sauvetage

Boats

Les bateaux

a speedboat	un zodiac
to have a ride on	monter sur
a rowboat	un canot (à rames)
an oar	un aviron
to row	ramer
a yacht	un yacht
to sail	faire de la voile
a sail	une voile
the crew	l'équipage (*m*)
to go yachting	se promener en yacht
to race	faire la course
to win	gagner
to lose	perdre
a canoe	un canoë

a paddle	une pagaie
to paddle	pagayer
a pedal boat	un pédalo
to pedal	pédaler
to rent	louer

Cruises

Les croisières

to go for a cruise	faire une croisière
to pay the fare	payer
a short/long cruise	une croisière courte/longue
a two-hour cruise	une croisière de deux heures
the captain	le capitaine
the crew	l'équipage (*m*)
a sailor	un marin
to go aboard	monter à bord
to go on deck	aller sur le pont
to get soaked by the spray	se faire mouiller par les embruns
to go back inside	retourner à l'intérieur
to get out of the wind	se protéger du vent
to have a drink in the bar	prendre un verre au bar
to feel seasick	avoir le mal de mer

The harbor

Le port

the quay	le quai
the lighthouse	le phare
a flashing light	un clignotant
a warning siren	une sirène
the fishing boats	les bateaux (*m*) de pêche
the nets	les filets (*m*)
the catch	la prise/la pêche
the fishes	les poissons (*f*)
to anchor	ancrer
an anchor	l'ancre (*f*)

19

Family and Friends
La Famille et les Amis

Immediate family

mother/mom/mommy/ma
father/dad/daddy
a sister
an older sister
the oldest sister
a younger sister
the youngest sister
a brother
an older brother
the oldest brother
a younger brother
the youngest brother
a twin
identical twins
fraternal twins
a daughter
a son

La famille immédiate

mère/maman (*f*)
père/papa (*m*)
une sœur
une sœur aînée
la sœur aînée
une sœur cadette/petite sœur
la plus jeune sœur/petite sœur
un frère
un frère aîné/grand frère
le frère aîné/grand frère
le frère cadet/petit frère
le plus jeune frère/petit frère
un jumeau
des vrais jumeaux
des faux jumeaux
une fille
un fils

Common questions

How many brothers and sisters
   do you have?
I have one of each.
I have two sisters and one brother.
Are you the oldest?
Are you the youngest?
How old is your sister/brother?

Les questions usuelles

Combien de frères et sœurs
   avez-vous/as-tu?
J'ai un frère et une sœur.
J'ai deux sœurs et un frère.
Etes-vous/es-tu l'aîné(e)?
Etes-vous/es-tu le/la plus jeune?
Quel âge a votre/ta sœur/votre/
   ton frère?

What are your brothers and sisters called?	Comment s'appellent vos/tes frères et sœurs?
The oldest is called . . .	L'aîné(e) s'appelle . . .
The youngest is called . . .	Le/la plus jeune s'appelle . . .
The next one is thirteen and is called . . .	L'autre a treize ans et s'appelle . . .

The generations
Les générations

the older generation	la génération précédente
the younger generation	la génération suivante
my/our/your generation	ma/notre/votre/ta génération
the generation gap	le fossé entre les générations

Close relatives
La famille proche

a grandmother/granny/grandma	une grand-mère/mamie/mémé
a great-grandmother	une arrière grand-mère
a grandfather/granddad/grandpa	un grand-père/papy/pépé
a great-grandfather	un arrière grand-père
a granddaughter	une petite-fille
a grandson	un petit-fils
a great-granddaughter	une arrière-petite-fille
a great-grandson	un arrière petit-fils
an aunt/aunty	une tante/tata
a great-aunt	une grand-tante
an uncle	un oncle
a great-uncle	un grand-oncle
a niece	une nièce
a nephew	un neveu
a cousin	un cousin
a first cousin	un cousin germain
a second cousin	un cousin au deuxième degré
a cousin once/twice removed	un cousin éloigné

Relatives by marriage
La famille par alliance

a wife	une femme
a husband	un mari
a mother-in-law	une belle-mère
a father-in-law	un beau-père
a daughter-in-law	une belle-fille
a son-in-law	un beau-fils/gendre
a sister-in-law	une belle-sœur

a brother-in-law | un beau-frère

Separation and divorce

Séparation et divorces

to decide to separate | décider de se séparer
to have a trial separation | se séparer à l'essai
My parents are separated. | Mes parents sont séparés.
to divorce | divorcer
a divorce | un divorce
My parents are divorced. | Mes parents sont divorcés.
to decide where the children will live | décider où les enfants vont vivre
I live with my father during vacations. | J'habite avec mon père pendant les vacances.

I live with my mother during the school year. | J'habite avec ma mère en dehors des vacances.
I spend alternate weekends with each parent. | Je passe un week-end sur deux avec chacun de mes parents.
a one-parent family | une famille monoparentale
to have access to the children | avoir la garde des enfants
to pay alimony | payer une pension
to spend the vacations with | passer les vacances avec
My father/mother has remarried. | Mon père/ma mère s'est remarié(e).
My father and mother have both remarried. | Mon père et ma mère se sont tous les deux remariés.
a stepmother | une belle-mère
a stepfather | un beau-père
a stepdaughter | une belle-fille
a stepson | un beau-fils
a stepsister | une demi-sœur
a stepbrother | un demi-frère
a widow/widower | un veuf/une veuve

Friends

Les amis

an acquaintance | une connaissance
a friend of the family | un ami de la famille
a godfather | un parrain
a godmother | une marraine
to become friends | devenir amis
a good friend/a best friend | un(e) bon ami(e)/un(e) meilleur(e) ami(e)

a friend of mine | un(e) de mes ami(e)(s)
a boyfriend/a girlfriend (friendship) | un petit ami/une petite amie

a boyfriend/a girlfriend (romance)	un copain/une copine
a group of friends	un groupe d'amis
I go around with a group of people.	Je me balade avec un groupe d'amis.
I don't have one particular boyfriend/girlfriend.	Je n'ai pas de copain/copine attitré(e).
I have a boyfriend. His name is . . .	J'ai un copain. Il s'appelle . . .
My girlfriend is called . . .	Ma copine s'appelle . . .
a fiancée	une fiancée
a lover	un(e) amoureux(-euse)
to live with	vivre avec

Liking/not liking people
Liking

Aimer/ne pas aimer les gens
Aimer

to like	aimer/apprécier
to get along with	bien s'entendre avec
to socialize	s'entretenir
to make friends with	faire la connaissance de
to fancy	bien aimer
to flirt with	draguer/flirter avec
to have a date with	avoir un rendez-vous avec
to go out with	sortir avec
to fall for	tomber amoureux de
to fall in love	tomber amoureux
to love	aimer
to adore	adorer

Not liking

Ne pas aimer

not to get along with	ne pas s'entendre
to fall out	se brouiller
to have a fight	se disputer
to dislike	ne pas aimer
to get fed up with	avoir assez de
to hate	détester/haïr
to break up with	rompre avec
to finish a relationship	mettre fin à une relation

Relationships

Les relations

They're seeing a lot of each other.	Ils se voient beaucoup.
We fell in love at first sight.	Ce fut le coup de foudre.
She's infatuated with him.	Elle s'est entichée de lui.
They come from similar backgrounds.	Ils sont issus du même milieu.

Opposites attract.	Les opposés s'attirent.
We are open with each other.	Nous nous disons tout.
We've been happily married for 5 years.	Cela fait cinq ans que nous sommes mariés et heureux de l'être.

Relationship problems

Les problèmes relationnels

They're going through a tough time.	Ils ont des problèmes.
He's playing around.	Il couche à droite et à gauche.
We don't seem to find the time to talk.	On n'arrive jamais à se parler.
We've grown apart.	Nous avons évolué différemment.
You're avoiding the issue.	Tu ne veux pas voir le problème en face.
Their parents don't approve.	Leurs parents ne voient pas leur relation d'un bon œil.
money problems	des problèmes d'argent
health problems	des problèmes de santé
a long-distance relationship	une relation à distance

Physical relationships

Relations physiques

to hold hands	se tenir la main
to put your arm around someone	mettre le bras sur l'épaule de quelqu'un
to cuddle	enlacer/caresser
to kiss	embrasser
to go to bed together	coucher ensemble
to make love	faire l'amour
to have sex	coucher avec
to be faithful/unfaithful	être fidèle/infidèle
to live with	vivre avec
to use contraception	utiliser un contraceptif
to have safe sex	avoir des relations protégées
to use a condom	utiliser un préservatif
to be on the pill	prendre la pilule
to sleep around	coucher à droite à gauche
the morning-after pill	la pilule du lendemain
AIDS	SIDA (*m*)
VD (venereal disease)	maladie (*f*) vénérienne

Useful phrases

Phrases usuelles

conception	la conception
a late period	des règles en retard

a missed period	un cycle de retard
to do a pregnancy test	faire un test de grossesse
to be pregnant	être enceinte
a urine sample	un échantillon d'urine
to see the doctor	voir un médecin
to go to the family planning clinic	aller au planning familial
to get advice	demander conseil
to decide on a termination	décider d'avorter
to have a baby	avoir un enfant

Birth—Marriage—Death
Babies

birth	naissance (*f*)
a baby	un bébé/un enfant
to be born	être né(e)
What time were you born?	Quand êtes-vous/es-tu né(e)?
Where were you born?	Où êtes-vous/es-tu né(e)?
a baby	un enfant
twins	jumeaux
triplets	triplés
quadruplets	quadruplés
When is your birthday?	Quand est votre/ton anniversaire?
My birthday is . . .	Mon anniversaire est . . .
I am adopted.	Je suis adopté(e).

Babies' problems

to cry	pleurer
to need the diaper changed	avoir besoin de changer la couche
disposable diapers	couches jetables
cloth diapers	couches lavables
a safety pin	une épingle à nourrice
plastic pants	une culotte en plastique
to be tired	être fatigué(e)
to sleep	dormir
to be hungry	avoir faim
to have gas	avoir des gaz

Feeding babies

to need to feed	avoir besoin de manger
to feed/eat	manger
to feed	nourrir

Naissance—Mariage—Mort
Les enfants/bébés

Les problèmes

Nourrir les bébés

breast fed	nourri(e) au sein
bottle fed	nourri(e) au biberon
to sterilize the bottles	stériliser les biberons
to warm a bottle	réchauffer un biberon
demand feeding	réclamer son biberon
to be fed every four hours	être nourri(e) quatre fois par jour
milk	lait (*m*)
solid food	nourriture (*f*) solide

Baby equipment   *L'équipement (m) pour bébés*

a baby basket	un couffin
a crib	un berceau
a stroller	un landau
a baby sling	un porte-bébé (à la bretelle)
a baby car seat	un siège auto pour bébés
a high chair	une chaise haute
a playpen	un parc
a changing mat	un matelas à langer
a bib	un bavoir
toys	jouets (*m*)
a musical box	une boîte à musique
a mobile	un mobile

Young children   *Les enfants*

to learn to roll over	apprendre à se retourner
to crawl	ramper
to stand up	se lever
to walk	marcher
for the first time	pour la première fois
to say his/her first words	dire ses premiers mots
to go to nursery school	aller à la maternelle
to play	jouer
to draw	dessiner
to color	colorier
to paint	peindre
to do jigsaw puzzles	faire des puzzles
to learn the alphabet	apprendre l'alphabet
to learn to count	apprendre à compter
to learn to read and write	apprendre à lire et écrire

Adolescence   *L'adolescence*

| to be a teenager | être adolescent(e) |

to be independent	être indépendant(e)
to grow up	grandir
a social life	une vie sociale
to go out with friends	sortir avec des amis
to go to parties	aller à des soirées
to go to bed late	se coucher tard
to sleep in	faire la grasse matinée
to impose/lift a curfew	décréter/lever un couvre-feu
to come of age	être majeur
to have the right to vote	avoir le droit de vote
to be old enough to drink	être en âge de boire
to learn to drive *(See page 298.)*	apprendre à conduire
to be an adult	être adulte

Marital status   *Le statut marital*

unmarried	célibataire
a spinster	une célibataire
a bachelor	un célibataire
to get engaged	se fiancer
a fiancé/fiancée	un fiancé/une fiancée
an engagement ring	une bague de fiançailles
to announce the engagement	annoncer les fiançailles

Weddings   *Mariages*

to decide on a wedding day	fixer la date de mariage (*m*)
to send out invitations	envoyer les invitations (*f*)
to look at a bridal registry	regarder une liste de mariage
to get married in church/in a civil ceremony	se marier religieusement/civilement
the bride	la mariée
the bridegroom	le marié
the best man	le témoin
a bridesmaid	une demoiselle d'honneur
a ring bearer	un garçon d'honneur
the priest	le prêtre
the reverend	le pasteur
the registrar	l'officier de mairie
the organist	l'organiste
the choir	le chœur
the photographer	le photographe
to pose for photos	poser pour les photos
to have photos taken	faire prendre en photo

the guests	les invité(e) (*m/f*)
the wedding dress	la robe de mariée
the veil	le voile
the train	la traîne
the wedding ring	l'alliance (*f*)
a bouquet	un bouquet
to carry	porter
to throw	lancer
to catch	attraper
the wedding service	la célébration du mariage
to walk down the aisle	sortir de l'église (*f*)
the father of the bride	le père de la mariée
to kneel	s'agenouiller
to sing hymns	chanter des cantiques (*m*)
to pray	prier

The wedding reception — *La réception du mariage*

to shake hands	serrer les mains
to welcome guests	accueillir les invités
to make a speech	faire un discours
the best man's speech	le discours du témoin
to make a joke	faire une plaisanterie
to make a toast	porter un toast
to raise your glasses	lever son verre

The honeymoon — *La lune de miel*

to leave the reception	quitter la réception
to get changed	se changer
to go on a honeymoon	partir en lune de miel
to decorate the car	décorer la voiture
newly married	jeunes mariés
to throw confetti/rice	jeter des confettis/du riz
to wave goodbye	faire un signe de la main

Wedding anniversaries — *Les anniversaires de mariage*

a silver wedding	les noces (*f*) d'argent
a golden wedding	les noces d'or
a diamond wedding	les noces de diamant
to celebrate a wedding anniversary	fêter un anniversaire de mariage

Middle age — *La cinquantaine*

to be middle-aged	avoir la cinquantaine
to raise children	élever des enfants

to have grown children	avoir de grands enfants
to become a grandparent	devenir grand-parent
to go through menopause	être ménopausée
middle-aged spread	l'embonpoint (pris avec l'âge)
hormone replacement therapy	un traitement hormonal
to feel depressed	être déprimé(e)
to start getting wrinkles	commencer à avoir des rides
to have more free time	avoir plus de temps libre
to take up new interests	avoir de nouveaux centres d'intérêt

Old age / *La vieillesse*

to retire	prendre sa retraite
to take partial/early retirement	prendre une retraite anticipée
to enjoy retirement	aimer la retraite
a pension	une retraite
a senior citizen	un retraité
to get discounts	avoir des réductions (*f*)
to live on one's own	vivre seul(e)
to live with one's family	vivre avec sa famille
to go into sheltered housing	aller dans un foyer-logement
a retirement home	une maison de retraite
to be looked after/to be nursed	être pris(e) en charge/soigné

Death / *La mort*

to die	mourir
to have a heart attack	avoir une crise cardiaque/une attaque
to have a stroke	avoir un infarctus/une attaque
to have cancer	avoir le cancer
to be unconscious	être inconscient(e)
to be unable to talk properly	être incapable de parler correctement
to forget things	oublier les choses
to be in pain	souffrir
to take painkillers	prendre des analgésiques
to die in one's sleep	mourir dans son sommeil
to die peacefully	s'éteindre paisiblement
to call the doctor	appeler le médecin
to sign the death certificate	signer le certificat de décès
to call the mortuary	appeler les pompes funèbres
the funeral	l'enterrement (*m*)
a church	une église
a crematorium	un crématoire
the coffin	un cercueil

a grave	une tombe
a wreath	une couronne
flowers	des fleurs (*f*)
to mourn	être en deuil
to weep	pleurer
to pray	prier
to comfort	réconforter
a widow	une veuve
a widower	un veuf

20

Contacting People
Contacter les Gens

<table>
<tr><td>

By mail
Stationery
Notepaper

personalized
cream
lined
unlined
white
azure
blue
a margin

Postcards

a picture postcard
a funny postcard
a scenic postcard
a photograph
an art reproduction

Envelopes

an envelope
to seal
to lick
to slit open
to address
a padded envelope
to enclose a stamped self-
    addressed envelope

</td><td>

Par courrier
Pour écrire
Du papier à lettre

à en-tête
crème
réglé
uni
blanc
azuré
bleu
une marge

Les cartes postales

une carte postale
une carte humoristique
une carte panoramique
une photographie
une reproduction

Les enveloppes

une enveloppe
sceller
lécher
ouvrir
adresser
une enveloppe rembourrée
joindre une enveloppe timbrée

</td></tr>
</table>

Stamps

a stamp	un timbre
to lick	lécher
to stick on	coller sur
to buy	acheter
a book of stamps	un carnet de timbres
a first-class stamp	un timbre à tarif normal
a second-class stamp	un timbre à tarif réduit

Useful expressions

What stamp do I need for . . . ?	J'ai besoin de quel timbre pour . . . ?
How much does it cost to send a letter to the United States?	Combien ça coûte d'envoyer une lettre aux États-Unis?
by the cheapest means possible	le moins cher possible
as fast as possible	aussi vite que possible
How long will it take to get there?	Combien de temps cela prendra pour arriver?
How much does it weigh?	Cela pèse combien?
Put it on the scales.	Mettez-la/mets-la sur la balance.
guaranteed next-day delivery	délivré(e) en vingt-quatre heures chrono
to send by registered mail	envoyer avec avis de réception
by air mail	par avion
an international reply form/ return receipt	avec accusé de réception
to fill out details on a form	remplir des détails sur une fiche
the sender	l'expéditeur
the recipient	le destinataire
surname	nom (*m*) de famille (*f*)
first names	prénoms (*m*)
address and zip code	adresse (*f*) et code (*m*) postal
date	date (*f*)
contents	contenu (*m*)
value	valeur (*f*)

Packages

Les colis

to wrap up a package	emballer un colis
wrapping paper	du papier d'emballage
gift wrap	papier-cadeau (*m*)
brown paper	du papier marron
tissue paper	du papier de soie

Les timbres and *Expressions utiles* appear as the French column headings for Stamps and Useful expressions respectively.

corrugated paper	du papier ondulé
bubble wrap	emballage à bulles
adhesive tape	du Scotch®
to tape	scotcher
string	une cordelette
to tie a knot	faire un noeud
to put your finger on the knot	mettre son doigt sur le nœud
scissors	des ciseaux (*m*)
a knife	un couteau
to cut	couper
tape	du Scotch®
to stick	coller
to undo	défaire
Fragile!	Fragile!
This way up!	Haut-Bas!

Mailboxes / *Les boîtes à lettres*

Is there a mailbox near here?	Y a-t-il une boîte à lettres près d'ici?
to mail a letter	poster une lettre
What are the collection times?	Quelles sont les heures de levée?
the first pickup	la première levée
the next pickup	la prochaine levée
to catch the last pickup	poster juste avant la dernière levée
to miss the pickup	manquer la levée
local mail only	courrier local
other destinations	autres destinations
working days	jours ouvrables
public holidays	jours fériés

The post office / *La poste*

to line up	faire la queue
to wait to be served	attendre d'être servi(e)
to go to the counter	aller au comptoir

Postal deliveries / *Les livraisons postales*

a letter carrier/mailperson	un facteur
a mail van	une camionnette de la poste
a postal route	la tournée du facteur
What time does the mail usually arrive?	A quelle heure passe le courrier d'habitude?
Has the mail been delivered yet?	Le courrier est déjà passé?

Is there a letter for me?	Y a-t-il une lettre pour moi?

Writing letters

Érire des lettres

Formal letters

Lettres formelles

Dear Sir	Monsieur
Dear Mr./Mrs./Ms.	Cher Monsieur/Chère Madame/ Mademoiselle
Yours faithfully	Je vous prie, Monsieur, d'agréer mes salutations distinguées
Yours sincerely	Veuillez agréer l'expression de mes sentiments respectueux

Informal letters

Lettres amicales

Dear James	Cher James
With best wishes/Affectionately/ Love/Lots of love/All my love	Amitiés/affectueusement/ je t'embrasse/je t'embrasse/ je t'embrasse bien fort

By telephone

Au téléphone

French directory assistance = 12	renseignements en France = 12
French international directory assistance = 00 33 12 + national code	renseignements à l'étranger = 00 33 12 + indicatif national

The telephone

Le téléphone

the receiver	le combiné
to pick up	décrocher
to listen	écouter
The telephone is ringing.	Le téléphone sonne.
Shall I answer it? I'll get it.	Je réponds? Je vais répondre.
I'll take it in the kitchen.	Je le prends dans la cuisine.
the dial	le cadran
to dial a number	composer un numéro
mobile phone	un téléphone mobile

The tones

La tonalité

the dial tone	la tonalité de la sonnerie
to get the busy signal	entendre la tonalité: occupé
It's busy.	C'est occupé.
It's ringing.	Ça sonne.
It's out of order.	Ça ne marche pas.
It's disconnected.	Le téléphone est coupé.

There isn't any dial tone.	Il n'y a pas de tonalité.
Can you help me, please?	Pouvez-vous/peux-tu m'aider, s'il vous/te plaît?
I was cut off.	J'ai été coupé(e).

Answering the phone

Répondre au téléphone

Hello, is that Peter?	Allô, c'est Peter?
Could I speak to your mother?	Pourrais-je parler à votre/ta mère?
Is Julia there, please?	Est-ce que Julia est là, s'il vous plaît?
Who is this speaking?	Qui est à l'appareil?
Who do you want to talk to?	A qui voulez-vous/veux-tu parler?
Hang on.	Un instant.
I'll get him/her for you.	Je vais le/la chercher.
He/she won't be a minute.	Il/elle en a pour une seconde.
I am sorry he/she isn't in at the moment.	Je regrette il/elle n'est pas là en ce moment.
When will he/she be back?	Il/elle sera de retour à quelle heure?
Can you say I called?	Pouvez-vous/peux-tu dire que j'ai appelé?
Could you give him/her a message, please?	Pouvez-vous/peux-tu lui laisser un message, s'il vous/te plaît?
I will call again another time.	Je rappellerai une autre fois.
We are just about to eat. Can we call you later?	On va juste se mettre à table. On peut vous appeler/t'appeler plus tard?
What is your number?	Quel est votre/ton numéro?
Can I take a message?	Je peux prendre un message?
Whom shall I say called?	De la part de qui?

Finding telephone numbers

Trouver les numéros de téléphone

a telephone directory	un annuaire téléphonique
an address book	un carnet d'adresses
to look up a number	chercher un numéro
What is their name?	Quel est leur nom?
How do you spell it?	Comment s'écrit-il?
What is their address?	Quelle est leur adresse?
yellow pages	pages jaunes (*f*)
directory information	renseignements (*m*)

Using a public phone booth

Utiliser une cabine téléphonique

I need some change.	J'ai besoin de monnaie.
What coins does it take?	Quelles pièces faut il?
a telephone token	un jeton téléphonique

Does it take a phone card?	Est-ce qu'il faut une carte téléphonique?
a twenty-five unit card	une carte à vingt-cinq unités
Could I reverse the charge, please?	Je peux appeler en P.C.V., s'il vous plaît?
out of order	en panne
How do you use this telephone?	Comment on utilise ce téléphone?
Can you use a charge card?	On peut utiliser une carte de paiement?

Answering machines

Les répondeurs téléphoniques

to turn on/off	mettre en marche/arrêter
Is the answering machine on?	Le répondeur est-il en marche?
There is a message on the answering machine for you.	Il y a un message sur le répondeur pour vous/toi.
The answering machine is flashing/beeping.	Le répondeur clignote/sonne.
to play back the tape	repasser la cassette
to listen to the messages	écouter les messages (*m*)
to record a message	enregistrer un message
to rewind	rembobiner
to reset	remettre à zéro

21

School and College
L'école, le Collège et l'université

I go to . . .	Je vais à . . .
a nursery school	la maternelle
a primary school	l'école (*f*) primaire
a junior high school	le collège
a high school	un lycée
a private school	une école privée
a public school	une école publique
a coeducational school	une école mixte
a university	une université

School buildings and rooms

Les bâtiments et les salles

the school office	le bureau du directeur
the staff room	la salle du personnel

The assembly hall

La salle de réunion

the platform	la chaire
a microphone	un micro
chairs	les chaises (*f*)
to stack	empiler
to put out in rows	mettre en rang

The classroom

La salle de classe

a desk	un pupitre
a desk top	un couvercle de pupitre
to open	ouvrir
to close	fermer
a chair	une chaise
to sit down	s'asseoir
the blackboard	le tableau
to write on	écrire sur
chalk	craie (*f*)
a blackboard duster	un brosse
to wipe the blackboard	essuyer le tableau
the bulletin board	le tableau d'affichage
to pin up a bulletin	afficher une annonce

The dining room

Le réfectoire

the canteen	la cantine
to line up	faire la queue
to take a tray	prendre un plateau

to ask for	demander
to help yourself	se servir
self-service	le self-service
Could I have a little . . . , please?	Pourrais-je avoir un petit peu de . . . , s'il vous plaît?
Could I have a lot of . . . , please?	Pourrais-je avoir beaucoup de . . . , s'il vous plaît?
to clear the table	débarrasser la table
to wipe the table	nettoyer la table

The gymnasium / *La salle de gym*

the wall bars	les espaliers (*m*)
a vault	un saut
to vault	sauter
a horse	un cheval d'arçons
a monkey bar	une cage à poules
to balance	être en équilibre
a rope	une corde
to climb	grimper
to swing	se balancer
a rope ladder	une échelle de corde
a springboard	un tremplin
a trampoline	un trampoline
a mat	un tapis
the showers	les douches (*f*)
a changing room	un vestiaire

The music room / La salle de musique

a practice room	une salle d'exercice
a piano	un piano
a music stand	un pupitre à musique
lockers	un casier de consigne
soundproof	insonorisé(e)

(See pages 97–99 for music lessons.)

The art room / *La salle de dessin*

an easel	un chevalet
paints	de la peinture
paintbrushes	des pinceaux (*m*)
paper	du papier
to have a painting on the wall	peindre sur le mur

to be on display	être exposé(e)
an exhibition of work	une exposition

(See page 160 for details of art equipment.)

The science block

	Les salles de science
a laboratory	un laboratoire
a lab coat	une blouse
safety glasses	des lunettes (*f*)
a work bench	une paillasse
a sink	un évier
acid/alkali	acide/alcalin(e)
litmus paper	papier de tournesol
the periodic table	la classification périodique des éléments

Apparatus

	Le matériel
a beaker	un vase à bec
a Bunsen burner	un bec-Bunsen
a tripod	un trépied
gauze	gaze (*f*)
a burette	une éprouvette
a condenser	un condensateur
a crucible	un creuset
a crystallizing dish	un récipient de cristallisation
a delivery tube	un catalyseur
an evaporating basin	un évaporateur
filter paper	un papier filtre
a flask	un ballon
conical	conique
round-/flat-bottomed	à fond rond/à fond plat
a spatula	une spatule
a stand	un pupitre
a clamp	un clamp
a syringe	une seringue
a test tube	un tube à essai
a test tube holder	un support
a test tube rack	un portoir
a thermometer	un thermomètre

The library

	La bibliothèque
the librarian	le/la bibliothécaire

to take a book out	prendre un livre
to return a book	rendre un livre
to be overdue	être en retard
to reserve	réserver
to read	lire
a reference book	un ouvrage de référence
a catalog	un fichier
a list of authors	une liste d'auteurs
a list of titles	une liste de titres
alphabetical	alphabétique
to look up	regarder

The cloakroom — *Les vestiaires*

a peg	un porte-manteau
to hang up	accrocher
a locker	un casier
to lock	fermer à clef
to unlock	ouvrir
to put away	ranger
to get out	sortir

The restrooms — *Les toilettes*

occupied	occupé
vacant	libre
the sink	le lavabo
to wash one's hands	se laver les mains
to dry one's hands	se sécher les mains
a towel	une serviette
a mirror	un miroir
to look in	se regarder dans
to brush one's hair	se brosser les cheveux

The nurse's office — *L'infirmerie*

the nurse	l'infirmière
to feel ill	se sentir malade
to lie down	s'allonger
to have a headache	avoir mal à la tête
to feel sick	avoir envie de vomir
to take your temperature	prendre sa température
to have an accident	avoir un accident
to go to the hospital	aller à l'hôpital (*m*)
to go home	aller à la maison

| to call your family | appeler sa famille |

(For details of illnesses see pages 304–310.)

The school grounds

Le domaine de l'école

the playground	la cour de récréation
the volleyball courts	les terrains (*m*) de volley-ball
the tennis courts	les courts (*m*) de tennis
the sports field	le terrain de sport
the hockey/lacrosse field	le terrain de hockey/de lacrosse
the swimming pool	la piscine

(See pages 214–218 for playing tennis and pages 222–227 for swimming.)

School life

La journée scolaire

The staff

Le personnel

the principal	le directeur/la directrice
the assistant principal	le sous-directeur/directrice
a department head	le chef du département
the course teacher	un professeur principal
a subject teacher	un professeur de . . . (matière)
the kitchen staff	les cuisiniers
the caretaker	le/la concierge
the maintenance staff	le personnel de nettoyage

The students

Les élèves

a student	un élève
a day student	un externe
a boarding student	un interne
a weekly boarder	un pensionnaire à la semaine
a new girl/a new boy	une nouvelle/un nouveau
a first-year student	un sixième

The school year

L'année scolaire

the terms/semesters	les trimestres (*m*)
the autumn term	le premier trimestre
the spring term	le troisième trimestre
the summer term	le trimestre d'ete
the holidays	les vacances (*f*)
a half-term holiday	les vacances de milieu de trimestre

the Christmas vacation	les vacances de Noël
the Easter vacation	les vacances de Pâques
the summer vacation	les grandes vacances
graduation day	distribution (*f*) des prix (*m*)/ cérémonie (*f*) de remise des diplômes (É.U.)
a public holiday	un jour férié

Useful expressions

Expression utiles

My school is . . .	Mon collège est . . .
coeducational	mixte
a girls' school	un collège de filles
a boys' school	un collège de garçons
selective	sélectif
mixed-ability	non-sélectif
streamed	réparti en niveaux
large/small	grand/petit
boarding/day	interne/externe
My school starts at nine o'clock.	Mon collège commence à neuf heures.
My lessons last forty minutes.	Mes cours durent quarante minutes.
We have/don't have school on Saturdays.	On a/n'a pas cours le samedi.
We have four French lessons a week.	On a quatre cours de français par semaine.
What's your favorite subject?	Quelle est votre/ta matière préférée?
I like math best.	Je préfère les maths.
I hate Latin.	Je déteste le latin.
I think history is really interesting.	Je trouve que l'histoire est vraiment intéressante.

What is your teacher like?

Comment est votre/ton/ta professeur?

I think my teacher is . . .	Je trouve que mon/ma professeur est . . .
boring	ennuyeux(-euse)
excellent	excellent(e)
very good	assez bon(ne)
strict	strict(e)
unable to keep order	n'a pas d'autorité
funny	drôle
eccentric	excentrique
My teacher is . . .	Mon/ma professeur est . . .

old/young	vieux/vieille/jeune
male/female	un homme/une femme

What are you going to do when you leave school?

Qu'allez-vous/que vas-tu faire après l'école?

I am planning to . . .	J'ai l'intention (*f*) de . . .
I have a place at . . .	J'ai une place à . . .
I don't know yet.	Je ne sais pas encore.

Registration

L'appel

to register	faire l'appel
to be present/absent	être présent/absent
to give out notices	communiquer les notifications (*f*)
school assembly	la réunion de tous les élèves
to walk in single file	marcher en file indienne

Clothes and equipment

Les tenues et affaires de classe

school uniform	un uniforme scolaire
a lab coat	une blouse
Do you have to wear a school uniform?	Vous devez/tu dois porter un uniforme?
What color is your school uniform?	De quelle couleur est votre/ ton uniforme?
Do you like your uniform?	Vous aimez votre/tu aimes ton uniforme?

A briefcase

Une serviette

a gym bag	un fourre-tout
a backpack	un cartable
a schoolbag	un cartable
a duffle bag	un sac de paquetage
a textbook	un manuel
a calculator	une machine à calculer

A sports bag

Un sac de sport

sports clothing	des affaires (*f*) de sport
athletic shoes	des chaussures (*f*) de sport
a T-shirt	un tee-shirt
shorts	un short
a towel	une serviette

Stationery

Papèterie

Paper

Du papier

colored paper	du papier de couleur

file paper/ring reinforcers	feuille(*f*) de classeur (*m*)/œillets (*m*)
graph paper	du papier à graphique
personalized notepaper	du papier à lettre à en-têtes
lined/unlined paper	du papier réglé/uni
accounting paper	du papier à carreaux
tracing paper	du papier-calque
writing paper	du papier à lettre

Books

Les livres et cahiers

an exercise book	un cahier d'exercice
a draft book	un cahier de brouillon
a notebook	un cahier
a textbook	un manuel

Files

Les classeurs

to file	classer
a ringbinder file	un classeur à anneaux
an envelope file	une serviette
a folder	une chemise
a file divider	un intercalaire

Writing equipment

Le matériel d'écriture

A pencil case	une trousse
to open	ouvrir
to close	fermer
to zip up	ouvrir avec une fermeture éclair®
to unzip	fermer avec une fermeture éclair®
a zipper	la fermeture éclair®

Pens

Les stylos

a ballpoint pen	un stylo à bille
a felt-tip pen	un feutre
a fine tip	un bic® à pointe fine
a thicker tip	un bic® à grosse pointe
a fountain pen	un stylo à plume
a fine point	une plume fine
a medium point	une plume normale
a thick point	une grosse plume
a cartridge pen	un stylo à encre

Ink

L'encre

a bottle of ink	une bouteille d'encre (*f*)
to fill the pen	remplir le stylo
to run out of ink	manquer d'encre

a cartridge	une cartouche
to need a new cartridge	avoir besoin d'une nouvelle cartouche
to put a cartridge in	mettre une cartouche dans
a full/half-full/empty cartridge	une cartouche pleine/à moitié pleine/vide
What type of cartridge does it take?	Quel genre de cartouche doit-on mettre?
an ink eradicator	un effaceur d'encre
a mistake	une erreur
blotting paper	un buvard
to blot	tâcher
an ink blot	une tâche d'encre
to spill the ink	renverser l'encre

Pencils   *Les crayons à papier*

a lead pencil	un crayon
a colored pencil	un crayon de couleur
hard	dur(e)
soft	mou (molle)
the point	la pointe
blunt	émoussée
sharp	pointue
to break the lead	casser la mine
a pencil sharpener	un taille-crayon
to sharpen	tailler
to throw away the shavings	jeter les copeaux

Erasers   *Les gommes*

to make a mistake	faire une faute
to rub out	gommer
an ink eraser	une gomme à encre

Rulers   *Les règles*

a metric/imperial ruler	une règle métrique/britannique
to measure	mesurer
to draw a straight line	tirer un trait droit
to underline	souligner
to double underline	souligner deux fois

Geometry equipment   *Le matériel géométrique*

a compass	un compas
a protractor	un rapporteur

a set square	une équerre
to draw an angle	dessiner un angle
to measure an angle	mesurer un angle

Other equipment
Scissors

Autre matériel
Des ciseaux (m)

to cut	couper
sharp	pointus
blunt	émoussés
to cut along a line	couper le long d'une ligne
to cut out	découper

Fastening things together

Attacher les choses

glue	colle (*f*)
adhesive tape	Scotch®/ruban adhésif
double-sided tape	du Scotch® double face
a stapler	une agrafeuse
a staple	une agrafe
to staple	agrafer
to run out of staples	manquer d'agrafe
Do you have any more staples?	Avez-vous/as-tu d'autres agrafes?
How do you load the staples?	Comment change-t-on les agrafes?

Hole punchers

Une perforeuse

to punch holes	perforer
to use ring reinforcers	utiliser des œillets (*m*)

Stencils

Pochoirs

to stencil/a stencil	marquer au pochoir/un pochoir
an alphabet stencil	un pochoir alphabétique
capital letters/lowercase letters	lettres (*f*) majuscules/minuscules

Studying and exams
The classes

Le travail et les examens
Les cours

art	l'art (*m*)
biology	la biologie
business studies	le commerce
chemistry	la chimie
design	le stylisme
general studies	la culture générale
geography	la géographie

gymnastics	la gymnastique
history	l'histoire (*f*)
home economics	les arts ménagers
information technology/ computer science	l'informatique (*f*)
Latin	le latin
mathematics	les mathématiques (*f*)
algebra	l'algèbre (*f*)
calculus	le calcul
geometry	la géométrie
trigonometry	la trigonométrie
metalwork	la ferronnerie
modern languages	les langues (*f*)
English	l'anglais (*m*)
French	le français
German	l'allemand (*m*)
Italian	l'italien (*m*)
Russian	le russe
Spanish	l'espagnol (*m*)
literature	la littérature
language	la langue
vocabulary	le vocabulaire
grammar	la grammaire
music	la musique
physical education	l'éducation (*f*) physique
physics	la physique
religious studies	l'éducation religieuse
technical drawing	le dessin technique
woodworking	la menuiserie

The schedule / *L'emploi du temps*

a free period	une heure libre
the mid-morning break	la pause du matin
recess	la récréation
lunchtime	le déjeuner
afternoon break	la pause de l'après-midi
a bell	une cloche
to ring	sonner
the end of the school day	la fin de l'école
homework	les devoirs

Studying

to study	étudier
to work	travailler
to concentrate	se concentrer
to do homework	faire ses devoirs
to read	lire
to write	écrire
to take notes	prendre des notes
headings	des titres (*m*)
a synopsis	un résumé
an abbreviation	une abréviation
shorthand	la sténographie

Writing an essay

the title	le titre
to plan an essay	faire un plan de dissertation
an introduction	une introduction
a new paragraph	un nouveau paragraphe
a conclusion	une conclusion
to sum up	conclure
a quotation	une citation
a bibliography	une bibliographie
to argue	argumenter
an argument	un argument
to discuss	discuter
a discussion	une discussion
to describe	décrire
a description	une description
to look at both sides	peser le pour et le contre
to examine	examiner
to include facts/dates	inclure des faits (*m*)/dates (*f*)

Learning

to learn	apprendre
to memorize	mémoriser
facts	faits (*m*)
dates	dates (*f*)
a poem	un poème
to review	réviser
to be tested on	être interrogé sur
to test yourself	s'interroger

Le travail

Rédiger une dissertation

Apprendre

Exams

to take an exam	passer un examen
to pass exams	être reçu à un examen
to fail exams	échouer à un examen
to retake exams	repasser des examens
to take a course in	suivre des cours de
to wait for the results	attendre les résultats
When do you hear your results?	Quand avez-vous vos/as-tu tes résultats?
The results come on Wednesday.	Les résultats sont mercredi.
How do you get your results?	Comment allez-vous/vas-tu connaître vos/tes résultats?
We have to go to school for them.	Il faut aller à l'école pour les connaître.
The results come by mail.	Les résultats sont envoyés par la poste.

Les examens

Assessments

a report card	un bulletin
a mark	une note
a percentage	un pourcentage
a grade	une note
an A grade/a B grade	une très bonne note/une bonne note
to be graded	être noté(e)
a distinction	une distinction
to be first in the class	être premier(-ière)
to be about average	être dans les moyens
to be near the bottom	être dans les derniers
to make corrections	faire des corrections (*f*)
to do better/worse than one had thought	faire mieux/moins bien qu'on ne pensait
to be upset	être triste/ennuyé(e)
to be disappointed	être déçu(e)
to be relieved	être soulagé(e)
to be delighted	être ravi(e)

L'appréciation des professeurs

Higher education
University entrance

to apply for admission to . . .	poser sa candidature pour une place à . . .
an interview	une entrevue

L'université
L'entrée à l'université

to be called for an interview	être appelé(e) pour une entrevue
to take an exam	passer un examen
to get the examination results	obtenir les résultats d'examen
the grade	la note
to go to college	aller à la faculté
to go to business school	aller à une école de commerce
technical college	un I.U.T (institut universitaire technique)
university	une université
to get a place at	obtenir une place à
to study for a degree in	poursuivre des études de

Funding for college

Le financement des études supérieures

I'm eligible for financial aid/ student aid.	Je peux obtenir une bourse d'études.
I'm on a sports scholarship.	J'ai une bourse de sport.
student loan	un prêt bancaire

Living at college

La vie à l'université

to be in your first/second year	être en première/deuxième année
to be a freshman	être un bizut
to be in your third/last year	être en troisième/quatrième année
to be an undergraduate/a student	être étudiant(e)
to live in a residence hall	avoir une chambre en cité universitaire
to live in off-campus housing	vivre dans une "piaule"
to rent an apartment	louer un appartement
to live with some friends	habiter avec des amis
the student union building	les locaux (m) d'une association (f) d'étudiants
an administration building	un bâtiment (de faculté)
the library	la bibliothèque

College activities

Les activités

I'd like to get involved with college clubs.	J'aimerais faire partie d'un club sur le campus.
What university clubs do you recommend?	Quels clubs recommandez-vous?
How many members do you have?	Combien de membres y a-t-il?
How often do have meetings?	Vous avez des réunions tous les combien?

Are there interesting speakers?	Faites-vous venir des intervenants intéressants?
What type of social events do you hold?	Quelles activités organisez-vous?
the debate society	la société des débats contradictoires
the film club	le ciné-club
folkloric clubs	des clubs de danses folkloriques
martial arts clubs	des clubs d'arts martiaux
musical groups	des groupes de musique
the choral society	la chorale
the student orchestra	un orchestre d'étudiants
political clubs	des associations politiques
sports clubs	un club sportif
the student association	l'association d'étudiants
the theatrical society	l'association théâtrale
a fraternity	une association d'étudiants (hommes)
a sorority	une association d'étudiantes (femmes)

Academic staff

Le personnel enseignant

the administrator	l'administrateur(-trice)
an assistant professor	un maître assistant
a coordinator	un coordinateur
the dean	le président
a doctor	une personne titulaire d'un doctorat
a lecturer	un maître de conférences
a professor	un professeur (titulaire de chaire)
the rector	le recteur
a student counselor	un conseiller académique

University degrees

Les diplômes universitaires

a bachelor's degree	une licence/une maîtrise
a master's degree	un diplôme de troisième cycle
a doctorate	un doctorat
a degree in	un diplôme de
a graduate	un diplômé
What class of degree did you get?	Quelle mention avez-vous/as-tu en?
a degree with honors	avec mention

Degree courses

Les matières

accounting	la comptabilité
anthropology	l'anthropologie (*f*)

archaeology	l'archéologie (*f*)
art history	l'histoire de l'art
architecture	l'architecture (*f*)
biochemistry	la biochimie
botany	la botanique
business studies	le commerce
catering	la restauration
chemistry	la chimie (*f*)
chemical engineering	le génie chimique
civil engineering	le génie civil
classics	les lettres classiques
computer sciences	l'informatique (*f*)
dentistry	des études (*f*) dentaires
divinity	la théologie
ecology	l'écologie (*f*)
economics	l'économie (*f*)
electrical engineering	le génie électrique
engineering	des études d'ingénieur
film production	la production cinématographique
fine arts	les beaux-arts
foundation courses	les cours de base
Francophone studies	des études (*f*) francophones
gender studies	la sociologie des rapports sociaux de sexe
geography	la géographie
geology	la géologie
geophysics	la géophysique
history	l'histoire (*f*)
hotel management	l'hôtellerie (*f*)
international studies	des études internationales
journalism	le journalisme
law	le droit
librarianship	le documentalisme
literature	la littérature
mathematics	les mathématiques
mechanical engineering	le génie mécanique
media studies	le journalisme
medicine	la médecine
modern languages	les langues vivantes
nursing	des études d'infirmier

philosophy	la philosophie
political science	les sciences politiques
public health	la santé publique
psychology	la psychologie
sociology	la sociologie
social sciences	les sciences sociales
social work	l'assistance (f) sociale
statistics	les statistiques (f)
teacher education	la formation pédagogique
theater production	la production théâtrale
theology	la théologie
veterinary science	des études vétérinaires
zoology	la zoologie

College education / *Les études supérieures*

I'm in . . . year at college.	Je suis en . . . année.
a sophomore/junior/senior	deuxième/troisième/dernière
an academic program	un programme universitaire
to enroll	s'inscrire
the curriculum	le programme
a semester	un semestre
a major	une spécialisation
a degree	un diplôme
the grades awarded	les notes reçues
to take a course	suivre un cours
the coursework	le contrôle continu
a lecture	un cours théorique
a tutorial	des travaux dirigés
a field trip	un voyage éducatif
a paper	un essai
a dissertation	une thèse
to study	étudier
credits	des UV
to obtain credit hours	obtenir des UV
a certificate of attendance	un certificat de participation
a diploma	un diplôme
an accredited course	un cours accrédité
a non-credit course	un cours non accrédité
I will receive 3 U.S. credits for 50 hours of tuition.	Je vais recevoir 3 UV américaines pour 50 heures de cours.

I need to obtain approval from my college before I transfer to this course.	J'ai besoin de l'autorisation de mon école avant de prendre ce cours.
Please send a transcript to my college registrar.	Veuillez envoyer un relevé de mes notes au bureau administratif de mon établissement universitaire.
I need to contact/E-mail my advisor at my U.S. college.	J'ai besoin de contacter mon conseiller scolaire.

French language program

Le programme de français

individual tuition	les cours privés
a private tutor	le professeur particulier
personalized instruction	un enseignement personnalisé
classroom instruction	l'enseignement (*m*) en classe
total immersion	l'immersion totale
daily instruction	des cours quotidiens
continuing education	une formation continue
a cultural workshop	un atelier culturel
preparation	la préparation
beginner level	le niveau débutant
intermediate level	le niveau moyen
advanced level	le niveau avancé
summer school	les cours d'été

Language lessons

Les cours de langue

entry requirement	le niveau d'entrée
a proficiency test	un test d'aptitude
a placement test	un test de niveau
area studies	les disciplines (*f*)
business etiquette	les usages en affaire
business French	le français des affaires
communicative language	la communication
composition	la rédaction
grammar	la grammaire
language laboratory	le laboratoire de langue
listening comprehension	la compréhension auditive
literature	la littérature
oral fluency	la conversation
phonetics	la phonétique
reading	la lecture

sentence structure	la syntaxe
written French	le français écrit
I have difficulty coping with class. Is there a lower level?	J'ai du mal à suivre. Pourrais-je prendre un cours moins avancé?
My classes are not very challenging. Can I move to a higher level?	Mes cours sont trop faciles. Pourrais-je suivre un cours plus avancé?

22

Current Events
L'actualité

Politics
Elections

to call an election
to hold an election
to hold a referendum
a general election
to nominate
a nomination
to choose a candidate
to run for election
to canvass opinion

to campaign
to give a speech
the election day
a polling station/place
a ballot paper
to put a cross
to vote for/against
to vote by secret ballot
a postal vote
the results of an election
to announce the result
to win an election
by a narrow margin
by a large majority
to be elected
to be defeated

La politique
Les élections

appeler aux urnes
organiser une élection
organiser un référendum
une élection présidentielle
nommer
une nomination
choisir un candidat
se présenter à une élection
faire des sondages (*m*)
    d'opinion (*f*)

faire campagne
faire un discours
le jour de l'élection
un bureau de vote
un bulletin de vote
mettre une croix
voter pour/contre
voter à bulletin secret
un vote par procuration
les résultats d'une élection
annoncer les résultats
gagner une élection
à une faible majorité
à une forte majorité
être élu(e)
être battu(e)

to lose an election	perdre une élection
to demand a recount	demander un recomptage des voix
How would you vote?	Comment voteriez-vous/voterais-tu?
I don't bother to vote.	Je m'en fiche de voter.
I voted for . . .	J'ai voté pour . . .
private versus public life	vie publique contre vie privée
media attention	l'attention des médias
the president	le président
the prime minister	le premier ministre
representative	représentant(e)
the senate	le sénat
senator	un sénateur
the congress	le congrès
congressman	un membre du congrès/un député

The economy | ## L'économie

to pay taxes	payer des impôts (*m*)
high/low taxation	forte/légère imposition (*f*)
VAT (Value Added Tax)	TVA
sales tax	taxe (*f*) à l'achat
income tax	impôt (*m*) sur le revenu
property tax	impôt (*m*) foncier
exempt from tax	exempté d'impôt
the Budget	le budget
the recession	la récession
inflation	l'inflation (*f*)
the depression	la dépression
unemployment	le chômage
the welfare state	l'état-providence (*m*)
social security	aide (*f*) sociale

The workers | ## Les travailleurs

a trade union	un syndicat
to call a strike	lancer un ordre de grève
to go on strike	faire la grève
to go out in sympathy	faire la grève par solidarité
to demand	exiger
a pay raise	une augmentation de salaire
better hours	des horaires (*m*) meilleurs
better conditions	des conditions (*f*) meilleures
equality	l'égalité (*f*)

a minimum wage	un salaire minimum/SMIC
to wave a banner	agiter une banderole
to picket	faire un piquet de grève
to boycott/a boycott	boycotter/un boycottage
a peaceful/violent demonstration	une manifestation paisible/violente

Emergencies   ## *Les urgences*

to declare a state of emergency	déclarer un état d'urgence
a riot	une émeute
the riot police	les C.R.S
shields	boucliers (*m*)
truncheons	matraques (*f*)
tear gas	bombe (*f*) lacrymogène
a bomb scare	une alerte à la bombe
a car bomb	une voiture piégée
terrorists	des terroristes
to evacuate the area	évacuer le territoire
the bomb disposal squad	l'équipe de déminage

War   ## *La guerre*

to declare war on	déclarer la guerre à
to be at war with	être en conflit avec
to fight	se battre
to wound	blesser
casualties	victimes
the wounded	les blessés
the number of dead	le nombre de morts
guerrilla warfare	une guérilla
nuclear war	la guerre nucléaire
a nuclear explosion	une explosion nucléaire
radiation	radiation (*f*)
fallout	retombées (*f*)
an antinuclear protest	une manifestation antinucléaire
to be a pacifist	être pacifiste
to campaign for	faire campagne pour
a protest march	une manifestation
a peaceful demonstration	une manifestation silencieuse
unilateral disarmament	désarmement (*m*) unilatéral
multilateral disarmament	désarmement multilatéral
to declare a truce	faire une trêve
to cease fighting	arrêter le combat

Law and order

the police
a police officer
a police car
a siren
to break the law
to go over the speed limit
speed cameras/radar
to be over the breathalyzer limit
to have one's license suspended
to take illegal drugs
to be underage
to caution
to arrest
to imprison
to witness
to give evidence
to sign a statement
to telephone your home
to ask for a lawyer
to remain silent

Law courts

the judge
the jury
to try
the case for the prosecution

to prosecute
the case for the defense
to defend
an attorney
a summons
a criminal
to acquit
to be let off
to find guilty
a sentence
a fine
to fine
to be put on probation

L'ordre public

la police
un policier/une femme policier
une voiture de police
une sirène
enfreindre la loi
dépasser la limite de vitesse
les radars (*m*)
dépasser la limite de l'alcootest
se faire retirer son permis de conduire
consommer des drogues (*f*) illicites
être mineur
avertir
arrêter
emprisonner
attester
témoigner
signer une déclaration
téléphoner à la maison
demander un avocat
rester silencieux(-euse)

Les tribunaux

le juge
le jury
faire un procès
les arguments du ministère public/
　　de l'accusation

poursuivre en justice
les arguments de la défense
défendre
un avocat/un plaidant
une assignation
un accusé
acquitter
obtenir la grâce
trouver coupable
une peine
une amende
infliger une amende
être mis en liberté surveillée

a term of imprisonment	une peine de prison
censorship	la censure
freedom of speech	la liberté de parole

Sexuality

La sexualité

heterosexual	hétérosexuel(le)
homosexual	homosexuel(le)
lesbian/gay	lesbienne/gay
sexually transmitted disease	maladie (f) sexuellement transmissible
HIV positive	séropositif
AIDS	SIDA (m)
a blood test	une analyse sanguine
a clinic	une clinique
confidential	confidentiel(le)
pornography	pornographie (f)
prostitution	prostitution (f)
equal opportunity	l'égalité (f) des chances
sexual discrimination	la discrimination sexuelle

The lottery

La loterie/le loto

to buy a lottery ticket	acheter un billet de loto
to buy an instant lottery ticket	acheter un billet à gratter
to choose your numbers	choisir ses numéros (m)
a bonus number	le numéro complémentaire
to watch the lottery draw	regarder le tirage du loto
The first ball/the final ball is . . .	La première boule/la dernière boule est . . .
The results of the lottery were . . .	Les résultats du loto étaient . . .
The jackpot is . . .	La cagnotte est . . .
a roll-over week	une semaine de cumul
No one won the lottery.	Personne n'a gagné au loto
a ten dollar prize	un lot de dix dollars
to share the winnings	partager le gain
How much is the lottery jackpot this week?	A combien s'élève la cagnotte cette semaine?
Do you approve of the lottery?	Que pensez-vous/penses-tu du loto?
The charities are suffering because of the lotteries.	Les œuvres de charité souffrent du loto.
It gives people an interest.	Cela donne un intérêt aux gens.

It's just good fun.	C'est juste pour s'amuser.
Some people get addicted to it.	Certaines personnes en deviennent dépendantes.
What would you do if you won the lottery?	Que feriez-vous/ferais-tu si vous gagniez/tu gagnais au loto?
I got only two numbers right.	J'ai seulement deux bons numéros.

23

Travel
Les Voyages

Signs

Restrooms

ladies

gentlemen

vacant

occupied

out of order

hot water/cold water

no smoking

Entrances and exits

entrance

push/pull

no entry

exit

fire exit

fire escape

Elevators and escalators

elevator

up/down

It's coming.

Push the button.

Which floor do you want?

I want the third floor.

Which floor is it for . . . ?

the top floor/the ground floor

the basement

Excuse me, I want to get out here.

escalator

the up escalator

the down escalator

Hold on to the handrail.

Stand in the middle.

Be careful.

Watch your feet.

Open and closed

When do you open?

We open at . . .

opening hours

Les indications

Toilettes

femmes

hommes

libre

occupé

hors service

eau chaude/eau froide

ne pas fumer

Entrées et sorties

entrée

pousser/tirer

entrée interdite

sortie

sortie de secours

sortie de secours

Ascenseurs et escalators

ascenseur (*m*)

en haut/en bas

Il arrive.

Appuyer sur le bouton.

Quel étage voulez-vous/veux-tu?

Je vais au troisième étage.

A quel étage est . . . ?

le dernier étage/le rez-de-chaussée

le sous-sol

Pardon, je voudrais sortir ici.

l' escalator (*m*)

l'escalator montant

l'escalator descendant

Tenir la rampe.

Rester au milieu.

Attention

Faites attention à vos pieds.

Ouvert et fermé

Quand ouvrez-vous?

Nous ouvrons à . . .

heures d'ouverture

open from . . . /open until . . .	ouvert de . . . /ouvert jusqu'à . . .
When do you close?	Quand fermez-vous?
We close at . . .	On ferme à . . .
We are just about to close.	On va fermer tout de suite.

Sale
Les soldes

Great reductions!	Grosses réductions!
10% off everything	10% de réduction sur tous les articles
One third off	Réduction d'un-tiers
Half price	Moitié prix
a bargain	une aubaine
liquidation sale	Les soldes de liquidation
Sale ends on . . .	Les soldes se terminent le . . .

Private
Privé

no admittance	entrée interdite
strictly private	privé
staff only	personnel autorisé
trespassers will be prosecuted	défense d'entrée sous peine de poursuites
beware of the dog	attention! chien méchant

Traveling by train
Voyager en train
At the station
A la gare

the entrance	l'entrée (*f*)
the main concourse	le hall principal
Shall we meet by the . . .	On se donne rendez-vous près de . . .
the newsstand	le bouquiniste
the newspaper kiosk	le kiosque à journaux
the big clock	la grosse horloge
the waiting room	la salle d'attente
the restrooms	les toilettes (*f*)

(See pages 32–33 for using the toilet and page 257 for public restrooms.)

The buffet
Le buffet

to buy	acheter
a sandwich	un sandwich
a coffee/a cup of tea	un café/une tasse de thé
a bottle of water	une bouteille d'eau

The lost and found office

I have lost my . . .
Has my wallet been handed in?

Can I leave my suitcase here?
Do you have lockers?
How much are they?
What coins do they take?
Do you have any change?
How do they work?

Taxi

the taxi stand
Shall we take a taxi?
There is a very long line.
to give a tip
How much would it cost for
  a taxi to . . . ?
Take me to the station.
What is the fare?

The information office

Could I have a timetable for . . . ?
What time is the next train for . . . ?

Is it a direct train?
Do I have to change?
Where do I have to change?
Is there a good connection?
What time is the connection?
What time does it arrive at . . . ?
What time is the one after that?
How long does it take?
What platform does it leave from?

The ticket office

May I have . . . ?
How much is . . . ?
a round-trip ticket
a round-trip ticket returning today
returning tomorrow

Le bureau des objets trouvés

J'ai perdu mon/ma . . .
Est-ce que mon portefeuille a été
  déposé?

Je peux laisser ma valise ici?
Avez-vous des consignes (*f*)?
Combien coûtent-elles?
Elles prennent quelles pièces?
Avez-vous de la monnaie?
Comment marchent-elles?

Le taxi

la station de taxis
On prend un taxi?
Il y a une très grande queue.
donner un pourboire
Combien coûterait un taxi pour . . . ?

Conduisez-moi à la gare.
Quel est le tarif?

Le bureau de renseignements

Je peux avoir les horaires (*m*) de . . .
A quelle heure est le prochain
  train pour . . . ?
C'est un train direct?
Je dois changer?
Où dois-je changer?
Y a-t-il une bonne correspondance?
A quelle heure est la correspondance?
A quelle heure arrive-t-il à . . . ?
A quelle heure est le prochain?
Cela prend combien de temps?
De quel quai part-il?

Le guichet

Puis-je . . . ?
Combien coûte . . . ?
un aller-retour
un aller-retour dans la journée
retour demain

returning next week	retour la semaine prochaine
returning next month	retour dans un mois
a one-way ticket	un aller simple
first class	première classe
second class	deuxième classe
a child-rate ticket	un billet à tarif enfant
a student-rate ticket	un billet à tarif étudiant
a season ticket	une carte d'abonnement
for a week	pour une semaine
for a month	pour un mois
a book of tickets	un carnet de tickets
May I reserve a seat on . . . ?	Je peux réserver une place sur . . . ?
Is there a discount for students?	Vous faites des réductions étudiants?
Do you have a student card?	Avez-vous une carte d'étudiant?
Do you have proof of your age?	Avez-vous une preuve de votre âge?

The ticket punching machine — *La machine à composter*

to punch your ticket	composter son billet
You have to punch your ticket before boarding the train.	Il faut composter son billet avant d'embarquer dans le train.

The arrivals/departures board — *Le tableau des arrivées/ des départs*

due to arrive/depart at . . .	devrait arriver/partir à . . .
delayed by ten minutes	retardé de dix minutes
on time	à l'heure
early	en avance
just arrived	vient d'arriver
leaving from platform nine	quitte le quai numéro neuf
now boarding	embarquement immédiat

Announcements — *Les annonces*

What was that announcement?	Que disait cette annonce?
I didn't hear what he/she said.	Je n'ai pas entendu ce qu'il/elle a dit.
The next train to depart from platform one is the 3:45 for Rouen, calling at all stations.	Le prochain train qui partira du quai numéro un est celui de quinze heures quarante-cinq pour Rouen, faisant toutes les escales.
The train just arriving at platform four is the 2:30 from Lille.	Le train qui vient d'arriver en gare quai numéro quatre est celui de quatorze heures trente en provenance de Lille.

We apologize for the delay.	Nous vous prions de bien vouloir nous excuser pour ce retard.

The platform

Le quai

a barrier	une barrière
a ticket inspector/collector	un contrôleur
to catch/miss the train	prendre/rater le train
a seat	un siège/une place
to sit down	s'asseoir
a luggage cart	un chariot à bagages
a porter	un porteur

Types of trains

Les types de train

an intercity	un rapide
an express train	un train express
a local train	une micheline
a sleeper	un train-couchette
Trans Europe Express (TEE)	Trans-Europe Express
French Railway System (SNCF)	la Société Nationale des Chemins de Fer Français

Boarding a train

Embarquer dans un train

the wagons/cars	les voitures
the front/rear carriage	la voiture avant/arrière
a compartment	un compartiment
smoking/no smoking	fumeurs/non fumeurs
first class/second class	première classe/deuxième classe
the buffet	le buffet
the dining car	la voiture/le wagon-restaurant
the bar	le bar
a snack cart	un chariot de sandwiches
the sleeping compartment	un compartiment-lit
the door	la porte
to open/to close	ouvrir/fermer
Press the button to open the door.	Appuyer sur le bouton pour ouvrir la porte.
the windows	les fenêtres
Do you mind if I open/shut the window?	Ça ne vous dérange pas si j'ouvre/ferme la fenêtre?
the corridor	le couloir
to walk along/to look for a seat	marcher le long de/chercher une place

the emergency cord	la sonnette d'alarme
to pull	tirer
an emergency	une urgence
to stop the train	arrêter le train

The channel tunnel train

Le tunnel sous la manche

to drive on	embarquer (une voiture)
to drive off	débarquer (une voiture)
to sit in your car	rester dans sa voiture

The seats

Les sièges/les places

Is this seat taken?	Est-ce que cette place est prise?
May I sit here?	Puis-je m'asseoir ici?
I'm sorry, someone is sitting here.	Je regrette, quelqu'un est assis là.
That is a reserved seat.	Cette place est réservée.
Would you like to sit by the window?	Vous voulez vous/tu veux t'asseoir près de la fenêtre?
Do you prefer to face the way we are going?	Vous préférez/tu préfères être assis(e) dans le sens de la marche?
Shall we sit together?	On s'assoit l'un à côté de l'autre/ ensemble?

The luggage rack

Le porte bagages

Can I help you to put your suitcase up?	Puis-je vous aider à mettre votre valise en haut?
Can you manage to get your coat down?	Vous arrivez/tu arrives à descendre votre/ton manteau?

The passengers and railway staff

Les passagers et le personnel des chemins de fer

a commuter	un banlieusard
the driver	le conducteur
the guard	le chef de gare
the ticket inspector	le contrôleur
Tickets please.	Billets, s'il vous plaît.
Could I see your ticket, please?	Pourrais-je voir votre billet, s'il vous plaît?
I didn't have time to buy one, I'm afraid.	Je n'ai pas eu le temps d'acheter malheureusement.
Can I pay now, please?	Je peux payer maintenant, s'il vous plaît?
The ticket office was shut.	Le guichet était fermé.
I can't find my ticket.	Je ne trouve pas mon ticket.

| to be fined | avoir une amende |
| to be surcharged/to pay extra | payer un supplément |

Traveling by subway
Common expressions

Shall we go by subway?	On prend le métro?
Which lines is this station on?	Sur quelles lignes est cette station?
Which line do we need to take?	Quelle ligne devons-nous prendre?
What is this line called?	Comment s'appelle cette ligne?
What is this line number?	Quel est le numéro de cette ligne?
Let's look at a plan of the subway system.	Regardons un plan du métro.
We are here.	On est ici.
We need to go there.	On doit aller là.
Which line do I take for the Louvre?	Quelle ligne dois-je prendre pour le Louvre?
Take the Pont Neuilly line.	Prenez/prends la ligne Port-de-Neuilly.
Where do I get off ?	Où dois-je descendre?

Changing trains

You need to change at Orleans.	Il faut changer à Orléans.
We will have to change here.	Il faudra changer ici.
a connecting station	une station correspondante

Buying tickets at the ticket office

Please could I have two tickets for . . .	Pourrais-je avoir deux tickets pour . . . , s'il vous plaît?
to buy	acheter
a one-way/a round-trip ticket	un aller simple/un aller-retour
a child's ticket	un ticket-enfant
an adult's ticket	un ticket-adulte
a student's ticket	un ticket-étudiant
a pass	un abonnement
a weekly pass	un abonnement pour la semaine
a book of ten tickets	un carnet de dix tickets
Can you use the passes on the buses too?	Peut-on utiliser son ticket dans les bus aussi?
Is it more expensive at certain times of the day?	Est-ce que c'est plus cher à certaines heures de la journée?
When does the cheap rate start?	Quand commencent les tarifs réduits?

There is a flat rate fare.	Il y a un tarif forfaitaire.
the central zone	la zone centrale
an outer zone	la zone suburbaine
zone one/two/three	zone un/deux/trois

At the ticket barrier

Aux barrières (f)

Put your ticket in here.	Mettez votre ticket ici.
Take your ticket out there.	Prenez votre ticket là-bas.
You have to show your ticket.	Il faut montrer son ticket.
The barrier isn't working.	La barrière ne marche pas.

Escalators

Les escalators

a down/up escalator	un escalator descendant/montant
to read the advertisements	lire les publicités (*f*)
to stand on the right	tenir la droite

Traveling by bus

Voyager en bus

Bus stops

Les arrêts de bus

Which buses stop here?	Quels bus s'arrêtent ici?
Is this the right bus stop for . . . ?	C'est le bon arrêt de bus pour . . . ?
How often do the buses run?	Quelle est la fréquence des bus?
Have I just missed a bus?	Est-ce que je viens de manquer un bus?
How long have you been waiting?	Vous attendez depuis combien de temps?
to look at the timetable	regarder les horaires (*m*)
a request stop	un arrêt sur demande
the next stop	le prochain arrêt
You have to put your arm out to stop the bus.	Il faut étendre le bras pour arrêter le bus.
This is the bus you want.	C'est ton bus.
to get on/off the bus	monter dans le/descendre du bus
a single-/double-decker	un autobus sans/à impériale
a coach	un car

Getting on the bus

Monter dans le bus

Do you want to sit upstairs or downstairs?	Vous voulez vous/tu veux t'asseoir en haut ou en bas?
Shall we go upstairs?	On va en haut?
Press the button to stop the bus.	Appuyez/appuie sur le bouton pour arrêter le bus.

You pay the driver/conductor.	On paie le conducteur.
Could I have a one-way ticket to . . . ?	Pourrais-je avoir un aller simple pour . . . ?
a round-trip ticket to . . .	un aller-retour pour . . .
I have a bus pass.	J'ai une carte de bus.

Traveling by air

Airports

The terminal

Which terminal does Air France use?	Quel terminal utilise Air France?
United Airlines flights use Terminal . . .	Les vols de United Airlines utilisent le terminal . . .
Which airline are you flying on?	Avec quelle compagnie aérienne partez-vous/pars-tu?

The parking lot

a short-term parking lot	un parking à stationnement de courte durée
a long-term parking lot	un parking à stationnement longue durée
to get a ticket	prendre un ticket
You pay before leaving.	On paie avant de partir.
How much is the ticket?	Combien coûte le ticket?
Can we take a bus to the terminal?	On peut prendre un bus jusqu'au terminal?

Voyager par avion

Les aéroports

Le terminal

Le parking

At the terminal

Au terminal

automatic doors	portes (*f*) automatiques
an escalator	un escalator
a moving floor	un tapis roulant
a lift	un ascenseur
the shops/stores	les boutiques (*f*)
the restrooms	les toilettes (*f*)
a restaurant/a bar	un restaurant/un bar

Luggage carts

Les chariots à bagages

Can you find a luggage cart?	Tu trouves/vous trouvez un chariot?
to push	pousser
to pull	tirer
to steer	diriger
to brake	freiner

The arrivals/departures board	*Le tableau des arrivées/des départs*
destination	destination (*f*)
due to arrive at	arrivée à
just arrived	vient d'atterrir
delayed	retardé
about to depart	décollage (*f*) immédiat
last call	dernier appel (*m*)
now boarding	embarquement immédiat

The information desk	*Le bureau de renseignements*
Can you tell me . . . ?	Pouvez-vous me dire . . . ?
Has flight number . . . arrived yet?	Est-ce que le vol numéro . . . est arrivé?
Is the flight delayed?	Est-ce que le vol est retardé?
How late is it likely to be?	Il est retardé de combien de temps?
Why is it so late?	Pourquoi est-il si en retard?
Is there a problem?	Y a-t-il un problème?
Where is the meeting point?	Où est le point de rendez-vous?
I am supposed to meet a passenger called . . . but I can't find him/her.	Je suis censé(e) retrouver un passager qui s'appelle . . . mais je ne le/la trouve pas.
Have there been any messages left for me?	Y a-t-il eu des messages (*m*) pour moi?
My name is . . .	Je m'appelle . . .
Can you put a message out on the loudspeaker for me, please?	Pouvez-vous passer une annonce au haut-parleur pour moi?

The check-in desk	*Le comptoir d'embarquement*
to get in line	faire la queue
Can you put your luggage on the scales, please?	Pouvez-vous mettre vos bagages sur le tapis, s'il vous plaît?
to lift a suitcase up	soulever une valise
How many suitcases do you have?	Combien de valises avez-vous?
Is this one yours?	Est-ce que celle-ci est à vous?
the baggage allowance	la limite des bagages
excess baggage	l'excédent (*m*) de bagages (*m*)
to pay a surcharge	payer un supplément
carry-on luggage	les bagages à main
Did you pack your suitcase yourself?	Vous avez fait votre valise vous-même?
Are there any prohibited articles in your luggage?	Contient-elle des articles interdits?
Your carry-on luggage is too large.	Votre bagage à main est trop gros.

It will have to be checked.	Il faudra le mettre en soute.
Could I see your ticket, please?	Puis-je voir votre billet, s'il vous plaît?
Do you prefer smoking or nonsmoking?	Vous préférez fumeur ou non-fumeur?
This child is traveling alone and needs looking after.	Cet enfant voyage tout seul et a besoin d'être surveillé.
Could I have a seat with extra leg room, please?	Pourrais-je avoir un siège avec suffisamment de place pour mettre mes jambes, s'il vous plaît?
Could I possibly have an aisle/ a window seat?	Pourrais-je avoir une place côté fenêtre/couloir?
Here is your boarding pass.	Voici votre carte d'embarquement.
Go to passport control when you are ready.	Allez au contrôle des passeports quand vous serez prêt(e).

Passport control   *Le contrôle des passeports*

to show your passport	montrer son passeport
to put your hand luggage on the conveyor belt	mettre son bagage à main sur le convoyeur
to walk through the detector	passer dans le détecteur
to be stopped	être arrêté(e)
to be searched	être fouillé(e)
to have your bag searched	se faire fouiller son sac

The departure lounge   *Le hall des départs*

the duty-free shop	les boutiques hors taxes
your duty-free allowance	la quantité autorisée de produits hors taxes
to buy	acheter
perfume	du parfum
cigarettes	des cigarettes (*f*)
alcohol	de l'alcool (*m*)

The boarding gate   *La porte d'embarquement*

Our flight has been called.	Notre vol a été annoncé.
now boarding	embarquement immédiat
last call	dernier appel
They are boarding at gate . . .	Ils embarquent à la porte . . .
to show your boarding pass	montrer sa carte d'embarquement
Seats numbered . . . board first/next.	Les places numérotées . . . embarquent d'abord/à la fin.

Please board from the front/
    rear of the aircraft.

Veuillez embarquer à l'avant/
    à l'arrière de l'appareil.

Excuse me, could I get to my
    seat, please?

Pardon, je peux regagner ma place,
    s'il vous plaît?

The flight

The crew

Le vol

L'équipage (m)

the captain

le commandant de bord

the steward

le steward

the flight attendant

l'hôtesse (*f*)

Safety

Sécurité (f)

to fasten your seatbelt

attacher sa ceinture

to keep your seatbelt fastened

maintenir sa ceinture attachée

to remain seated

rester assis(e)

to call the stewardess

appeler l'hôtesse

to undo your seatbelt

défaire sa ceinture

to extinguish cigarettes

éteindre les cigarettes (*f*)

to put on a life jacket

mettre un gilet de sauvetage

to fasten the strap

attacher la lanière

to inflate

gonfler

a whistle

un sifflet

to blow

souffler

oxygen masks

masques (*m*) à oxygène

an emergency

une urgence

emergency lighting

allumage (*m*) de sécurité (*f*)

escape routes

les sorties de secours

The take off

Le décollage

the runway

la piste d'atterrissage

to taxi

rouler au sol

to accelerate

accélérer

to take off/to lift off/to climb

décoller

My ears hurt.

Mes oreilles me font mal.

Do you want to suck on a candy?

Vous voulez/tu veux sucer un bonbon?

the altitude

l'altitude (*f*)

the speed

la vitesse

to look out of the window

regarder par la fenêtre

to get a good view

avoir une bonne vue

the clouds

les nuages (*m*)

turbulence

les turbulences (*f*)

The descent

the touch down
to land
a good landing
to remain in your seats until the
  plane has stopped
to disembark

La descente

toucher terre
atterrir
un bon atterrissage
rester assis jusqu'à l'arrêt complet
  du moteur
désembarquer

Baggage claim

to collect your luggage
a carousel
Can you see your suitcase?
There's mine.
How many cases do you have?
Is that everything?
a cart
to push
to steer
to brake

La livraison des bagages

prendre ses bagages (*m*)
un carrousel
Vous voyez votre/tu vois ta valise?
Voilà la mienne.
Combien de valises avez-vous/as-tu?
C'est tout?
un chariot
pousser
diriger
freiner

Customs

to go through customs
the green/red channel
to have nothing to declare
to have something to declare
Do you have anything to declare?
to have your baggage searched

La douane

passer la douane
le couloir vert/rouge
n'avoir rien à déclarer
avoir quelque chose à déclarer
Avez-vous quelque chose à déclarer?
se faire fouiller ses bagages (*m*)

Traveling by ferry

The parts of the ferry

The ramp

to line up
to wait
to drive up the ramp
to drive down
to embark
to disembark

Voyager en ferry

Les parties du ferry

La passerelle

faire la queue
attendre
monter la passerelle (en conduisant)
descendre la passerelle
embarquer
désembarquer

The vehicle deck

to follow the car in front

Le parking

suivre la voiture devant

to go right up to the bumper	aller jusqu 'au pare-chocs
to park	garer
to take important things with you	prendre le nécessaire avec soi
to lock the car	fermer la voiture à clef
to leave the car	quitter la voiture
to remember where the car is parked	se rappeler où la voiture est garée

The passenger decks — *Le pont*

the restaurant/the bar	le restaurant/le bar
the restrooms	les toilettes (*f*)
the lounge	le salon
the stores	les boutiques
the movie theater	le cinéma
the telephone	le téléphone
to stay inside	rester à l'intérieur (*m*)
to go outside for some air	sortir pour prendre l'air (*m*)

The sleeping area — *Le couchage*

to sit up all night	rester debout toute la nuit
to have a cabin booked	avoir une cabine réservée
a sleeping berth	une couchette

A rough crossing — *Une traversée difficile*

to go by ferry	prendre le ferry
to take the cross channel ferry	prendre le ferry qui traverse la Manche
Do you feel seasick?	Vous avez/tu as le mal de mer?
I feel dreadful.	Je me sens très mal.
I am going to be sick.	Je vais vomir.
Would you like to take a tablet?	Vous voulez/tu veux un comprimé?
I can't walk straight.	Je ne peux pas marcher droit.
Hold on to the handrail.	Tenez-vous/tiens-toi à la rampe.
Would you like to go outside for some fresh air?	Vous voulez/tu veux aller dehors prendre l'air?
I feel cold. Can we go back inside now?	J'ai froid. On peut retourner à l'intérieur maintenant?
I got wet by the spray.	J'ai été mouille(e) par les embruns.

Safety equipment — *Le matériel de sécurité*

a life belt	une ceinture de sécurité
a life jacket	un gilet de sauvetage
the safety drill	la sonnerie d'urgence
a siren	une sirène

Traveling by car
Types of cars

a coup	un coupé
a station wagon	un break
a hatchback	une voiture à hayon
a minivan	un monospace
a recreational vehicle	un camping-car
a sportscar	une voiture de sport
a convertible	une voiture à toit ouvrant
a four-wheel drive	un quatre-quatre
a two-door car	une voiture deux portes
a four-door car	une voiture quatre portes
an automatic	une automatique
a rental car	une voiture de location
a racing car	une voiture de course

The parts of the car
The roof

a roof rack	une galerie
to load	charger
to unload	décharger
to lift up	soulever
to tie	attacher
to secure	protéger

The doors

to lock	fermer à clef
to unlock	ouvrir avec une clef
central locking	verrouillage (*m*) central
to open/to shut	ouvrir/fermer
the driver's door	la portiéres du conducteur
the passengers' doors	la portiéres des passagers
the front/rear doors	les portières avant/arrière

The trunk

to open/to shut	ouvrir/fermer
to put something in the trunk	mettre quelque chose dans le coffre
to get something out of the trunk	sortir quelque chose du coffre

The seats

to adjust the seat	régler le siège
to alter the height	changer la hauteur
to move the seat backward/forward	reculer/avancer le siège

Voyager en voiture
Les types de voiture

Les parties de la voiture
Le toit

Les portières (f)

Le coffre

Les sièges

to fold the seat forward	replier le siège en avant
to put the seat back	remettre le siège
the headrest	le repose-tête
the ashtray	le cendrier

The seatbelts   *Les ceintures de sécurité*

to fasten	attacher
to unfasten	détacher
Fasten your seatbelt, please.	Attachez votre/ta ceinture, s'il vous/te plaît.
How do you fasten the seatbelt?	Comment on attache la ceinture?
Can you help me to fasten the seatbelt?	Pouvez-vous/peux-tu m'aider à attacher la ceinture?
I think the seatbelt is stuck under the seat.	Je crois que la ceinture est coincée sous le siège.

The windows   *Les fenêtres*

to open/to shut	ouvrir/fermer
May I open the window a little?	Je peux ouvrir un peu la fenêtre?
Could you shut the window now, please?	Pouvez-vous/peux-tu fermer la fenêtre, s'il vous/te plaît?
automatic windows	fenêtres automatiques
Press this button to open/close the windows.	Appuyer sur ce bouton pour ouvrir/fermer les fenêtres.
the sunroof	le toit ouvrant

The main controls   *Les principales commandes*

the ignition	l'allumage (*m*)
to start the car	démarrer la voiture
the gears	les vitesses (*f*)
the gearshift	le levier de vitesse
the reverse gear	la marche arrière
to reverse	faire marche arrière
the clutch	l'embrayage (*m*)
the brakes	les freins (*m*)
to brake	freiner
to put the handbrake on	mettre le frein à main
to take the handbrake off	enlever le frein à main
the accelerator	l'accélérateur (*m*)
to accelerate	accélérer
the steering wheel	le volant
to steer	diriger
to turn	tourner

the indicators/turn signals	les clignotants (*m*)
to indicate right/left	mettre le clignotant à droite/gauche
to turn on the hazard lights	mettre les feux de détresse
the horn	le klaxon
to honk the horn	klaxonner

The headlights — *Les phares (m)*

to turn on/off	allumer/éteindre
to flash your lights	faire un appel de phares
full beam	plein phare
to lower	se mettre en code
sidelights	feux (*m*) de position
fog lights	feux antibrouillard

The windshield — *Le pare-brise*

dirty	sale
to clean	nettoyer
windshield wipers	les essuie-glaces (*m*)
to turn on/off	mettre en marche/arrêter
to wash the windshield	laver le pare-brise
the rear windshield heater	le chauffage de la lunette arrière
to get fogged up	avoir de la buée
air conditioning	la climatisation
to wipe	essuyer
a duster	un chiffon

Car rental — *La location de voiture*

a collision damage waver	une clause d'exclusion des dommages dus à une collision
credit/debit card details	le relevé des transactions de la carte de crédit/bancaire
date due back	la date de retour
date out	la date de sortie
a deposit	une caution
driver's licence number	le numéro du permis de conduire
employer	l'employeur (*m*)
employer's address	l'adresse (*f*) de l'employeur
excess miles	le kilométrage en excédent
insurance details	les détails (*m*) de l'assurance
an insurance policy	la police d'assurance
the mileage	le kilométrage
the rental rate	le tarif de location

a security deposit	une caution
third-party insurance	l'assurance (*f*) au tiers
the vehicle licence plate	la plaque d'immatriculation
the vehicle model	le modèle du véhicule

Insurance form
Le formulaire d'assurance

Have you had any accidents in the past 24 months?	Avez-vous eu un ou plusieurs accidents dans les derniers 24 mois?
Have you been convicted of any motoring offense in the past 5 years?	Avez-vous eu une contravention au cours des cinq dernières années?
I agree to cover the rental vehicle under my own fully comprehensive motor insurance policy.	J'accepte de couvrir le véhicule de location sous mon assurance auto personnelle.
collision damage liability	la responsabilité des dommages dus à une collision
the excess	l'excédent

Problems
Les problèmes

an accident report form	un formulaire de rapport d'accident
a breakdown	une panne
a collision	une collision
a dent	une bosselure
a diagram of the accident scene	un schéma de l'accident
an independent witness	un témoin indépendant
a parking fine	une contravention pour mauvais stationnement
a scratch	une éraflure
a substitute vehicle	un véhicule de remplacement

Basic car maintenance
L'entretien de base d'une voiture
Needing some gas
Avoir besoin d'essence

to put in gas	mettre de l'essence (*f*)
to undo the gas cap	enlever le bouchon du réservoir
to serve yourself	se servir
to fill it up	remplir
unleaded/leaded/diesel	sans plomb/au plomb/diesel
regular/super/premium	ordinaire/super

Oil and water
Huile et eau

to check the oil/the water	vérifier l'huile (*f*)/l'eau (*f*)
Where is the dipstick?	Où est la jauge?

It needs more oil/water.	Il faut ajouter de l'huile/l'eau
to pour the oil/water in	verser l'huile/l'eau dans

Tires

Les pneus

to check the tire pressure	vérifier la pression des pneus (*m*)
The tires look a little flat.	Les pneus ont l'air un peu à plat.
to pump up	gonfler
to have a puncture	avoir une crevaison
to change the tire	changer la roue
to fit the spare tire	mettre la roue de secours

Learning to drive

Apprendre à conduire

Driving lessons

Les leçons de conduite

I am taking driving lessons.	J'ai une leçon de conduite.
My sister/brother is learning to drive.	Ma sœur/mon frère apprend à conduire.
I have had six lessons.	J'ai eu six leçons.
My parents are teaching me.	Mes parents m'apprennent.
I am taking lessons at a driving school.	Je prends des leçons dans une école de conduite.
a dual-control car	une voiture à double commande
a driving instructor	un moniteur de conduite

The driving test

L'examen de conduite

I am about to take my driving test.	Je vais bientôt passer mon examen de conduite.
I passed my test . . .	J'ai réussi mon examen . . .
at the first attempt	du premier coup
at the second/third attempt	du deuxième/troisième coup
I failed my test.	J'ai échoué à mon examen.

Learning how . . .

Apprendre à . . .

to do a hill start	démarrer en côte
to reverse	faire marche arrière
to park	se garer
to make a U-turn	faire un demi-tour
to do an emergency stop	faire un arrêt d'urgence
to pass	doubler

Remember. . .

Ne pas oublier . . .

to look over your shoulder	de regarder par dessus son épaule
to look in your rearview mirror	de regarder dans le rétroviseur
to look both ways	de regarder des deux côtés (*m*)
to indicate	de mettre son clignotant

Problems on the road

to break down
to have an accident
to have a puncture
to be delayed
long lines
road construction
a detour
to run out of gas

Types of roads

an expressway
a two lane highway
a circular route
a bypass
a main road
a minor road

Junctions

a traffic circle
give way to the right
a crossroads
traffic lights
a pedestrian crossing
an elevated crossing
a stop sign

Problèmes sur la route

tomber en panne
avoir un accident
avoir un pneu crevé
être retardé(e)
embouteillages (*m*)
travaux (*m*) routiers
une déviation
manquer d'essence (*f*)

Les types de routes

une autoroute
une route à quatre voies
un périphérique
une rocade
une route à grande circulation
une départementale

Les jonctions (f)

un rond-point
priorité à droite (*f*)
un carrefour
les feux (*m*) de circulation (*f*)
un passage pour piétons
un passage à niveau
un stop

Traveling by bicycle and motorcycle

Types of bikes

a motorcycle
a bicycle
a mountain bike/a BMX
a tricycle
a tandem

Parts of the bike
The handlebars

drop/raised handlebars
straight handlebars

Voyager en deux-roues

Les types de bicyclettes

une moto
un vélo
un VTT/une BMX
un tricycle
un tandem

Les parties des deux-roues
Les guidons

guidons (*m*) de course/de ville
guidons droits

The brakes	*Les freins (m)*
front/back	avant/arrière
to apply	actionner
to brake	freiner
to slow down	ralentir
The gears	*Les vitesses (f)*
a gear lever	un levier de vitesse
to change gear	changer les vitesses
to go up a gear/down a gear	monter/descendre une vitesse
low/middle/top gear	en petite/moyenne/grande vitesse
three/six/twelve gears	trois/six/douze vitesses
fifteen/eighteen/twenty-one speed	vitesse de quinze/dix-huit/vingt-et-un
The frame	*Le cadre*
a kickstand	une béquille
The chain	*La chaîne*
the chainguard	le carter
to adjust the tension	régler la tension
too loose	trop lâche
The pedals	*Les pédales (f)*
to pedal	pédaler
to backpedal	rétropédaler
to freewheel	être en roue libre
The seat	*La selle*
to raise	lever
to lower	baisser
too high	trop haute
too low	trop basse
the height adjustment	le réglage de la hauteur
to screw	visser
to unscrew	dévisser
a release lever	un levier de desserrement
to pull	tirer
to push	pousser
The wheels	*Les roues (f)*
a mudguard	un garde-boue
the spokes	les rayons (*m*)
The tires	*Les pneus (m)*
Your tires are flat.	Vos/tes pneus sont à plat.

Do you have a pump?	Avez-vous/as-tu une pompe?
to unscrew/replace the tire cap	dévisser/remplacer le bouchon
to pump up	pomper
to inflate	gonfler
the tire pressure	la pression des pneus
I think I have a flat.	Je crois que j'ai crevé.
a puncture repair kit	une trousse de réparation

The lights   *Les feux (m)*

a dynamo	une dynamo
to turn on/off	mettre/arrêter
a headlamp	un phare avant
a rear lamp	un phare arrière
a bulb	une ampoule
to replace	remplacer
The bulb has gone out.	L'ampoule est cassée.
a battery	une pile
a reflector	un réflecteur

Equipment   *L'équipement*

a bicycle lock	un antivol
a key	une clef
to lock/to unlock	fermer/ouvrir (à clef)
to padlock	cadenasser
a padlock	cadenas (*m*)
a crash helmet	un casque
a fluorescent strip	une bande fluorescente
cycling shorts	un short de cycliste
gloves	des gants (*m*)
sunglasses	des lunettes (*f*) de soleil
a pump	une pompe
a basket	un panier
a water bottle	une bouteille d'eau
a child seat	une siège-bébé
a seat belt	une ceinture de sécurité

Motorcycles   *Les motos*

the carburetor	le carburateur
the gas tank	le réservoir
the gearbox	la boîte de vitesses
the gearshift lever	le levier de vitesses
the headlight	le feu avant

to kick start	démarrer au pied
the kick starter	le démarreur au pied
the motorcycle stand	la béquille
the rear light	le feu arrière
sidecar	le sidecar
the speedometer	le compteur de vitesse
the throttle twist grip	la poignée d'accélération
to wear a helmet	porter un casque
the windshield	le pare-brise

Useful verbs

Verbes utiles

to accelerate	accélérer
to borrow	emprunter
to brake	freiner
to fall off	tomber
to get off	descendre
to hire	louer
to lend	prêter
to lock	fermer à clef
to lose your balance	perdre son équilibre
to mount	monter
to pedal	pédaler
to push	pousser
to ride	rouler en moto
to signal	signaler
to steer	diriger
to wobble	chanceler

24
Medical Care
Soins Médicaux

Accidents

Telephoning emergency services

In France

Police—17
Ambulance—15
Fire brigade—18

Calling out for help

Help!
Come quickly!
Fire!
Bomb scare!
Everybody out!
Call . . .
the fire department
an ambulance
the police
a doctor

There has been an accident.

a traffic accident
a pile-up
to warn
a warning triangle
hazard lights

Someone has been run over.

They are injured.

Les accidents

Les services d'urgence téléphoniques

En France

Police—17
Ambulance—15
Pompiers—18

Demander de l'aide

Au secours!
Venez vite!
Au feu!
Alerte à la bombe!
Tout le monde dehors!
Appelez . . .
les pompiers (*m*)
une ambulance
la police
un docteur

Il y a eu un accident.

un accident de la route
un carambolage
avertir
triangle (*m*) de présignalisation
les feux (*m*) de détresse

Quelqu'un a été renversé.

Ils sont blessés.

They are conscious/unconscious.	Ils sont conscients/inconscients.
a broken bone	une fracture
He/she is bleeding.	Il/elle saigne.
to give mouth-to-mouth resuscitation	faire du bouche-à-bouche
to administer first aid	administrer les premiers soins

Fire

Incendies

Press the fire alarm button!	Appuyez sur le bouton d'incendie!
That's the fire bell.	C'est l'alarme d'incendie.
an alarm	une alarme
to go off	déclencher
a smoke detector	un détecteur de fumée
a fire door	une porte coupe-feu
a fire exit	une sortie de secours
a fire blanket	une couverture coupe-feu
a fire extinguisher	un extincteur
smoke	fumée (*f*)
flames	flammes (*f*)
to be on fire	être en feu
to burn	brûler
to put out	enlever
water	eau (*f*)
sand	sable (*m*)

A bomb scare

Une alerte à la bombe

to clear the area	évacuer le secteur
to evacuate the building	évacuer le bâtiment
to call the bomb squad	appeler l'équipe (*f*) de déminage
a scent dog	un chien
to rope off the area	fermer le secteur
to detonate	détoner
to explode/to go off	exploser
a false alarm	une fausse alerte
a suspicious package	un bagage suspect
an abandoned package	un paquet abandonné
to report a package to the police	signaler un paquet à la police

Illness

Maladie

Medications

Les médicaments

an adhesive bandage	un pansement adhésif
antibiotics	les antibiotiques (*m*)

beta-blockers	un bêta-bloquant
birth control pill	la pillule contraceptive
eyedrops	des gouttes pour les yeux
insulin	l'insuline (*f*)
painkillers	des analgésiques (*m*)
prescription medicine	les médicaments (*m*) sur ordonnance
sleeping pill	un somnifère
suppositories	des suppositoires (*m*)
I've run out of my supply of prescriptive medication.	Je n'ai plus de médicament prescrit sur ordonnance.
What is the equivalent proprietary/ generic drug?	Existe-t-il un médicament équivalent?

Initial symptoms

Premiers symptômes

to feel out of sorts	être mal en point
to feel sick	se sentir mal
to look ill	avoir mauvaise mine
to be taken ill	tomber malade

General symptoms

Symptômes généraux

I am hot/cold.	J'ai chaud/froid.
I feel hot and cold.	J'ai chaud et froid.
I feel shivery.	J'ai des frissons.
I feel faint.	Je me sens faible.
I am thirsty.	J'ai soif.
I am not hungry.	Je n'ai pas faim.
I have no appetite.	Je n'ai pas d'appétit.
I couldn't eat a thing.	Je ne pourrais rien manger.
I have a slight/a high temperature.	J'ai un peu/beaucoup de fièrre.

I have a headache.

J'ai mal à la tête.

I have a migraine.	J'ai une migraine.
The light hurts my head.	La lumière me donne mal à la tête.
Do you have any painkillers?	Avez-vous/as-tu des calmants?

Fainting

Malaises

I feel dizzy.	J'ai la tête qui tourne.
I think I am going to faint.	Je crois que je vais m'évanouir.
Put your head between your knees.	Mettez votre/mets ta tête entre vos/ tes genoux.
Can I lie down, please?	Puis-je m'allonger, s'il vous plaît?
to pass out	perdre connaissance

Stomach upsets | **Les maux de ventre**

I have indigestion. — J'ai une indigestion.

I have heartburn. — J'ai des brûlures d'estomac

I feel sick. — Je suis barbouillée.

I am going to be sick. — Je vais vomir.

I have been sick. — Je viens de vomir.

My stomach hurts. — J'ai mal au ventre.

I have diarrhea. — J'ai de la diarrhée.

I think it's food poisoning. — Je crois que c'est une intoxication alimentaire.

Could I have a drink of water, please? — Puis-je avoir un verre d'eau, s'il vous plaît?

Could I have a bowl by my bed, please? — Pourrais-je avoir une bassine près de mon lit, s'il vous plaît?

My throat is very sore. | **J'ai très mal à la gorge.**

I have tonsillitis. — J'ai une amygdalite.

My throat is dry. — Ma gorge est sèche.

It hurts to swallow. — Cela fait mal d'avaler.

My glands are swollen. — Mes glandes sont enflées.

to gargle — faire des gargarismes

to have a hot drink — prendre une boisson chaude

Do you have any throat lozenges? — Avez-vous/as-tu des pastilles pour la gorge?

I like lemon/honey/menthol/ eucalyptus/blackcurrant ones. — J'aime bien celles au citron/miel/ menthol/eucalyptus/cassis.

I've caught a cold. | **J'ai attrapé un rhume.**

to sneeze — éternuer

Bless you! — A tes souhaits!

to blow your nose — se moucher

a handkerchief — un mouchoir

paper handkerchiefs — un mouchoir en papier

to find it difficult to breathe — avoir des difficultés à respirer

a decongestant — un décongestionnant

a cold remedy — un remède contre le rhume

I have a bad cough | **J'ai une mauvaise toux**

a tickly cough — une toux irritante

a dry cough — une toux sèche

a spasm of coughing — un spasme

to take cough medicine	prendre des médicaments contre la toux
to need antibiotics	avoir besoin d'antibiotiques

Asthma   *L'asthme*

to suffer from asthma	souffrir d'asthme (*m*)
to be asthmatic	être asthmatique
to wheeze	respirer bruyamment
to cough a lot	tousser beaucoup
to control one's asthma	contrôler son asthme
to be allergic to . . .	être allergique . . .
dust	à la poussière
animals	aux animaux
chest infections	aux infections des voies respiratoires
to use an inhaler	utiliser un inhalateur
to inhale	inhaler
steroids	stéroïdes (*m*)
a nebulizer	un nébuliseur

Conditions   *Les conditions*

an allergy	une allergie
to be allergic to	être allergique à
angina	une angine de poitrine
arthritis	l'arthrite (*f*)
bronchitis	la bronchite
chicken pox	la varicelle
a circulatory disorder	des problèmes (*m*) circulatoires
diphtheria	la diphtérie
flatulence	les ballonnements (*m*)
a heart murmur	un souffle au cœur
heartburn	des brûlures (*f*) d'estomac
hemorrhage	une hémorragie
hemorrhoids	des hémorrhoïdes (*f*)
hepatitus A/B/C	l'hépatite (*f*) A/B/C
a hernia	une hernie
a hip replacement	une prothèse de la hanche
insomnia	l'insomnie (*f*)
jaundice	la jaunisse
a kidney stone	un calcul
lumbago	un lumbago
measles	la rougeole

a middle ear infection	une otite
a migraine	une migraine
a pacemaker	un stimulateur cardiaque
Parkinson's disease	la maladie de Parkinson
polio	la polio
rheumatism	le rhumatisme
rheumatoid arthritis	le rhumatisme chronique polyarticulaire
rubella	la rubéole
sciatica	la sciatique
sinusitis	la sinusite
tetanus	le tétanos
tonsillitis	l'amygdalite (*f*)
torn ligament	une déchirure ligamentaire
a tumor	une tumeur
an ulcer	un ulcère
venereal disease	une maladie vénérienne
vertigo	le vertige
whooping cough	la coqueluche
I'm blood type O.	Mon rhésus est O.
I've had this condition for ten years.	Cela fait dix ans que j'en souffre.
It has improved/deteriorated recently.	Récemment, cette condition s'est améliorée/s'est aggravée.
It restricts my mobility.	Cela m'empêche de me déplacer.
I have to avoid alcohol.	Je ne dois pas boire d'alcool.
I have to keep out of the sunlight.	Je ne dois pas m'exposer au soleil.

Skin problems
Les problèmes de peau

Sunburn
Coups de soleil

to be burnt	être brûlé(e)
to be sore	avoir mal
to peel	peler
to apply after-sun lotion	appliquer un lait après-soleil
calamine	calamine (*f*)
to rub on	passer

A rash
Éruptions cutanées

an allergy	une allergie
to be allergic to	être allergique à
nettle rash	urticaire (*f*)
prickly heat	fièvre (*f*) miliaire
to itch	démanger

to scratch	gratter
to feel sore	avoir mal
antihistamine cream	crème (*f*) antihistaminique

Splinters — Les échardes

I have a splinter in my foot/hand.	J'ai une écharde dans le pied/la main
to get it out	l'enlever
a needle	une aiguille
tweezers	une pince à épiler
surgical spirit	alcool à 90 degrés
disinfectant	désinfectant

Minor injuries — Blessures mineures

a pimple	un bouton
acne	acné (*f*)
a scratch	une éraflure
a graze	une écorchure
a cut	une coupure

Serious cuts — Coupures plus graves

to need stitches	nécessiter des points de suture
butterfly stitches	un pansement de suture
local anesthetic	anesthésie (*f*) locale
a bandage	un bandage
an elastic bandage	du sparadrap®
a sticking plaster	un pansement adhésif
a blister	une ampoule

Stings — Piqûres

a wasp/bee sting	une piqûre de guêpe/d'abeille
a mosquito bite	une piqûre de moustique
I have been stung by something.	J'ai été piqué(e) par quelque chose.
a jellyfish sting	une piqûre de méduse
insect repellent	un antimoustiques
antihistamine cream/tablets	des comprimés (*m*)/de la crème antihistaminique(s)

Digestive problems — Les problèmes digestifs

to have cystitis	avoir une cystite
to have diarrhea	avoir la diarrhée
to be constipated	être constipé(e)
a laxative	un laxatif
to eat more roughage	manger une alimentation riche en fibres

to drink more water	boire plus d'eau

Menstrual problems

Les problèmes de règles

to have menstrual pains	avoir des règles douloureuses
to take painkillers	prendre des analgésiques (*m*)
My period is . . .	Mes règles sont . . .
late	en retard
heavy	abondantes
painful	douloureuses
prolonged	longues

Injuries

Blessures

I hurt here.	J'ai mal ici.
I have bruised my . . .	Je me suis fait un bleu au/à la . . .
I have cut my . . .	Je me suis coupé le/la . . .
I have sprained my . . .	Je me suis tordu le/la . . .
I have broken my . . .	Je me suis cassé le/la . . .
I have dislocated my . . .	Je me suis démis le/la . . .
I have burnt my . . .	Je me suis brûlé le/la . . .
I can't move my . . .	Je ne peux pas bouger le/la . . .

Parts of the body

Les parties du corps

The skin

La peau

dry	sèche
sore	irritée
burnt	brûlée
cracked	gercée
wrinkled	ridée
soft/hard	fine/épaisse

The hair

Les cheveux

straight	raides
wavy	ondulés
curly	bouclés
blonde	blonds
auburn	auburn
brown	châtains
red	roux
black	bruns
grey	gris
white	blancs

short/long	courts/longs
to wear it up	les relever
to wear it loose	ne pas les attacher
shoulder length	aux épaules
balding	calvitie (*f*)
to be bald	être chauve
dandruff	pellicules (*f*)
greasy/dry	gras/secs
dyed/streaked	avec une couleur/des méches
permed	permanentés

The beard   *La barbe*

clean shaven	rasée de près
to grow a beard	faire pousser sa barbe
to shave *(See pages 31–32.)*	se raser
a moustache	une moustache
sideburns	des pattes (*f*)
a chin	un menton

The head   *La tête*

the brain	le cerveau
the skull	le crâne
the scalp	le cuir chevelu
the face	le visage
the cheeks	les joues (*f*)
the cheekbones	les pommettes (*f*)
to blush	rougir

The nose   *Le nez*

a nostril	une narine
to blow the nose	se moucher

The ears   *Les oreilles*

the earlobe	le lobe de l'oreille (*f*)
the outer/middle ear	l'oreille externe/moyenne
the eardrum	le tympan
earwax	cérumen (*m*)/cire (*f*)
an ear infection	une otite
to be unable to hear properly	être malentendant(e)
to be deaf	être sourd(e)
a hearing aid	un appareil

The eyes

an eye	un œil
the eyebrows	les sourcils (*m*)
the eyelid	la paupière
an eyelash	un cil
the pupil	la pupille
the iris	l'iris (*m*)

The eyesight

to wear glasses	porter des lunettes (*f*)
to wear contact lenses	porter des lentilles (*f*) de contact
to be nearsighted	être myope
to be farsighted	être hypermétrope/presbyte
to have good eyesight	avoir une bonne vue
to have an eye test	passer un examen de vue
to wear sunglasses	porter des lunettes de soleil
to be partially sighted	être malvoyant(e)
to be blind	être aveugle
a white cane	une canne blanche
a guide dog	un chien d'aveugle

The mouth

La bouche

the lips	les lèvres (*f*)
the tongue	la langue
the jaw	la mâchoire
the throat	la gorge
the tonsils	les amygdales (*f*)

The teeth

Les dents (f)

a molar	une molaire
a canine	une canine
an incisor	une incisive
a wisdom tooth	une dent de sagesse
the gums	les gencives
to clean one's teeth	se laver les dents
a toothbrush	une brosse à dent
to brush	brosser
toothpaste	un dentifrice
to squeeze the tube	presser le tube
to floss	nettoyer avec un fil dentaire
to use mouthwash	utiliser un bain de bouche
to gargle	faire des gargarismes

The body

the neck

the shoulder

the back

the spine

the bottom

the chest

a rib

the rib cage

the waist

the hip

the stomach

the abdomen

The arms

the upper arm

the forearm

the elbow

the funny bone

the wrist

The hands

the palm

the knuckles

the fingers

the thumbs

left/right

a fingernail

a cuticle

cuticle remover

a manicure

to manicure

an emery board/a nail file

nail polish

nail polish remover

The legs

the leg

the thigh

the knee

the calf

the shin

Le corps

le cou

l'épaule (f)

le dos

la colonne vertébrale

les fesses (f)

la poitrine

une côte

la cage thoracique

la taille

la hanche

l'estomac (m)

l'abdomen (m)

Les bras

le bras

l'avant-bras (m)

le coude

le petit juif

le poignet

Les mains

la paume

les articulations (f)

les doigts (m)

les pouces (m)

gauche/droit(e)

un ongle

une petite peau/un cuticule

un repousse-peau

une manicure

manicurer

une lime à ongle

du vernis à ongle

un dissolvant

Les jambes

la jambe

la cuisse

le genou

le mollet

le tibia

the ankle	la cheville

The feet — *Les pieds*

a foot	un pied
the heel	le talon
the sole	la plante
the toes	les orteils
the big toe	le gros orteil
the little toe	le petit orteil
a toenail	un ongle de pied
to cut the toenails	couper les ongles de pied
nail scissors	des ciseaux à ongle
nail clippers	un coupe-ongles
hard skin	peau (*f*) dure
bunions	des oignons (*m*)
a pumice stone	une pierre ponce

The main internal organs — *Les principaux organes internes*

the lungs	les poumons (*m*)
the heart	le cœur
the liver	le foie
the kidney	les reins (*m*)
the intestines	les intestins (*m*)
the bowel	le côlon
the bladder	la vessie
the digestive system	le système digestif

The circulation — *La circulation*

the blood	le sang
to be anemic	être anémique
an artery	une artère
a vein	une veine
to bleed	saigner
to hemorrhage	une hémorragie
to bruise	contusionner
to clot	coaguler
to form a scab	former une croûte

The central nervous system — *Le système nerveux central*

the cerebellum	le cervelet
the spinal cord	la mœlle épinière
the nerves	les nerfs (*m*)

Muscles and bones
The main muscles

the biceps
the triceps
the pectorals
the hamstring
the Achilles tendon

The main bones

the skeleton
the skull
the collarbone
the spine
the vertebrae
the coccyx
the shoulder blade
the ribs
the hip bone
the thigh bone
the shin bone
the kneecap

Male/female characteristics

the penis
the testicles
a broken voice
the breasts
the nipples
the womb
the vagina

Pregnancy

to do a pregnancy test
positive/negative
to be pregnant
to be three months pregnant
to be at full term
to go into labor
to have a baby
the embryo
the fetus

Les muscles et les os
Les muscles (m) principaux

les biceps (*m*)
les triceps (*m*)
les pectoraux (*m*)
le tendon du jarret
le tendon d'Achille

Les principaux os (m)

le squelette
le crâne
la clavicule
la colonne vertébrale
les vertèbres (*f*)
le coccyx
l'omoplate (*f*)
les côtes (*f*)
l'os iliaque
le fémur
le tibia
la rotule

Les caractéristiques masculines/ féminines

le pénis
les testicules (*m*)
une voix qui mue
les seins (*m*)
les mamelons (*m*)
l'utérus (*m*)
le vagin

La grossesse

faire un test de grossesse
positif/négatif
être enceinte
être enceinte de trois mois
être en fin de grossesse
commencer à avoir des contractions
avoir un enfant
l'embryon (*m*)
le fœtus

The five senses
Touch

to touch	toucher
hot	chaud(e)
cold	froid(e)
rough	dur(e)
smooth	doux (douce)
painful	douloureux(-euse)

Taste

to taste	goûter
bitter	amer (amère)
sweet	doux (douce)/sucré(e)
sour	aigre
savory/salty	salé(e)

Smell

to smell	sentir
pleasant	agréable
unpleasant	désagréable
to stink	puer

Hearing

to hear	entendre
loud	fort(e)
noisy	bruyant(e)
quiet	silencieux(-euse)

Sight

to see	voir
to focus	fixer
blurred	brouillé(e)
clear	clair(e)

The doctor
Getting treatment

Les cinq sens

Le toucher

Le goût

L'odorat (m)

L'ouïe (f)

La vue

Le médecin

Recevoir un traitement

Shall I call . . . ?	Est-ce que j'appelle . . . ?
Can I make an appointment to see . . . ?	Je peux prendre rendez-vous avec . . . ?
the nurse	l'infirmier (*m*)/l'infirmière (*f*)
the dentist	le dentiste
the hospital	l'hôpital (*m*)

Medical insurance

a health insurance plan
an insurance card
innoculations
a passport-size photograph
I'm allergic to penicillin.
I have diabetes.

Payment

Do you require payment in cash?
I have health insurance policy.
I'm covered by my own health
    insurance policy.

I am covered by the health insurance
    policy of the school/college.
I need a receipt for this payment to
    obtain reimbursement from my
    insurance company.
Please fill out this claim form.

The doctor's office

the waiting room
to sit down
to wait
to read a magazine
I have an appointment to see . . .

The consultation

I am going to . . .
to take your blood pressure
to take your pulse
to take a blood sample
to do a urine test
to listen to your heart/chest
to look down your throat
to look in your ear
to test your reflexes

Could you . . .

roll up your sleeve
undo your jacket
lift up your shirt
take off your clothes

L'assurance médicale

une police d'assurance (*f*) médicale
une carte d'assuré
les vaccins (*m*)
une photo d'identité
Je suis allergique à la pénicilline.
Je suis diabétique.

Payer

Faut-il payer en liquide?
J'ai une assurance médicale.
J'ai une police d'assurance médicale.

Je suis couvert par l'assurance
    étudiante.
J'ai besoin d'un reçu pour me faire
    rembourser par mon assurance.

Veuillez remplir ce formulaire.

Le cabinet médical

la salle d'attente
s'asseoir
attendre
lire un magazine
J'ai un rendez-vous avec . . .

La consultation

Je vais . . .
prendre votre tension (*f*)
prendre votre pouls (*m*)
faire une prise de sang (*m*)
faire une analyse d'urine (*f*)
écouter votre cœur (*m*)
regarder votre gorge (*f*)
regarder votre oreille (*m*)
tester vos réflexes (*m*)

Pouvez-vous . . .

relever votre manche
défaire votre veste
relever votre chemise
vous déshabiller

take everything off except your undergarments	enlever tout sauf votre slip
put this gown on	mettre cette blouse
climb on the bed/lie down	monter sur la table d'examen
put this blanket over you	mettre cette couverture sur vous
open your mouth wide	ouvrir grand votre bouche
do a urine/stool sample	faire une analyse d'urine/des selles

Saying where you hurt   *Dire où cela fait mal*

Where does it hurt?	Où avez-vous/as-tu mal?
Show me where it hurts.	Montre moi où vous avez/tu as mal.
Does it hurt . . . ?	Est-ce que ça fait . . .
badly	vraiment mal
much	très mal
when I touch it	(mal) quand je touche
when you move it	(mal) quand vous/tu le/la bougez/ bouge
Can you move your . . . ?	Pouvez-vous/peux-tu bouger . . . ?

(See pages 310–315 for parts of the body.)

The doctor's instructions   *Les conseils (m) du médecin*

You should stay in bed.	Vous devriez/tu devrais rester au lit.
You should not go to work/ school/travel.	Vous ne devriez pas/tu ne devrais pas aller au travail/à l'école/ en voyage.
I would like to do further tests.	J'aimerais faire d'autres analyses.
You need an X-ray.	Il faut vous/te faire une radio.
You need a scan.	Il faut faire un scanner.
I will make an appointment at the hospital for you.	Je vais vous prendre un rendez-vous à l'hôpital.
I would like a second opinion.	J'aimerais un double diagnostic.
It is nothing serious.	Ce n'est rien de grave.
You will be better soon.	Vous irez/tu iras mieux bientôt.
Are you allergic to anything?	Etes-vous/es-tu allergique à quelque chose?

The treatment   *Le traitement*

a prescription	une ordonnance
Take it to the pharmacy.	Apportez-la/apporte-la à la pharmacie.
to get the prescription made up	se faire préparer son ordonnance

antibiotics	antibiotiques (*m*)
penicillin	pénicilline (*f*)
a tablet	un comprimé
a capsule	une gélule
medicine	médicament (*m*)
cough syrup	sirop (*m*)
a five-milliliter spoon	une cuillère de cinq millilitres
the dosage	le dosage
to swallow	avaler
to take	prendre
Shake the bottle before use.	Agitez la bouteille avant usage.
three times a day	trois fois par jour
before/after meals	avant/après les repas (*m*)
Take with food.	Prenez en milieu de repas.
Take on an empty stomach.	Prenez à jeun.
Do not drink alcohol.	Ne pas boire d'alcool.
Do not mix with other medication.	Ne pas mélanger avec d'autres médicaments.
Do not take if pregnant.	Ne pas administrer aux femmes enceintes.
a suppository	un suppositoire
an inhaler	un inhalateur
antihistamine cream	une crème antihistaminique
antiseptic cream	une crème antiseptique
ointment	une pommade
to rub on	passer
aspirin	aspirine (*f*)
ibuprofen	ibuprofène (*m*)
acetaminophen	acétaminophène (*m*)

Going to the hospital · *Aller à l'hôpital*

the hospital	l'hôpital (*m*)
an ambulance	une ambulance
a stretcher	une civière
the outpatient department	le service de consultation externe
casualty	les urgences (*f*)
the information desk	le bureau d'accueil

Being admitted · *L'admission*

Can you fill out this form, please?	Pouvez-vous remplir ce formulaire, s'il vous plaît?

Can I get your particulars and medical history, please?	Puis-je prendre des renseignements vous concernant?
Surname	Nom (*m*)
First name	Prénom (*m*)
Age	Age (*m*)
Date of birth	Date (*f*) de naissance
Place of birth	Lieu (*m*) de naissance
Nationality	Nationalité (*f*)
Address/Telephone number	Adresse (*f*)/numéro (*m*) de téléphone
Next of kin	Nom et prénom de votre plus proche parent
Medical history	Antécédents (*m*) médicaux
Details of previous operations	Détails (*m*) des précédentes opérations
Serious illnesses	Maladies (*f*) graves
Allergies	Allergies (*f*)
Have you ever had any of the following illnesses?	Avez-vous eu l'une des maladies suivantes?

A fracture / *Une fracture*

to be assessed/examined	être examiné(e)
to have an X-ray	être radiographié(e)
to have one's arm in a sling	avoir le bras en écharpe (*f*)
to be bandaged up	être bandé(e)
to be given a plaster cast	se faire un plâtre
to have a splint	avoir une attelle
to hop	boitiller
to walk with crutches	marcher avec des béquilles (*f*)
to lean on someone	s'appuyer sur quelqu'un
to use a wheelchair	utiliser une chaise roulante
to push	pousser
to steer	diriger

Physiotherapy / *Physiothérapie*

a physiotherapist	un(e) physiothérapeute
to do exercises	faire des exercices (*m*)
to increase mobility	accroître la mobilité
to use an ice pack	utiliser une poche de glace
to use a bag of frozen peas	utiliser un paquet de petits pois surgelés
to wrap in a towel	envelopper dans une serviette
to reduce the swelling	diminuer l'enflure (*f*)

to reduce the inflammation	diminuer l'inflammation (*f*)
to use a heat compress	utiliser une compresse chaude
to have an ultrasound treatment	avoir une échographie
to do exercises every hour	faire des exercices toutes les heures
three times a day	trois fois par jour
to push	pousser
to pull	tirer
to squeeze	presser
to lift	soulever
a weight	un poids
to raise	lever
to lower	baisser
to massage	masser

Operations ## Les opérations

to have nothing to eat or drink	n'avoir rien à manger/boire
to sign a consent form	signer un formulaire d'acceptation
to put on an operating gown	mettre une blouse d'intervention
to be given a pre-med	se faire administrer une prémédication
to feel drowsy	se sentir somnolent(e)
to have a local anesthetic	avoir une anesthésie locale
to be numb	être engourdi(e)
an injection	une injection/une piqûre
to be given gas and air	se faire administrer de l'oxygène
a mask	un masque
to dull the pain	atténuer la douleur
to cover your nose and mouth	couvrir son nez et sa bouche
to breathe in	respirer
to have a general anesthetic	avoir une anesthésie générale
to come around	reprendre connaissance
to have a sip of water	boire une gorgée d'eau
to have your pulse checked	se faire vérifier son pouls
to have your temperature taken	se faire prendre sa température
to listen to your heart	écouter son cœur
to call the nurse	appeler l'infirmière
Can I get you anything?	Avez-vous/as-tu besoin de quelque chose?
Is anything wrong?	Quelque chose ne va pas?
to ask for a bedpan	demander un bassin hygiénique
to ask for a drink	demander à boire

visiting hours	heures de visite
to have a visitor	avoir un visiteur
to be given flowers	se faire offrir des fleurs
to receive get well cards	recevoir des cartes de voeux de prompt rétablissement

Dental treatment   *Traitement dentaire*
The dentist   *Le dentiste*

to make an appointment	prendre rendez-vous
to sit in the waiting room	attendre dans la salle d'attente
to go into the treatment room	aller dans le cabinet
the dentist's chair	le fauteuil de dentiste
My tooth hurts.	Ma dent me fait mal.
My filling has come out.	Mon plomb est parti.
My tooth was knocked out.	Ma dent est tombée.

Dental treatment   *Traitement dentaire*

to have a look	regarder
to put a bib on	mettre une bavette
Open your mouth wide.	Ouvrez/ouvre grand la bouche.
Does that hurt?	Ça fait mal?
Which tooth hurts?	Quelle dent fait mal?
to be given a local anesthetic	avoir une anesthésie locale
an injection	une piqûre
Is it numb now?	Est-ce qu'elle est endormie, maintenant?
to drill a tooth	passer la roulette
to extract a tooth	arracher une dent
a laser beam	un rayon laser
to put a filling in	mettre un plomb
to bite one's teeth together gently	serrer doucement les mâchoires
to polish the teeth	polir les dents (*f*)
to wash/rinse the mouth out	laver/rincer la bouche
to spit	cracher
a tissue	un mouchoir
to dry one's mouth	se sécher la bouche
to dribble	baver
to find it difficult to talk/to drink	avoir des difficultés à parler/boire
Don't eat anything for a couple of hours.	Ne mangez/mange rien pendant deux heures.

The optician

My glasses have broken. | Mes lunettes sont cassées.
Could you fix them for me? | Pouvez-vous me les réparer?
I have lost a contact lens. | J'ai perdu une lentille de contact.
Can I get a replacement? | Pourrais-je en avoir une autre?
I can't see very clearly. | Je ne vois pas très bien.
I have double vision. | Je vois double.
I keep getting headaches. | J'ai tout le temps des maux de tête.
Could I get my eyes tested, please? | Pourrais-je avoir un examen de vue, s'il vous plaît?
A screw has come out of my glasses. | Une vis est partie.
Can you fix my glasses for me? | Pouvez-vous me réparer mes lunettes?
Will you have to send them away somewhere? | Allez-vous les envoyer quelque part?
How long will it take to repair them? | Combien de temps cela prendra pour les remplacer?
I am going back to the U.S./Canada in five days. | Je retourne aux Etats-Unis/au Canada dans cinq jours.
Will they be ready by then? | Est-ce qu'elles seront prêtes à ce moment?

Vision tests

Do sit down. | Asseyez-vous.
Look over there. | Regardez là-bas.
Look at the writing. | Regardez l'écriteau.
Read as much as you can. | Lisez tout ce que vous pouvez voir.
Can you read the next row down? | Pouvez-vous lire la ligne en dessous?
Take your glasses off. | Enlevez vos lunettes.
I am going to try different lenses. | Je vais essayer des verres différents.
Does it look clearer like this or like this? | Vous voyez plus clair comme ceci ou comme cela?
Clearer with this lens or without it? | Plus clair avec, ou sans ce verre?
I am going to look in your eye with a flashlight. | Je vais examiner votre œil avec une lampe.
Look up/down/left/right/ straight ahead. | Regardez en haut/en bas/à gauche/ à droite/tout droit.
You can put your glasses on again now. | Vous pouvez remettre vos lunettes maintenant.

Preventive medicine
Relaxation

to avoid stress
to practice relaxation
to relieve tension
to do breathing exercises
to meditate/practice meditation

Exercise

to get enough exercise
to walk more
to keep fit
to go to fitness classes
to go jogging/swimming
aerobic/anaerobic
to warm up
to stretch
warm-up exercises
weight lifting
to get out of breath
to work up a sweat
to exercise three times a week

to exercise for at least twenty minutes

Sleep

to get a good night's sleep
to need eight hours' sleep
to sleep in
to get up early
to go to bed late
to dream
to have nightmares
to suffer from insomnia
to take sleeping pills

Diet

to eat a balanced diet
to eat sensibly
vitamins

La médecine préventive
La relaxation

éviter le stress
pratiquer la relaxation
soulager la tension
faire des exercices respiratoires
méditer/pratiquer la méditation

Exercices de gymnastique

faire suffisamment d'exercices (*m*)
marcher davantage
garder la forme
aller à des cours pour garder la forme
faire du jogging/de la natation
aérobic/anaérobique
s'échauffer
s'étirer
des exercices d'assouplissement
haltérophilie (*f*)
être essoufflé(e)
se mettre à suer
faire de la gymnastique trois fois
    par semaine
faire des exercices pendant au moins
    vingt minutes

Le sommeil

avoir une bonne nuit de sommeil
avoir besoin de huit heures de sommeil
faire la grasse matinée
se lever tôt
se coucher tard
rêver
faire des cauchemars (*m*)
souffrir d'insomnie (*f*)
prendre des somnifères (*m*)

Le régime alimentaire

avoir un régime équilibré
manger équilibré
les vitamines (*f*)

minerals	minéraux (*m*)
carbohydrates	les féculents (*m*)
protein	protéine (*f*)
fiber	fibre (*f*)
vegetarian/vegan	végétarien(ne)/végétalien(ne)
to drink too much caffeine	prendre trop de caféine (*f*)
to count calories	compter les calories (*f*)
to cut down	réduire
to have small portions	prendre des petites parts (*f*)
to have a little of everything	prendre un peu de tout
a calorie-controlled diet	un régime faible en calories
a strict diet	un régime strict
a diabetic diet	un régime diabétique
to binge	manger à l'excès/s'empiffrer
anorexia nervosa	anorexie (*f*) mentale
bulimia	boulimie (*f*)
to lose/gain weight	perdre/prendre des kilos
to lower one's cholesterol level	diminuer son taux de cholestérol
to be a desirable weight	avoir un poids idéal
to be a little overweight	avoir quelques kilos en trop
to be underweight	être trop maigre
to be obese	être obèse

Alcohol consumption / *La consommation d'alcool*

to drink sensibly	boire raisonnablement
a unit of alcohol	un taux d'alcool
to be a social drinker	boire seulement en compagnie
to drink too much	boire trop
to get drunk	se saouler
to have a hangover	avoir une gueule de bois
to be dehydrated	être déshydraté(e)
to be an alcoholic	être alcoolique

Smoking / *Fumer*

cigarettes	cigarettes (*f*)
cigars	cigares (*m*)
a pipe	une pipe
tobacco	le tabac
nicotine	nicotine (*f*)
tar content	goudron (*m*)

How many do you smoke a day?	Combien en fumez-vous/fumes-tu par jour?

to try to cut down	essayer de réduire
to be addicted	être dépendant
to inhale	avaler la fumée
lung cancer	cancer (*m*) du poumon (*m*)

Drugs

Les drogues

soft/hard drugs	drogues (*f*) douces/dures
stimulants	stimulants (*m*)
cannabis	cannabis (*m*)
to smoke	fumer
to inject	injecter
ecstasy/an E	ecstasy
a tablet	un comprimé
a pusher	un(e) revendeur(-euse) de drogues
illegal	illégal(e)
I think he/she has taken some drugs.	Je crois qu'il/elle a pris de la drogue.
Do you know what he took?	Savez-vous/sais-tu ce qu'il a pris?
to be unconscious	être inconscient(e)
I think we should get help.	Je crois qu'on devrait demander de l'aide.
He/she is drinking a lot of water.	Il/elle boit beaucoup d'eau.

Alternative therapies

Les thérapies parallèles

Aromatherapy

L'aromathérapie

essential oils	les huiles (*f*) essentielles
a drop	une goutte
to blend	mélanger
a carrier oil	une huile de base
to massage	masser
a massage	un massage
to inhale	inhaler
an essential oil burner	un brûleur d'huile essentielle
to put in the bath	mettre dans le bain
a compress	une compresse

Herbalism

La phytothérapie

an herbalist	un/une herboriste
an herb	une herbe

to gather	ramasser
to store	conserver
an infusion	une infusion
a decoction	une décoction
a tincture	une teinture
a compress	une compresse

Homeopathy   *L'homéopathie*

a homeopath	un homéopathe
a remedy	un remède
the potency	la puissance
the dose	la dose

Chiropractic and osteopathy   *Chiropractie et ostéopathie*

a chiropractor	un chiropracteur
an osteopath	un ostéopathe
to manipulate	manipuler
the joints	les articulations (*f*)

25
Safety, Crime, and Money
La Sécurité, les Infractions, et l'argent

## Safety	## La sécurité
I need a safe place for my valuables.	Où puis-je mettre mes objets de valeur?
I'd like to put my valuables in a safety deposit box.	J'aimerais mettre mes objets de valeur dans un coffre.
Is it safe to leave my rental car parked on the street?	Est-ce que je peux laisser ma voiture de location garée dans la rue?
to wear a money belt	porter une ceinture-portefeuille
### Personal safety	### *La sécurité personnelle*
Is it safe to go there?	Ce quartier est-il sûr?
Is it safe to walk there at night?	Ce quartier est-il sûr le soir?
Here is my itinerary for the next week.	Voici mon itinéraire pour la semaine prochaine.
I don't feel safe—could you accompany me, please?	Je ne me sens pas en sécurité—pourriez-vous m'accompagner?
the neighborhood	le quartier
the local crime rate	le taux de criminalité locale
### Theft	### *Le vol*
I've been robbed.	J'ai été volé!
Someone has taken my . . .	On m'a pris . . .
bag	mon sac
wallet	mon portefeuille
purse	mon porte monnaie
money	mon argent
credit card	ma carte de crédit
watch	ma montre
jewelry	mes bijoux (*m*)

a thief	un voleur
a pickpocket	un pickpocket
a car thief/a joyrider	un voleur de voiture
to break into	entrer par effraction dans
to steal	dérober
to snatch	voler (à la tire)
to shoplift	voler (à l'étalage)
a shoplifter	un voleur à l'étalage
to steal from the till/cash register	voler la caisse

Serious crime   *Les infractions graves*

to mug	agresser
to rob a bank	voler une banque
a hijacking	un détournement
to hijack	détourner
a kidnapping	un enlèvement
to kidnap	enlever
to demand a ransom	demander une rançon
to take a hostage	prendre un otage
to hold up	faire un hold-up
a hold-up	un hold-up
terrorism	terrorisme (*m*)
a murder	un meurtre
to murder	assassiner
to kick	ruer de coups
to stab	poignarder
to thump	taper/donner un coup de poing
to blackjack	cogner
to knock someone out	assommer quelqu'un
to strangle	étrangler
to suffocate	suffoquer
rape	viol (*m*)
to rape	violer
to be raped	être violé(e)
a rapist	un violeur

Helping the police   *Aider la police*

a witness	un témoin
to witness	témoigner
to say what happened	dire ce qu'il s'est passé
to recognize	reconnaître
to identify	identifier

a suspect	un suspect
to be cautioned	être mis(e) en garde
to be taken into custody	être placé(e) en garde à vue
to be arrested	être arrêté(e)
to be let out on bail	être libéré(e) sous caution
to be innocent	être innocent(e)
to be guilty	être coupable

Legal problems   ***Les problèmes avec la justice***

| I'd like to speak to an English-speaking lawyer. | Je voudrais parler à un avocat anglophone. |
| I'd like to call my (family) lawyer in the U.S. | Je voudrais appeler mon avocat aux Etats-Unis. |

Loss or damage   # *Perte ou dommage*

I've lost my . . .   ***J'ai perdu . . .***

shoulder bag	mon sac
bag	mon sac
briefcase	mon porte-documents
bus pass	ma carte de bus
camera	mon appareil-photo (*m*)
checkbook	mon carnet de chèque
check card	ma carte bancaire
contact lens	mes lentilles de contact
credit cards	mes cartes (*f*) de crédit
date book	mon agenda (*m*)
foreign currency	ma monnaie étrangère
glasses	mes lunettes (*f*)
handbag	mon sac à main
identity card	ma carte d'identité
key	ma clef
keyring	mon porte-clefs
money	mon argent
passport	mon passeport
purse	mon porte-monnaie
rail pass	ma carte de train
backpack	mon sac-à-dos
suitcase	ma valise
ticket	mon ticket
traveler's checks	mes traveller's chèques
wallet	mon portefeuille

watch	ma montre

I've broken my . . .   *J'ai cassé . . .*

camera	mon appareil photo
contact lens	ma lentille de contact
glasses	mes lunettes (*f*)
watch	ma montre
I'm sorry but I have broken your . . .	Je suis désolé(e), j'ai cassé votre . . .
I will pay for it.	Je vais vous le/la rembourser.
My parents will get you another.	Mes parents vous en donneront un(e) autre.

Getting things to work   *Faire marcher les choses*

How does this work?	Comment ça marche?
Can you show me how to use this?	Pouvez-vous/peux-tu me montrer comment utiliser ceci?
This isn't working properly.	Ca ne marche pas bien.
Is there something wrong with it?	Il y a quelque chose que ne va pas?
Am I doing something wrong with this?	Je fais quelque chose de mal avec cela?
Can I watch you use it?	Je peux vous/te regarder faire?
Can I try to use it now?	Je peux essayer de l'utiliser maintenant?
How did you do that?	Comment avez-vous/as-tu fait cela?

I've torn my . . .   *J'ai déchiré . . .*

pants/skirt	mon pantalon/ma jupe
coat/dress/shirt	mon manteau/ma robe/ma chemise
Could you mend it for me, please?	Pouvez-vous/peux-tu me le/la réparer s'il vous/te plaît?
I've lost a button.	J'ai perdu un bouton.
My button has come off.	Mon bouton est tombé.
Could I sew it back on, please?	Je peux le recoudre, s'il vous plaît?
Do you have a needle and thread I could use?	Avez-vous/as-tu une aiguille et du fil que je pourrais utiliser?
My zipper has broken.	Ma fermeture éclair s'est cassée.
Do you have a safety pin?	Avez-vous/as-tu une épingle à sûreté?

Insurance   *Assurance*

I need a receipt for this payment to obtain reimbursement from my insurance company.	J'ai besoin d'un reçu pour me faire rembourser par mon assurance.

Please could you fill in this claim form.	Veuillez remplir ce formulaire.
I need a written confirmation of my loss of passport.	J'ai besoin d'une confirmation écrite de ma perte de passeport.
property loss	la perte des biens personnels
personal liability	la responsabilité personnelle

Filling out forms/personal information

Remplir un formulaire/ renseignements personnels

Could you fill out this form, please?	Pouvez-vous remplir ce formulaire, s'il vous plaît?
in block capitals	en lettres (*f*) majuscules
Please print clearly.	Ecrivez lisiblement.
Please use pen or ballpoint pen.	Utilisez un crayon à plumes ou un bic.
Do you have a pen I could borrow, please?	Avez-vous/as-tu un crayon que je pourrais emprunter, s'il vous plaît?
Please put one letter in each square.	Mettez une lettre dans chaque case, s'il vous plaît.
Please sign and date the form at the end.	Signez et datez le bas de la page.

Personal details

Renseignements (m) personnels

Title	Titre
Surname/First names	Nom/Prénoms
Date/Place of birth	Date (*f*)/Lieu (*m*) de naissance (*f*)
Age	Age (*m*)
Gender/sex	Sexe (*m*)
Marital status	Statut (*m*) Marital

Address

Adresse (f)

House name/number	le Nom (*m*)/Numéro (*m*) de la maison
Street	Rue (*f*)
Town	Ville (*f*)
City	Cité (*f*)
County/area	Département (*m*)/région (*f*)
Country	Pays (*m*)
Postal code	Code (*m*) postal
Where are you staying at the moment?	Quel est votre actuel lieu de résidence?
Where do you live?	Où habitez-vous?

Telephone number

Numéro de téléphone

Country code	Indicatif (*m*) national

Area code	Indicatif départemental
Work telephone number	Numéro (*m*) de téléphone professionnel
Home telephone number	Numéro de téléphone personnel
Mobile telephone number	Numéro de téléphone mobile
Fax number	Numéro de fax
E-mail address	Adresse (*m*) électronique

Money

Useful words

an ATM	un GAB
a bank account	un compte bancaire
a bank card	une carte bancaire
a bank draft	un retrait bancaire
a bill	un billet de banque
a coin	une pièce
a cable transfer	un virement télégraphique
to cash a check	toucher un chèque
a credit card	une carte de crédit
a foreign currency draft	un retrait en monnaie étrangère
an ID	une pièce d'identité
to be overdrawn	être à découvert
a PIN	un NIP
pocket money	de l'argent (*m*) de poche
traveler's checks	des chèques (*m*) de voyage
wired money order	un transfert d'argent
Insert your PIN.	Indiquer votre NIP.

At the bank

L'argent

Mots utiles

A la banque

Can you give me some change for this bill?	Pouvez-vous échanger ce billet contre de la monnaie?
I'd like to cash a foreign currency draft.	Je voudrais toucher ce chèque en monnaie étrangère.
I'd like to arrange a cable transfer from my home bank.	Je voudrais faire un virement télégraphique de ma banque.
May I see two forms of identification, please?	Puis-je voir deux formes d'identité, s'il vous plaît?
Here's my passport/international student's card.	Voici mon passeport/ma carte d'étudiant.
I'm staying at this address.	Je réside à cette adresse.

Money questions

How much allowance/pay do you get?

Do you have a student loan?

How much does accommodation/
    tuition cost?

Can you afford to pay for that?

Let me pay for this.

Shall we share the cost?

That's too expensive for me—
    count me out.

Can you lend me some money
    until Friday?

Making purchases

This is less/more expensive than
    in the U.S.

Do you think I should buy it?

It's too large/heavy for me to take
    back home.

Are prices negotiable here?

to haggle

I like it, but it's a bit more than
    I expected.

Can you give me a better price?

Will I have to pay duty on this
    at customs?

Do you accept credit cards/
    traveler's checks?

Is there a discount for students?

I have an international student
    ID card.

Can I have a receipt, please?

Les questions d'argent

De combien d'argent disposez-vous
    par mois?

Bénéficiez-vous d'un prêt étudiant?

A combien se montent les frais de
    scolarité et d'hébergement?

Avez-vous assez d'argent pour
    payer ceci?

Laissez-moi payer.

Nous pourrions peut-être partager?

C'est trop cher pour moi—faites
    sans moi.

Pouvez-vous me prêter de l'argent
    jusqu'à vendredi?

Les achats

C'est moins/plus cher qu'aux
    Etats-Unis.

Vous croyez que je devrais l'acheter?

C'est trop encombrant/lourd pour
    que je le ramène chez moi.

Est-ce qu'on peut marchander?

marchander

Ça me plaît, mais c'est trop cher.

Pouvez-vous descendre votre prix?

Faudra-t-il que je paie des droits
    de douane?

Acceptez-vous les cartes de crédit/
    les chèques de voyage?

Faites-vous un prix étudiant?

J'ai une carte internationale
    d'étudiant.

Je voudrais un reçu, s'il vous plaît.

Index